Educar
perguntando

PEDRO ORTEGA CAMPOS

Educar
perguntando

Ajuda filosófica
na escola e na vida

Paulinas

Dados Internacionais de Catalogação na Publicação (CIP)
(Câmara Brasileira do Livro, SP, Brasil)

Campos, Pedro Ortega
    Educar perguntando : ajuda filosófica na escola e na vida / Pedro Ortega Campos ; [tradução Antonio Efro Feltrin]. – São Paulo : Paulinas, 2008. – (Coleção educação em foco)

    Título original: Educar preguntando : la ayuda filosófica en el aula y en la vida.
    Bibliografia.
    ISBN 978-85-356-2313-0
    ISBN 84-288-1945-9 (ed. original)

    1. Educação 2. Educação – Filosofia I. Título. II. Série.

08-07709   CDD-370.1

Índice para catálogo sistemático:
1. Educação : Filosofia   370.1

1ª edição – 2008

Título original da obra: *Educar preguntando: la ayuda filosófica en el aula y en la vida*
© Pedro Ortega Campos / PPC Editorial y Distribuidora SA, Madrid, 2005

Direção-geral: *Flávia Reginatto*
Editora responsável: *Maria Alexandre de Oliveira*
Assistente de edição: *Rosane Aparecida da Silva*
Tradução: *Antonio Efro Feltrin*
Copidesque: *Huendel Viana*
Revisão: *Mônica Elaine G. S. da Costa e Jaci Dantas*
Direção de arte: *Irma Cipriani*
Gerente de produção: *Felício Calegaro Neto*
Projeto gráfico de capa e miolo: *Telma Custódio*

Paulinas
Rua Pedro de Toledo, 164
04039-000 – São Paulo – SP (Brasil)
Tel.: (11) 2125-3549 – Fax: (11) 2125-3548
http://www.paulinas.org.br – editora@paulinas.com.br
Telemarketing e SAC: 0800-7010081
© Pia Sociedade Filhas de São Paulo – São Paulo, 2008

À memória de Pedro Poveda Castroverde:
quem acolheu e educou minha mãe
e abençoou o casamento de meus pais,
que me deram seu nome.

S U M Á R I O

Palavra e silêncio

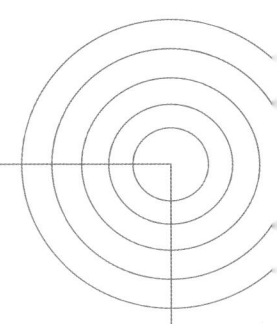

A compreensão deste livro de Pedro Ortega se torna diáfana quando vincula palavra e silêncio. Interlocutores num mundo pródigo de loquacidade, engrandecemos as vantagens da palavra porque ela nos comunica e nos relaciona. Ela é mensageira de nossos envios, dispensadora de comissões e mediadora de divergências, sublimadas através do mecanismo de intercâmbio de razões que chamamos diálogo.

O diálogo se resolve na imagem do vai-e-vem ininterrupto do *eu* para o *você*, equilibrando oportunidades. Não obstante, toda palavra não é somente *voz* que pede resposta, mas *dicção* ou sentido que solicita o favor do silêncio para tornar reconhecível seu poder germinal no espírito. A linguagem, com efeito, ultrapassa toda redução mecânica ou condutista, porque a palavra, como Pedro Ortega a concebe, é como a diminuta gota d'água que se transforma em alimento enriquecedor do espaço e do tempo interiores de quem a ouve com atitude de oficiante da própria intimidade. Se não entendemos mal o fio condutor de todas as suas páginas, a variedade de assuntos e de pontos de vista que Pedro Ortega recapitula e ilustra com habilidade e beleza são, uma e outra vez, o delicado convite, quase prece, a superar a refração reiterada do intercâmbio de palavras, com o objetivo de transformar a relação dialógica, compassada pela riqueza do texto literário e filosófico, na mediação de uma arte não opressora, capaz de induzir no interlocutor — jovem ou adulto — uma atitude de escuta e de silêncio a partir do qual possa alimentar sua liberdade pessoal, longe do solipsismo individualista.

Esta é a grande tradição socrática, reconhecida por todos como dialógica, mas entendendo que a proliferação retórica da interlocução é detestada por Sócrates como simulacro comunicativo, pois a palavra, segundo a bela ilustração da "analogia da linha fragmentada" no livro VI da *República*, é somente mediação para a dialética ascendente sobre o verdadeiro conhecimento, residência do bem e da verdade: tarefa esta confiada à alma, síntese de entendimento, espírito e sentimento. Amplamente comentado neste livro, todo processo dialógico deve marcar, como para Sócrates, o itinerário interior, indissociável do "discurso silencioso da alma consigo mesma" (Platão, *Teeteto*, 189e-190a). Não esperemos, pois, resultado dos intercâmbios comunicativos sem o requerimento do silêncio. Esta é a maiêutica íntima, silenciosa, na qual Pedro Ortega é abundante para manter a garantia de validade de sua tese de fundo, segundo a qual a educação não se resume em informar, mas em treinar. Todos sabemos até que ponto o treinamento não se reduz a informar, nem sequer a ensinar, mas a praticar. O diálogo, portanto, não é aqui somente convite para compartilhar razões, mas iniciação nas destrezas para saber viver e conviver.

Este livro serve de base para treinar, sem confundir, a habilidade muito complexa — ciência, arte, inteligência, magia? — de transformar a interlocução em diálogo que, como o de Platão, seja epifania do discurso interior e colóquio da alma consigo mesma. Não é somente um manual de treinamento nos cuidados para cobrir a distância entre o que alguém é e o que deve ser, mas também oferece instrumentos para percorrê-la. Seus abundantes textos, relatos, parábolas, histórias e anedotas oferecem uma constelação sem exclusões de heterodoxia especulativa, e presenteiam com um inimaginável inventário de habilidades e exercícios para modelar e acompanhar o treinamento.

Embora muito já se tenha dito, sempre será atual tudo o que se disser sobre a eficácia da linguagem nos processos educativos, se quisermos que estes sejam dirigidos tanto para capacitar intelectual e praticamente a pessoa quanto para capacitar às exigências de seu contato com os outros. Estas páginas deixam claro que nem tudo está dito sobre o assunto, uma vez que ficam inumeráveis estratégias que devem ser ensaiadas a fim de contribuir para que cada ser humano se realize por inteiro como pessoa. O que prova que essa terra prometida, buscada e não alcançada por inteiro, será menos esquiva se formos capazes de práticas exercitadas em e pela linguagem — falada, comentada, escrita —, nas quais o silêncio deixa de ser refúgio enigmático do intimismo para se transformar em peça mestra de cada ser humano. Nessa intenção, textos e diálogo não são tomados como fideicomissos de alguma história ou tradição, mas, como reitera o autor, são recuperados como contribuição destinada a pôr ordem na dispersão, luz na confusão, diferenças na homogeneidade, união no fragmentário, enfim, razão e forma na trama irracional do mundo interior e na disseminação paradoxal do mundo exterior. Qualquer professor-educador, bem como os pais e orientadores empenhados no domínio da boa pergunta, sentirão dupla satisfação: o trabalho bem feito e o fruto conseguido.

Mas não há nada sem contrapartida, pois a palavra é ciumenta e quer ser ouvida. Por isso, o diálogo educativo, também com os textos, não pode deteriorar-se em constante vai-e-vem e deve se elevar à solicitude de silêncio mútuo e alternativo, como o é o turno da palavra. Às habilidades para falar se acrescentam as que preparam para calar. Certo de que a tarefa não é gratuita nem cômoda, mas que a dificuldade é, a toda prova, franqueável, mostra-o em cada página este completo e sugestivo livro de Pedro Ortega, a quem devemos estar agradecidos todos os que andamos convencidos de que vale a pena dedicar a vida à tarefa educativa. Na falta de muitas outras ferramentas, dispomos da mais eficaz: somos dispensadores únicos de nossas responsabilidades de interação por meio das palavras. O problema é saber administrá-las, pois se é certo que somos reféns de nossas palavras, não é menos certo que também somos donos de nossos silêncios.

Manuel Maceiras Fafián
Professor de Filosofia da
Universidade Complutense de Madri

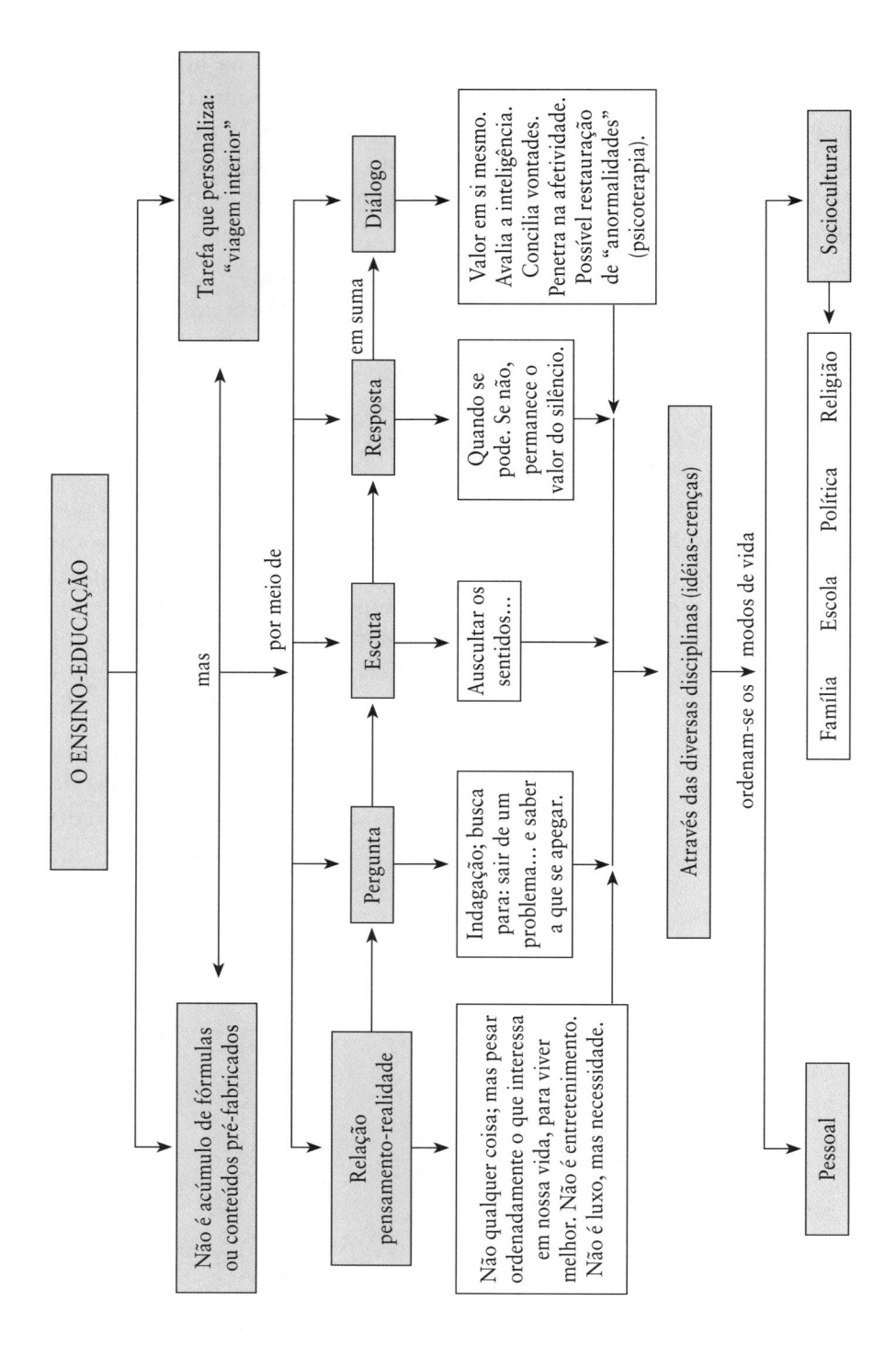

O ENSINO-EDUCAÇÃO

Tarefa que personaliza: "viagem interior"

Não é acúmulo de fórmulas ou conteúdos pré-fabricados

mas

por meio de

Diálogo

Valor em si mesmo. Avalia a inteligência. Concilia vontades. Penetra na afetividade. Possível restauração de "anormalidades" (psicoterapia).

em suma

Resposta

Quando se pode. Se não, permanece o valor do silêncio.

Escuta

Auscultar os sentidos...

Pergunta

Indagação; busca para: sair de um problema... e saber a que se apegar.

Relação pensamento-realidade

Não qualquer coisa; mas pesar ordenadamente o que interessa em nossa vida, para viver melhor. Não é entretenimento. Não é luxo, mas necessidade.

Através das diversas disciplinas (idéias-crenças)

ordenam-se os modos de vida

Sociocultural

Família   Escola   Política   Religião

Pessoal

12

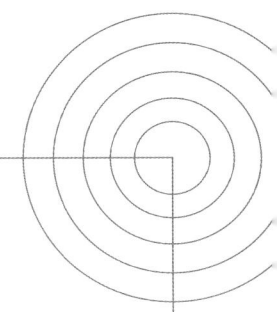

INTRODUÇÃO

O mapa conceitual anterior nos aponta o que aqui vai ser dito. É fácil defender que na adolescência e na juventude é bom prover-se de uma bagagem elementar de filosofia, e não somente dela: de seus conteúdos, de sua história, de como se comportar moralmente e, em suma, de como ela pode ajudar. Com essa compreensão mínima — tanto da filosofia como das matérias lecionadas em escolas de ensino médio ou em universidades —, os alunos se entendem melhor entre si e os adultos podem assim entendê-los. E quando se envolvem em suas próprias vivências, logo ficam presos e conquistados. Pode ser que esqueçam datas, nomes de autores, teorias ou sistemas filosóficos, éticos, históricos, assim como análise ou interpretação literária, trabalhos de matemática, física, química ou de desenho etc. Mas não esquecerão o encadeamento problemático que os iluminou e que, em suma, é o que interessa em certos momentos de suas vidas e, sem dúvida, é o que permanecerá em suas biografias.

1. EDUCAR É TREINAR NO PERGUNTAR
E NO PERGUNTAR-SE

Sabemos que as ciências formais, naturais e experimentais se baseiam em hipóteses, enunciados e corolários. Mas podemos observar que todos eles guardam no seu interior um acervo de perguntas. O máximo da pergunta científica são os postulados, axiomas e teorias que são formulados por um pensamento prévio interrogador. Muito mais as ciências humanas (antropologia, sociologia, direito, religião) e especialmente a filosofia, a ética e a psicologia: estas oferecem por sua origem e desenvolvimento a presença da pergunta como sistema. Por quê? Porque em seu tornar-se histórico procuraram dar resposta para assuntos existenciais, para os quais oferecem um método ou um caminho a seguir e uma finalidade para a ação humana em todos os seus âmbitos e, sem dúvida, o científico. Se dizemos: "Os materiais se dilatam com o calor", ou "todos os corpos com carga negativa atraem os de carga positiva" — é correto este tipo de raciocínio? Podemos afirmar de um todo o que se descobriu somente em algumas partes desse todo, por mais freqüentes que estas sejam? Em que condições, que valor possuem as afirmações feitas de acordo com essa forma de raciocinar? Aí se situam os dois problemas do método experimental: a indução e a verificação da hipótese. Afinal, a ciência somos nós. E até a ação moral que envolve todas as ciências se apóia ininterruptamente na pergunta.[1]

Assim, ensinar a pensar é ensinar a fazer e a fazer-se perguntas, princípio e fim da educação para uma vida boa. O que sobra são muitos padrões de "dito e feito", de condenação e de castigo. Um livro, sobretudo um livro didático de qualquer disciplina, que não facilita o pensamento, que não sugere perguntas ao aluno e ao professor, é inútil. Como realizar uma boa orientação sem o manejo adequado da pergunta? Avaliamos o aluno pelas suas perguntas, mais que por suas respostas. As melhores perguntas foram buriladas pela filosofia clássica grega (somente nas pouquíssimas páginas do diálogo platônico *Menon* são feitas 86 perguntas: "O que é isto?", "o que quer dizer?") e, muito antes, pela palavra bíblica, por exemplo, dos três primeiros capítulos do Gênesis; sem falarmos, para citar outro exemplo, das mais de quinhentas perguntas que estão contidas num livro tão pequeno como os quatro evangelhos.[2] Costuma-se dizer

[1] MASIÁ, Juan. *Moral de interrogaciones*. Madrid, PPC, 2000.
[2] O pensamento bíblico, na falta de uma linguagem especulativa, não disporia, para se expressar, mais do que os gêneros "narrativo", "legislativo", "profético", "hínico" e "sapiencial", que, tudo indica, coincidiram com os textos fundamentais da cultura helenista: Homero, Hesíodo, os poetas trágicos e os pré-socráticos. Tem sido apontado que, embora os pagãos fossem normalmente politeístas, a *paidéia* grega conhecia bem a existência de um Deus único, exatamente como os judeus. Tratava-se, talvez, do mesmo Deus? O problema era embaraçoso porque, se havia um só Deus, por muitas e diferentes denominações que tivesse, tratava-se do mesmo e único Deus. Que relação havia entre a tradição hebraica e a *paidéia* grega? O tema está claramente na base do pensamento de um autor da época, o da *Carta de Aristéias* (140 a.C.). "Deus é um" (132); com suas obras beneficia o mundo todo (210) e de alguma maneira lhe concede sua bênção (205). Mas esse Deus único, que cuida de todo o mundo, mantendo-o vivo, também é conhecido. O autor dessa *Carta* encontra inclusive um paralelo posterior entre judeus e gregos: como estes têm uma *paidéia*, assim também os judeus têm a Torá. Porém, entre uma e outra há uma diferença fundamental que o autor não menciona explicitamente, mas que se encontra na base de seu pensamento. A Torá foi revelada diretamente por Deus, enquanto a *paidéia* helênica é fruto de puro esforço humano. Com esse pano de fundo mental compreendemos o discurso do livro de Jubileus: um dia, todos os homens deverão reconhecer que a divindade única, na qual crêem os melhores homens, é o Deus que se revelou em Israel, o "Deus

que onde há dois judeus, três estão perguntando. São lugares-comuns que não perdem a vigência.[3] Em ambos os casos, não há nada comparável na história da educação (de Sócrates a Górgias, ou de Rousseau a Voltaire, ou de Unamuno à Instituição Livre de Ensino, por exemplo).

Se propusermos metas para os adolescentes e para os jovens, não esqueçamos que através delas preparam e descrevem os claros-escuros de sua vida pessoal, embora não a expliquem totalmente. A função do professor-educador é contagiar o entusiasmo, pensando com e diante dos alunos. Para motivá-los, a chave pedagógica essencial consiste em pensar *em* e *a partir da* vida. Porque, se não falarmos a partir da própria vida, a de cada um, nenhuma disciplina, menos ainda a filosofia, pode ser entendida. Somente a pergunta desperta o sentido possível do sofrimento e da lucidez sem limites. A formação do bom caráter e o esforço que a torna possível competem ao professor-educador através de sua disciplina e, com mais motivo, ao de filosofia, ética e psicologia. Percebemos que "a educação não é mais formar, é treinar. [...] Uma das tarefas primordiais da pedagogia crítica libertadora [...] é defender uma prática docente na qual o ensino rigoroso dos conteúdos nunca se faça de forma fria, mecânica e mentirosamente neutra".[4] Ou, pior ainda, somente pelo dinheiro: sobre os sofistas, Ânito havia dito a Sócrates que "são, sem dúvida, a perdição e a ruína certa daqueles que lhes estão próximos" (*Menon*). Os professores são pessoas que passam aos outros as palavras que encontraram nos livros, isto é, aqueles que transmitem conhecimentos; os mestres são aqueles que proporcionam um modo próprio de ver, isto é, a sabedoria. De qual forma nos orientamos?

2. A EDUCAÇÃO, VIAGEM INTERIOR

A educação é uma viagem interior através do entendimento que conhece e do coração que busca aprender a viver sua dignidade humana. E,

---

de Israel, o pai de todos os filhos de Jacó" (cf. SACCHI, Paolo. *Historia del judaísmo en la época del Segundo Templo*. Madrid, Trota, 2004, pp. 401-402).

[3] Observamos, no entanto, que a pergunta bíblica não costuma ter o mesmo conteúdo que a da *paidéia* grega: esta costuma ser em seus inícios essencialista ou realista (pergunta pelo *o que é* das coisas ou acontecimentos), enquanto aquela costuma ser existencial ou pessoal (o *que fazer com* e *diante* das pessoas e acontecimentos); a primeira leva à definição e a segunda, ao compromisso.

[4] FREIRE, Paulo. *Pedagogia da autonomia*; saberes necessários à prática educativa. São Paulo, Paz e Terra, 1997.

segundo Miguel de Unamuno, "embora haja alguma pedagogia que foge da austeridade", não há aprendizagem sem ensino e sem esforço:

> [...] parece que nos assusta ensinar as crianças que o trabalho é duro e áspero. Daí nasceu a idéia de que aprendem brincando, que acaba sempre em que brincam de aprender. E o professor mesmo, que lhes ensina brincando, brinca de ensinar. Nem ele, a rigor, ensina, nem eles, a rigor, aprendem nada que não valha a pena aprender. E depois, não esqueça você que é mais importante o que se deve ensinar e aprender do que o modo de ensiná-lo e aprendê-lo. Não façamos da ciência um mero meio para aplicar a pedagogia.[5]

Pois, "a idolatria do nivelamento chegou ao seu apogeu" e a ausência do amor ao trabalho, à disciplina e ao esforço "faz do espanhol um mendigo do Estado ou da vida pública",[6] ou simplesmente um "idiota moral" que caminha pela vida sem pensamento próprio. A única coisa que nos iguala é o esforço pessoal, pois o justo não é chegar todos ao mesmo lugar, mas cada um chegar ao seu. E aí não têm sua palavra, não somente a filosofia, mas também a literatura, a matemática, a música, o desenho, a história, a informática, as línguas clássicas etc.? Tinha razão John Dewey: "A filosofia é teoria geral da educação".[7]

Cada professor que gosta de educar vai procurar contagiar um pensamento que é visão responsável, que justifica o que vê; qualquer realidade lhe interessa, não pelo que tem de realidade concreta, mas pelo lugar que ocupa.[8] Não é outra coisa a necessidade de filosofar, cujo campo de cultivo às vezes impõe limites ao conhecimento: porque "há coisas que são somente o que são, que não precisam de explicação".[9] A sabedoria ou unção do conhecimento é ao mesmo tempo visão e razão, ou seja, ver e dizer com sentido: impossíveis sem um diálogo entre perguntador e perguntado. Para quê? Para viver melhor. No entanto, o bate-papo, o comício, a discussão, são a arte de vencer e não convencer, de propagar e de manipular.

---

[5] UNAMUNO, Miguel de. *Arabesco pedagógico* (1913). Madrid, Biblioteca Castro Turner, 1994.

[6] GINER DE LOS RIOS, Francisco. *Estudios sobre educación* (1886). Madrid, Espasa Calpe, 1933.

[7] DEWEY, John. *Democracia y educación* (1916). Madrid, Morata, 2004.

[8] MARÍAS, Julián. *Introducción a la filosofía*. Madrid, Alianza, 1979.

[9] SARAMAGO, José. *A caverna*. São Paulo, Companhia das Letras, 2000.

3. DIANTE DAS FÓRMULAS PRÉ-FABRICADAS, PROCUREMOS AQUILO QUE É PESSOAL

Falemos, pois, aos adolescentes e aos jovens com linguagem inteligível para que não aconteça o "não entender esta linguagem: era-lhes tão obscuro, que não entendiam o sentido" (Lc 9,45). Como evitar a monotonia, a modorra, o tédio em nossas aulas?

> A filosofia, como eu a entendo — escreveu Bergson —, não merece ser louvada ou admirada como uma construção desengajada do pessoal, mas é a resolução firme de olhar em si mesmo e ao redor de si mesmo. [...] E é por uma reflexão sobre a vida que alguém vai ser conduzido para a filosofia: é o melhor meio de chegar até ela.[10]

O professor-educador dará seu primeiro passo a partir da advertência de Bergson: os homens sentem com sentimentos pré-fabricados, pensam com idéias pré-fabricadas e querem com vontades pré-fabricadas. E, é claro, devemos evitar fórmulas pré-fabricadas, encontrar aquilo que é pessoal. Pois bem, diante de tanto intelectualismo pré-fabricado, devemos colocar a pureza do real, o esforço por conduzir a razão até alcançar a realidade. É árido, mas de intuição inocente. Em resumo, propomos uma educação por meio da palavra ensinada e escutada: pensando e dialogando.

O empenho docente e educativo não é o de evitar a aprendizagem dos conteúdos dos programas de nossas disciplinas,[11] mas fazer com que se tornem operativos na vida pessoal, que comecem a ser aplicados na aula como espaço de vida, não como aborrecido tugúrio, nem tampouco como consultório clínico. Impossível esquecer as gargalhadas de Sócrates para remediar os bocejos de Fedro!

---

[10] BERGSON, Henri. Carta a Lotte (26 ago. 1907), agradecendo-lhe por seu artigo no *Messager de Vendée* sobre "Evolução criadora" (arquivo particular).

[11] Sobre as diversas maneiras de entender Kant e Hegel, por exemplo, o ditado "ensinar a filosofar em vez de ensinar filosofia", cf. MARTINEZ HERNÁNDEZ, Juan. Enseñar filosofia o enseñar a filosofar. *Paideia*, revista de Filosofía y Didáctica Filosófica, Madrid, v. 22, n. 58, pp. 531-542, out./dez. 2001. Por outro lado, nossa experiência nos diz que o incremento exagerado do programa de conteúdos, pelo menos os de filosofia, como se fez em alguns lugares, a partir do RD 3474: *BOE*, 16 jan. 2001, é, sob todos os pontos de vista, antipedagógico e nos devolve, se realmente quiséssemos segui-lo, ao didatismo fiador da antigüidade da educação.

Nós, professores, descobrimos a verdade que habita nas perguntas dos alunos, dando lugar a um diálogo e inaugurando a comunicação na aula: tanto no âmbito da pré-escola, da escola ou da faculdade. Mas observemos que a verdade não reside no consenso: onde escasseia convencimento recíproco e abunda o acordo transacional, onde se carece de pergunta e diálogo, onde amiúde são tantas as provas que cansam a verdade. Qualquer que seja o modo de entender essa ética mínima que preside as diversas parcelas da vida humana, e que subjaz a um pensamento responsável, exigirá sempre um compromisso de se pôr em comum, de diálogo, de comunicação.

4. PROIBIDO PENSAR?

Se for proibido pensar, então é proibido educar. A sociedade e a família sabem menos o que fazer com os alunos porque dificilmente elas mesmas se conhecem. Nem, muitas vezes, nós, professores. O fato é que se propaga como tocha acesa a idéia de que já se dariam por satisfeitas aquelas que tivessem os filhos devolvidos e sãos: porque pensar se tornou complicado, e o pensamento, um obstáculo. Ouve-se dizer: "Não quero nem pensar!", "não pense mais", "pensando não se tira nada a limpo". Porém: "Se voltarmos os olhos para o inquietante presente, para os perigos que ainda não se desencadearam, é inevitável pensar que podem ser evitados, que nem sempre o pior é certo, que se pode confiar nessa operação elementar, humana, que chamamos pensar".[12] Não é o pensar que nos faz sofrer: "Se pensar é o que nos faz sofrer, Jacinto, para que pensamos?".[13] O que nos faz sofrer é pensar sem distância suficiente da monstruosa realidade. O sofrimento é a ausência de distância entre a realidade e nossa percepção da realidade, a atonia entre o que somos e o que gostaríamos de ser. Somente os obsessivos, os neuróticos, os ansiosos podem clamar com Joaquín Marín: "Penso, logo a minha existência corre perigo". No entanto, o empenharmo-nos em fazer do entendimento um jogo inteiramente lógico é como afiar uma faca que fere a mão de seu dono.[14] Não se trata, pois, de pensar qualquer coisa, mas de pensar as coisas como são, como aconteceram: para isso, a educação e o ensino.

---

[12] Marías, Julián. *ABC*, Madrid, 3 jul. 2003.
[13] Delibes, Miguel. *Parábola do náufrago*. Barcelona, Destino, 1969.
[14] Tagore, Rabindranath. *Pájaros perdidos*. Madrid, Aguilar, 1965, p. 193.

5. PENSAR NÃO É UM ENTRETENIMENTO, MAS UMA NECESSIDADE

Dizia-me Francis (19 anos, estudante): "Não agüento pensar [...], esquentar a cabeça". Quando lhe pergunto o que procura com o pensar, me responde: "Chegar a conclusões", "não pensar", "para mim, no entanto, a maior importância é pensar por que penso: isso me tortura". Acontecia com ele a mesma coisa que aconteceu com Senderines: "supunha um esforço notável pensar; praticamente se esgotava pensando na necessidade peremptória de pensar".[15] Francis me pede que o ajude. Confesso que meu esforço consistiu em preparar poucas e adequadas perguntas. Tentei mostrar-lhe que o pensamento é fonte de criatividade e de autodefesa; ajudei-o a distinguir entre o ato de pensar e seu conteúdo, a separar por um momento o pensamento da realidade e, enfim, que, distanciando um da outra, acabaria acalmando sua tortura. Débora (22 anos, estudante de Belas Artes) se expressava de modo parecido: "Eu não sei nem quem sou. [...] Gostaria de mudar, mas não sei exatamente o quê [...], mas clarear minha mente [...], encontrar o equilíbrio, deixar os estados-limite (ou me amo ou me odeio), porque minha vida se extravasou neles. [...] sinto-me confusa". Quem de nós não aceitaria que pensar não é um luxo, mas uma necessidade, não uma especificidade da disciplina de filosofia, mas uma tarefa obrigatória de todos os professores, educadores, pais e tutores? E, no entanto, não podemos pensar qualquer coisa. O pensamento é um peso: exige rigor e esforço de raciocínio. Trata-se de dotar a vida de pensamento; e o pensamento, de vida com sentido. Impossível sem perguntar ou sem nos comunicarmos.

6. É LÍCITO ABANDONAR-SE EM IMPOTÊNCIAS IMAGINÁRIAS?

Mas, já se sabe, nós, professores, atravessamos a escola cada manhã pensando que não foram adquiridas competências didáticas adequadas para "lutar contra os elementos"; e, certamente, os alunos fazem equilíbrios diários para "que não seja corrompido o sujeito". Mas não: não cabe abandonar-se em impotências imaginárias ou alienantes. Solicitemos sempre as fontes:

---

[15] DELIBES, Miguel. *La Mortaja*. Madrid, Alianza, 1993.

a) "É lindo e divino o ímpeto ardente que te lança às razões das coisas, mas exercita-te e adestra-te nesses exercícios que aparentemente não servem para nada e que o vulgo chama de palavreado sutil, enquanto és ainda jovem; diversamente, a verdade escapar-te-á por entre as mãos" (Platão, *Parmênides*).

b) Ou com perguntas tão explícitas como comprometedoras: "Não é a filosofia que perde e corrompe tudo, mas justamente o não professá-la. Se não, diga-me, quem são os que prejudicam a ordem constituída: os que vivem moderada e sobriamente ou os que inventam novos e perversos modos de prazer? Os que colocam seu empenho em se apoderar dos bens de todo o mundo, ou os que se contentam com o que têm? [...] Os humanos e mansos que não precisam da honra do povo, ou aqueles que exigem de seus semelhantes essa honra com mais rigor que uma dívida, e são capazes de provocar mil desgraças, porque fulano não se levantou ou o outro não o saudou primeiro, nem se inclinou, nem se comportou como se fosse um escravo? Os que somente pensam em obedecer aos que ambicionam o poder e mandos, e estão dispostos a passar por tudo em troca de consegui-los. [...] Os que acumulam interesses sobre interesses, ou os que rasgam esses escritos injustos, e ainda socorrem os necessitados com seus próprios haveres?" (São João Crisóstomo).

7. NOSSO ESQUEMA A SEGUIR

É sabido que a filosofia é um modo de saber e conhecer, de pensar para viver melhor, capaz de formular um projeto pessoal contando com o ambiente: de onde nasce a necessária fundamentação dos valores que tornam possíveis a vivência pessoal e a convivência social. A partir das características e chaves da filosofia e de sua história (capítulo I), a obra se detém no valor filosófico da pergunta, do diálogo e da comunicação, que satisfazem a dupla necessidade humana de relacionar o pensamento com a realidade e o pensamento com o sentimento através da pergunta (capítulos II e III). O livro também trabalha os mínimos pré-requisitos e metodologia para uma comunicação provocada pela boa pergunta (capítulo IV). No final de cada capítulo, é oferecido um *itinerário conceitual* de seus conteúdos, assim como *propostas didáticas* para as aulas baseadas em *casos práticos* e *textos com questionário* que enriquecem a trama teórica. Assim, vamos deixando para o professor um caminho mais livre para ajudar os alunos. Porque o ensino-educação se parece com uma mala com conteúdos básicos para a viagem da vida; é uma tarefa com sentido: não luxo, mas necessidade, não descoberta definitiva, mas busca incessante. É assim que o ensino-educação procura colaborar com os alunos: tendo presentes os conteúdos acadêmicos que organizam fundamentos e meios para o comportamento bom ou para a vida melhor. Mas, embora no conteúdo e na metodologia seja da competência da filosofia o bom uso do pensamento e o instrumento da boa pergunta, todas as disciplinas que o aluno recebe na aula estão implicadas nisso. Finalmente, reunimos *resumo e conclusão*, acrescentando, além disso, um pequeno glossário ou *vocabulário* e uma *bibliografia*, além das *notas de rodapé*, que podem servir, e muito, como apoio didático.[16]

8. E COMO TUDO ISSO SERIA POSSÍVEL?

Através da pergunta que facilita o diálogo, forma suprema da razão, e organizando a vida em todas as suas dimensões: a pessoal, a social e a política. Poderiam o professor e o aluno dar mais de si mesmos? Tudo o que vai ser dito aqui, a partir da temática filosófica — mas não somente dela —, é esboçado no mapa conceitual, a seguir:

---

[16] O asterisco que aparece após algumas palavras (*) indica que elas constam no "Vocabulário mínimo" do final do livro.

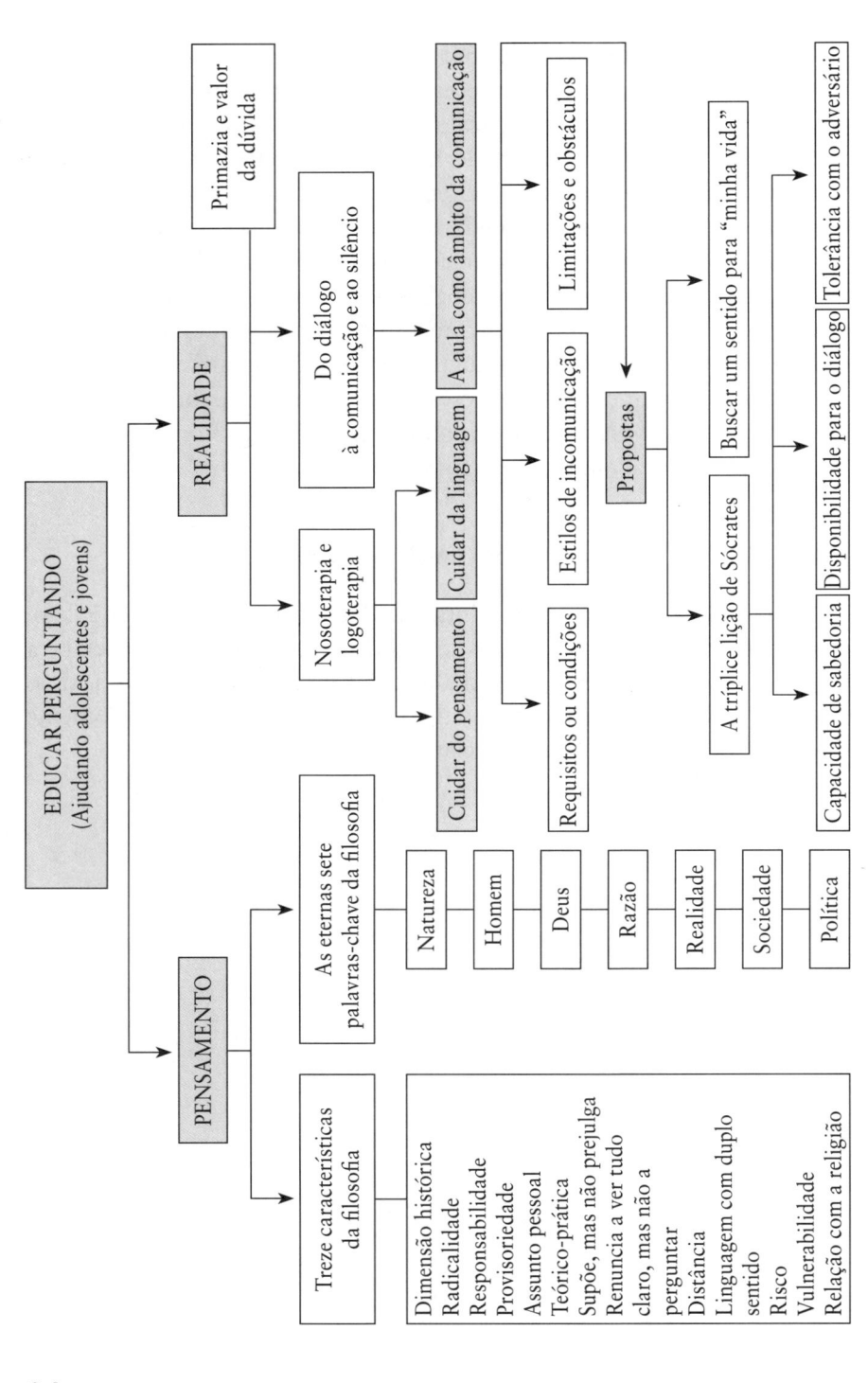

EDUCAR PERGUNTANDO
(Ajudando adolescentes e jovens)

PENSAMENTO

Treze características da filosofia

- Dimensão histórica
- Radicalidade
- Responsabilidade
- Provisoriedade
- Assunto pessoal
- Teórico-prática
- Supõe, mas não prejulga
- Renuncia a ver tudo claro, mas não a perguntar
- Distância
- Linguagem com duplo sentido
- Risco
- Vulnerabilidade
- Relação com a religião

As eternas sete palavras-chave da filosofia

- Natureza
- Homem
- Deus
- Razão
- Realidade
- Sociedade
- Política

REALIDADE

Primazia e valor da dúvida

Do diálogo à comunicação e ao silêncio

Nosoterapia e logoterapia

A aula como âmbito da comunicação

Limitações e obstáculos

Cuidar da linguagem

Cuidar do pensamento

Estilos de incomunicação

Requisitos ou condições

Propostas

A tríplice lição de Sócrates

Buscar um sentido para "minha vida"

Tolerância com o adversário

Disponibilidade para o diálogo

Capacidade de sabedoria

CAPÍTULO I

Os pressupostos da comunicação a partir da chave do pensamento

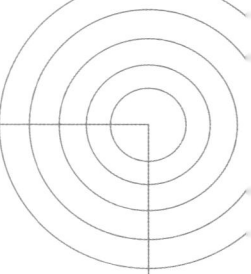

O que devemos buscar com
o máximo afã não é o viver,
mas o viver bem.

PLATÃO, *Críton*, 48b

1. AS CARACTERÍSTICAS DA FILOSOFIA E DO PENSAMENTO

A filosofia aparece academicamente como um esforço de reflexão radical e crítica sobre os problemas fundamentais que enfrentamos desde a adolescência. Diversamente dos outros saberes, a filosofia consiste em ser caminho ou método de saber e possui um nutrido ramalhete de características que chama poderosamente a atenção dos alunos, e eles entendem.

Dimensão histórica. Já se disse que a filosofia é o único refúgio do homem quando não sabe onde passar a noite. Sempre parte de uma experiência anterior à qual procura dar sentido. "É a visão do passado o que nos impele à conquista do futuro; com lembranças armamos as esperanças. Somente o passado é belo."[1] E como a experiência é variável segundo as pessoas, circunstâncias e tempo, isso a torna histórica. A filosofia nasce em uma situação social determinada: nenhuma teoria filosófica, nenhuma maneira de pensar* é produto de um só homem nem de um homem sozinho. Se alguém cresce sem nexo com o passado é como se tivesse nascido sem olhos nem ouvidos. Por isso, a filosofia é, principalmente, história da filosofia. Pois bem, esta pode ser entendida de duas maneiras: a) como a história da atividade intelectual dos filósofos

---

[1]   UNAMUNO, Miguel de. *Vida de Don Quijote y Sancho*. Madrid, Espasa Calpe, 1981, p. 51.

anteriores; b) como o desenvolvimento do processo do conhecimento humano através dos séculos, e no qual cada filósofo vem esmiuçar aspectos novos em relação ao pensamento anterior.

Sem uma apresentação adequada do passado, o presente padeceria de contexto, seria privado de riqueza de realidade. E a palavra que expressa o peso do passado é "tradição", a qual se faz presente nas vivências do aluno que pode ter acesso a exigências de beleza, verdade*, bondade, justiça, felicidade. Mas não se entenderia a retenção dessa tradição nem as vivências que a fazem presente sem uma educação dos adolescentes na capacidade crítica que discerne o que é verdade do que não é: isso é impossível sem o adequado manejo da pergunta.

Por isso, precisamos reler os velhos filósofos, escritores, historiadores e cientistas que ajudam com suas idéias a construir a própria identidade. O ser humano precisa da história, da memória, para organizar sua identidade pessoal. Não se pode existir sem a recordação; precisamos de idéias para viver, porque progredimos com o já vivido. A "memória", não a faculdade passiva de conservação neuronial de fatos, palavras* e acontecimentos que se foram, mas a aplicação do passado de uma vontade de ordem que suaviza discórdias ou diferenças e concerta o mal passado.

A comunicação com as filosofias do passado é a verdadeira filosofia perene, enquanto cada um atualmente se deixa mobilizar, não por seu modo de ver as coisas, mas pelas exigências de um filosofar comum ilustrado por todas as filosofias já feitas. [...] Não há filosofia na solidão, sem contraste e sem diálogo.[2]

Não basta a queixa, o protesto; precisamos contrastar o passado por meio de uma reflexão que nos situa no presente. Somos, pois, inseparavelmente devedores do passado e responsáveis pelo futuro.

Porém, especialmente a filosofia não se transmite a seco, mas faz cada um pensar, e daí sua renovação: "Não há filosofia que se possa aprender, somente se pode aprender a filosofar" e "aquele que quer aprender a filosofar deve considerar todos os sistemas de filosofia unicamente como uma 'história do uso da razão' e como objetos de exercício de seu talento filosófico" (Kant). Para Cícero, "a história é testemunha das idades, luz

---

[2] MACEIRAS FAFIÁN, Manuel. *Para comprender la filosofía como reflexión hoy*. Estella, EVD, 1994, p. 221.

da verdade, vida da memória, mestra da vida e mensageiro da antigüidade" *(De oratore)*. Também Cervantes: "A história, êmula do tempo, depósito das ações, testemunha do passado, exemplo e aviso do presente, advertência do futuro" (*D. Quixote*); e "as teorias científicas são provisórias para sempre. [...] O conhecimento científico é sempre hipotético; é conhecimento por conjecturas" (Karl Popper). Para traçar os caminhos do futuro, temos que esclarecer e assumir o passado, pois quem esquece o passado está condenado a repeti-lo. Quando alguém visita, em Jerusalém, o Yad Vashem, museu do holocausto, fica impressionado pelo silêncio e pelo assombro. Na entrada se lê: "a salvação está na lembrança", "lembre e não esqueça". Toda a grandeza do povo judeu se apóia na memória: "Toma cuidado! Procura com grande zelo nunca te esqueceres de tudo o que teus olhos viram. Nada disso se afaste do teu coração, por todos os dias da tua vida, mas ensina-o a teus filhos e netos" (Dt 4,9).

Para Platão, conhecer era recordar o já sabido. As invenções de uma geração são a tradição da geração seguinte. Daí, "a humanidade se compõe mais de mortos que de vivos" (Comte), "os homens são mais filhos de seu tempo que de seus pais" (Ernst Bloch), ou "você não está sozinho: sua luta atual é uma continuação da luta de toda a humanidade" (Jung). Por isso, dispensar a história da filosofia seria fechar-se num presente isolado, egoísta.

Além disso, é imprescindível ver a história da filosofia combinada com a história da ciência, sobretudo em algumas épocas, sabendo que nosso problema de consciência* é o do relativismo diante do dogmatismo de uma ciência que presume conhecer o mundo exclusivamente, porque caracterizamos e exigimos universalidade das leis naturais, e, no entanto, às leis morais é permitido, inclusive exigido, relatividade. Devemos estar alertas para que não seja assim, se não, lamentavelmente, o aluno não estará preparado para depois enfrentar outros problemas como médico, engenheiro, advogado, trabalhador social, professor, desportista, jornalista, sociólogo, psicólogo, pedagogo, topógrafo etc. Para aquele que não seguiu um curso global de história da filosofia e da ciência, a filosofia se transforma num acervo de frases mais ou menos curiosas e desconexas.

Radicalidade – Trata-se de uma "reflexão radical e crítica referida à totalidade da experiência humana. E um saber sobre a totalidade".[3] É

---

[3] O adjetivo "crítica" aparece até cinco vezes em: *Boletin Oficial del Estado-BOE (Espanha)*, n. 214, p. 1861, 16 jan. 2001. RD 3474/2000, sobre "Reforma del Bachillerato".

radical porque vai à raiz das coisas: ocupa-se do modo de conhecer as essências e compreende a pesquisa da natureza e de suas causas últimas. Finalmente, trata-se de saber a realidade* que as coisas possuem mais além de sua apreensão imediata. O cientista não vai ingenuamente em busca da realidade, mas formula, em primeiro lugar, uma hipótese ou criação livre da razão* que, elaborada a partir da realidade apreendida, é irreal e se conjuga pelo "não poderia ser que...?". E, em segundo lugar, realiza o experimento que, por um momento, dá bom resultado embora não definitivo, mas provisório. A filosofia se ocupa de questões-chave e de relações; é antídoto das aparências e batuta da globalidade. Quando não se interroga sobre o *quê* e *para quê* das coisas, domina o culto da rentabilidade, o que sempre é desagradável, ainda mais numa sociedade globalizada.

O fato é que o poder da realidade se caracteriza por possuir três notas: finalidade, possibilidade e impulso. Com efeito, a realidade que me domina é a penúltima e, também, uma crença; e porque nos é apresentada como penúltima é que precisamos "crer" nela. Mas é também uma possibilidade ou esperança, uma vez que podemos adotar uma atitude positiva ou negativa diante da realidade. E, finalmente, é um impulso amoroso, uma vez que, quando decidimos, nos unimos ou nos separamos dela. Como vemos, a realidade é um poder que não tem origem em nós e, no entanto, nos incita contra nossa vontade. Isso quer dizer que nosso assunto é ensinar os alunos a buscar a realidade mais além do que percebemos à primeira vista. Sem esquecer que realidade demais faz a vida insuportável.

Desenraizado, o homem costuma esquecer a tradição, mas precisa recuperar a raiz, ir aos primeiros princípios, às perguntas últimas que constituem a base do *que, por que, para que* e *como* da vida humana: é inevitável e o que mais importa ao homem quando suas necessidades de sobrevivência estão satisfeitas. A realidade é substrato que nos sustenta. Mas a verdade, horizonte ao qual se tende mais do que um estado que se alcança, não se pode separar das condições derivadas da vontade de chegar a acordos, porque é sempre realidade compartilhada e porque não pode ser alcançada solitariamente. Assim, a realidade não é patrimônio somente dos que acertam, mas pertence à comunidade daqueles que a buscam:

> A investigação da verdade é, num certo sentido, difícil, mas noutro, fácil. Prova-o o fato de que ninguém pode alcançá-la dignamente, nem erra completamente, uma vez que cada um diz alguma coisa so-

bre a natureza; individualmente, não é nada, ou é pouco aquilo que contribui para o conhecimento da verdade; mas da união de todas as contribuições individuais se obtém um resultado considerável.[4]

Digamos sem rodeios: a contribuição da aula, sua força impulsora, consiste em que se devolva aos alunos a importância da introspecção para realizar a melhor convivência: "Unicamente sob sua luz [da filosofia] se pode reconhecer onde se encontra a verdadeira justiça na vida pública" (Platão, *Carta VII*, 326a/b). Porque, "o bem, o belo e o justo não são mais que uma mesma coisa" (Platão, *Críton*, 48b). No entanto, desde Kant (1724-1804), tenta-se despojar a filosofia de toda sombra de metafísica. Engels chamava *mania filosófica* o falar de um fundamento oculto da realidade. Para o Círculo de Viena — em seu manifesto positivista *A visão científica do mundo* —, "tudo é superficial, tudo é acessível ao homem, [...] não tem sentido perguntar pela raiz das coisas", nem sequer pela sua "última significação fundamental".[5] Segundo estes, não há objetos misteriosos da filosofia, mas somente da ciência, que estritamente são, sem exceção, objetos da física. Conhecer a causa última é o alvo de toda esperança. E esse mínimo que na filosofia se consegue, tem, no entanto, mais peso do que aquilo que, de modo parcial, as ciências particulares podem conhecer.[6]

Mas não devemos nos esquecer: a máxima perfeição que conhecemos, quanto à realidade, é a pessoa. Há outras realidades maiores que a pessoa, como as cordilheiras, os astros, mas essa magnitude é problemática, refere-se ao espacial ou à massa, não ao que podemos chamar "intensidade".

A realidade primária e última não se reduz às coisas (como na filosofia realista, desde a Antigüidade), nem tampouco ao *eu* (como afirmou o idealismo). A realidade radical — não "única" nem a mais importante —, mas aquela em que se enraízam ou aparecem e se constituem todas as realidades, que por isso são "radicadas", é *minha vida*, a de cada um. Isto é, "eu e minha circunstância", eu com as coisas, fazendo alguma coisa com elas. Circunstância e vocação são traços imediatos de minha estrutura.

---

4 ARISTÓTELES. *Metafísica*, II, 1. 993a, pp. 30ss.
5 CARNAP, Rudolf; HAHN, Hans & NEURATH, Otto. *Wissenschaftliche Weltauffassung der Wiener Kreis*. Viena, Artur Wolf, 1929, p. 15.
6 SANTO TOMÁS DE AQUINO. *Comentário à metafísica de Aristóteles*, I, 3.

Mas a realidade das coisas é incomparavelmente menor que a da pessoa, e por isso carece de sentido todo naturalismo, materialismo, redução ao dado e ao presente. É parte da realidade, não é somente presente, mas tensão, "futurível" e, portanto, algo irreal. A indefinição do homem é a imagem finita da infinitude, o que permite compreender em algum sentido a condição de "imagem de Deus". É presença e latência e daí a surpresa no encontro com outras pessoas. A pessoa, por sua irrealidade, insegurança e contingência, é a mais vulnerável (por isso, pode levar a diversas formas de despersonalização pela via do erro, da alienação e da maldade), admite graus, nunca está dada: não se pode dizer dela "isto é", porque "está sendo" sem limite conhecido. O animal está "dado", por isso tem natureza; no homem, ao contrário, se introduz a irrealidade, o futuro incerto, como constitutivo de sua realidade, uma vez que está presente projetivamente na pessoa, uma vez que a pessoa é liberdade intrínseca e insegurança. Consiste em *inovação*, sempre pode retificar, arrepender-se, começar de novo, em suma, *renascer*, e daí sua insegurança, condição intrinsecamente problemática da pessoa. Carece de identidade, mas ao mesmo tempo consiste em "mesmice". O *quem,* que é a pessoa, constitui o mais íntimo, mas consiste em sair *fora de si*, não somente para o mundo e para os outros, mas *fora* da realidade. A pessoa é ao mesmo tempo intimidade e transcendência. Ver a pessoa "de fora", como algo que "está ali", é recair no modelo mental da coisa, em vez de vê-la como o que é: um *aconteci-mento dramático*; um sujeito que é *alguém que consiste em acontecer*.[7]

Responsabilidade – Do que foi dito, deduz-se que a filosofia é uma visão responsável, isto é, justifica ou responde sobre a realidade, dá razões. E nada pode justificar se antes não é compreendido. Se não é uma visão acertada, ao menos tenta responsavelmente. Por isso, é uma busca incessante, uma verdade que se indaga para responder (etimologia latina de *spondeo*, que significa compromisso) à vida pessoal que cada um está construindo. A responsabilidade visa à vida pessoal e social, e daí a filosofia se servir da ética. Uma e outra me ensinam a escolher: eu escolho e decido minha vida, dentro das possibilidades que a circunstância permite, e, portanto, posso seguir minha verdadeira vocação ou lhe ser infiel. A possibilidade de que a circunstância o impeça pode ser causa de infelicidade, mas não de falsificação ou inautenticidade. Intensidade e autenticidade são o duplo critério da perfeição da pessoa. Pode-se tra-

---

[7]   MARÍAS, Julián. *Persona*. Madrid, Alianza, 1996, pp. 11ss.

balhar sobre a realidade de cada pessoa, levá-la a descobrir a si mesma, a retificar, a viver a partir de si mesma e não a partir do que se diz. O erro parece respeitável; com freqüência é difícil evitar; a mentira inspira repugnância: com ela se deve ser implacável, porque é voluntária, responsável, e, além disso, se propaga de modo funesto. A mentira é a origem de quase tudo o que estorva e entorpece a vida, o grande contaminador.[8] Comprometida com seu tempo, a filosofia mantém aberto o esforço de interpretação, diálogo e compreensão, incita a pensar responsavelmente a proximidade do contexto presente: não cabem "pensamentos ou modos de proceder sem discurso do entendimento".[9]

Para Sócrates, a filosofia não é uma profissão ou ocupação, mas uma forma de vida. A melhor defesa de Sócrates foi sua própria vida: "Não deverias examinar, Sócrates, os argumentos de tua defesa?". Ele respondeu: "Não sabes que passei toda a vida preparando minha defesa? Porque ao longo de toda minha vida não cometi nenhuma ação injusta, que é precisamente o que eu considero a melhor maneira de preparar uma defesa". No diálogo *Críton* transparece o homem que prefere morrer a fugir, o homem bom cidadão. O prêmio do homem justo na outra vida consiste em "dialogar nela com os homens justos, estar em sua companhia e examiná-los: seria o máximo da felicidade" (*Apologia*, 41b-c). Em Sócrates, mais que suas idéias filosóficas, chama a atenção a harmonia que estabelece entre a doutrina e a vida. Laques disse:

> Quando ouço algum homem, que é verdadeiramente homem e digno das palavras que diz, dialogar sobre a virtude ou sobre algum tipo de sabedoria, me comprazo sobremaneira ao contemplar quem fala e o que fala em recíproca conveniência e harmonia. E me parece, em suma, que o homem de tal classe é um músico que conseguiu a mais bela harmonia, não na lira ou nos instrumentos de jogo, mas ao harmonizar na vida real seu próprio viver com sua palavras e fatos.[10]

O mesmo Laques confirma o testemunho: "Eu lhe garanto que, se os outros se houvessem comportado como você, nossa cidade ter-se-ia mantido firme e não teria sofrido tamanho fracasso" (Laques, 181b).

---

8 Id. De dentro afuera. *ABC*, Madrid, 2 nov. 2000.
9 Santa Teresa de Jesus. *Livro da vida*, cap. IX.
10 Laques, 188c-d.

Provisoriedade – A filosofia é mais caminho ou método que chegada. Propõe perguntas (por exemplo, sobre a essência das coisas, da matéria, da natureza do espaço e do tempo, Deus*, alma*, mundo*, os limites do conhecimento*, a linguagem*, a relação entre espírito e matéria, corpo e alma, humanidade e natureza* física etc.) que pretendem ir mais além da realidade imediata, mas que inquietam o homem* e, neste sentido, pretende dar resposta: pode ser não-exaustiva nem determinante, mas provisória. A filosofia* não é alguma coisa aprendida de uma vez para sempre; não é o quadro que se pendura, mas o martelo — a inteligência — que torna possível pendurar o quadro. A filosofia não conclui nem traz soluções definitivas. É mais inquietude, busca persistente de um pensamento insatisfeito: "Qual flecha que o alvo reclama, como água que a terra espera".[11] Filosofar, afinal, não significa nada mais que ser sempre um principiante. Quando Cálicles adverte Sócrates que um homem que filosofa em idade avançada deveria ser açoitado, este lhe responde que não há idade para a filosofia, pois ela é interminável.

Assunto pessoal – A filosofia não é acúmulo de conhecimentos, não é primariamente uma ciência, mas um assunto pessoal; não é catálogo de proposições, mas realidade acontecida; não é espetáculo, mas olhar atento; não é segurança, mas assombro e vertigem;[12] não é firmeza, mas perplexidade; não é madrugadora, mas vespertina. O problema não é sua insegurança, mas o não saber suportá-la.[13] Enquanto a criança vê como duvidoso algo que provoca sua estranheza, o adulto o vê como tarefa inquietante. O pensamento da criança é explorador, não considera nada certo. A filosofia trata dos problemas que afetam o homem: indivíduo e sociedade, teoria e conhecimento, ação e sentido da vida. Por isso, quando levada a sério, a filosofia influencia no comportamento. A maior porção dos séculos de filosofia e seu maior mérito é o de ter concentrado sua atenção no homem: demonstra-o o fato de que quase todas as antigas escolas de filosofia fo-

---

[11] MACHADO, Antonio. *Poesías completas*. Madrid, Espasa, 1986, p. 227, tomo XXXIX.

[12] TRIAS, Eugenio. *Ciudad sobre ciudad*. Barcelona, Destino, 2001.

[13] O drama do terrorismo internacional, especialmente o que atacou as Torres Gêmeas (11 de setembro), mudou não a tecnologia, mas a "crença" de segurança dos norte-americanos e, certamente, do resto do mundo. O que virá depois da guerra do Iraque será o supra-sumo e virá após uma marcha a ré na história, de uma mudança na segurança mundial e nas relações internacionais.

ram organizadas como modos de vida.[14] E essa conexão direta e íntima da filosofia com uma visão pessoal da vida a distingue da ciência.[15] Quando Ortega y Gasset reivindica a vida pessoal como realidade radical e objeto da filosofia, "entende-o no duplo sentido que a vida é o que fica quando suprimo todas as idéias, teorias e interpretações, e que nela 'estão radicados' ou aparecem todas as demais realidades".[16] Com efeito, o homem mede e é medido pela vida pessoal e pelas coisas que o afetam.[17]

Por isso, tem uma *dimensão teórico-prática*, isto é, não pretende estabelecer a certeza ou a falsidade da experiência, mas seu sentido. "A razão nos foi outorgada como poder prático, como poder que deve ter influência sobre a vontade."[18] O pensamento é a semente da ação. Num primeiro degrau, precisamos pensar para viver; depois, precisamos pensar para viver bem. E sempre o modo de ser se junta ao modo de pensar. Não há ética sem pensamento, nem pensamento sem ética. Desde Sócrates, a filosofia tem uma patente: pensar para agir, gnoseologia e ética; sua tarefa é a fundamentação moral da política, tarefa que outrora era realizada pela religião. Sócrates empreende uma travessia do deserto: formar a juventude para que possam governar a *polis*, ensinar um pensamento independente. Ele fez com que a filosofia deixasse de se ocupar da natureza física para passar a se ocupar de uma eventual sociedade de seres livres. Sua análise é teórica — é a ciência que se busca: *episteme* —, e não experimental. Porém, a filosofia não é teoria pura nem somente

[14] João Paulo II. *Fides et ratio*, n. 85: "Desejo expressar firmemente a convicção de que o homem é capaz de chegar a uma visão unitária e orgânica do saber. Esta é uma das tarefas que o pensamento cristão deverá enfrentar ao longo do próximo milênio. […] O aspecto setorial do saber, na medida em que comporta uma aproximação parcial à verdade com a conseqüente fragmentação do sentido, impede a unidade interior do homem contemporâneo".

[15] Dewey, John. *Democacia e educação*. Trad de Godofredo Rangel e Anísio Teixeira. 3. ed., São Paulo, Companhia Editora Nacional, 1959. Cf. Bontempo, Charles & Odell, Jack (Orgs.). *La lechuza de Minerva: ¿Qué es filosofía?* Trad. de Carmen García-Trevijano. Madrid, Cátedra, 1979.

[16] Marías, Julián. *La Escuela de Madrid*; estudios de filosofía española. Buenos Aires, Emecé, 1959, 1 nov. 1955.

[17] Platão. *Teeteto*, 170 a-171c. Nesse texto, os dois interlocutores são Sócrates e Teodoro, e é examinada uma tese de Protágoras segundo a qual o homem é a medida de todas as coisas, ou seja, é verdadeiro o que alguém acredita que é.

[18] Kant, Immanuel. *Fundamentação da metafísica dos costumes*. Trad. de Antonio Pinto de Carvalho. São Paulo, Companhia Editora Nacional.

contemplação, mas deve se vincular à ação concreta: o engajamento entre pensamento e ação é um elemento decisivo. Uma filosofia que não é praticada também não é teórica, não dispõe de uma estrutura organizada de pensamento. Uma filosofia que é teórica, mas não só teórica, tem como destino a melhor condução da vida pessoal. Rousseau, antiintelectualista e pouco amigo das Luzes de seu século, escreve suas cartas morais sobre a virtude e a felicidade com o objetivo de ensinar a viver. Nelas se reúnem os princípios de sua filosofia, suas reflexões sobre a felicidade, o conhecimento frágil da verdade, a exaltação da consciência moral como juiz e guia, a universalidade da lei moral e o valor da virtude.

A filosofia tem pressupostos, mas não preconceitos – Trata-se de "não aceitar nenhuma idéia, fato ou valor se não a partir de uma análise rigorosa".[19] Por isso, o adolescente — encarnação da pergunta sem pressupostos prévios, sem preconceitos — descontrola o adulto. Sua pergunta será de ignorante, mas não de insipiente. O adolescente quer pensar com sua própria inteligência, renunciando ao que foi aprendido de outros. A função pedagógica da filosofia chamará a atenção sobre aquilo que de puro óbvio nos passa despercebido. Como não é regra filosófica a ignorância nem a suspeita nem o preconceito sistemáticos, ela deve suprir a habitual carência de análise. Sua utilidade vem de longe:

> A boa e legítima filosofia tende a formar o entendimento a conceber idéias claras e precisas das verdades científicas. [...] Seu objeto é dispor o juízo para que ordene retamente sólidos conhecimentos, distinga o verdadeiro do falso, trace a ordem da verdade e da bondade, separe o melhor do bom e acerte com método as percepções das coisas, graduando a probabilidade ou verossimilhança nos termos justos de sua essência.[20]

Renunciar a ver tudo claro não é renunciar a perguntar: começar de novo. Por outro lado, a atitude filosófica se opõe à necessidade convulsiva de esclarecer-nos e saber do que tudo é feito. Infelizmente, imaginamos que o problema está onde nós o podemos controlar. Ortega y Gasset, em suas *Meditaciones del Quijote* (1914), comenta: "Longe, sozinha na aberta planície manchega, a longa figura de Dom Quixote se

---

[19] *BOE*, n. 214, p. 1861, 16 jan. 2001. RD 3474/2000 sobre "Reforma del Bachillerato".

[20] Olavide, Pablo de. *Plan de estudios*, 1768.

encurva como um sinal de interrogação". Junto com a impressionante pergunta, a desassossegada resposta, quando há. Comunidade dos que buscam, a esta pertence o filósofo. Para filosofar devemos ser valentes e reconhecer que não vemos as coisas claras. A filosofia não soube nunca entender com certeza o que significa a vida como ela é, ou os homens como realmente são. Costumamos citar como frase inaugural da filosofia a expressão de Sócrates: "Só sei que nada sei". A segurança circulante das opiniões não é senão uma forma mitigada de ignorância. E o fato é que toda filosofia se inicia a partir de um âmbito de inseguranças. No fundo, trata-se de um princípio de autodestruição dirigida, cujo nome é "ironia" (socrática). Finalmente, a filosofia obstina-se em transformar em um problema o que parece óbvio e em romper o automatismo das próprias percepções; a partir daí, o mundo fica desarmado para se armar novamente sob o controle da lógica. Este será o caminho que séculos mais tarde Descartes seguirá através da dúvida metódica. Somente temos o sentimento* de encontrar alguma coisa se continuamos buscando, e é por essa única razão que não expulsaremos de casa a dúvida. No momento em que deixarmos de buscar, perderemos tudo o que havíamos encontrado; ao contrário, quanto mais encontrarmos, mais buscaremos. Se não buscamos, como podemos querer encontrar? "Há que se esforçar, então. Vale a pena", como recomendará Sócrates a Menon. Também santo Agostinho: "Por que buscas a retribuição antes do trabalho?".[21]

Efetivamente, a filosofia não concede nem a relativa segurança que a ciência oferece, nem o prazer que a arte produz, nem o consolo que a religião dá: por mais justificáveis que sejam todos. O benefício da *dúvida* filosófica é que não se instala nela, mas indaga para superá-la, por esclarecimento, reconhecimento de limitações e sublimação de impotências. Platão compreendeu que a filosofia é ao mesmo tempo uma dupla mania divina (Platão, *Fedro*, 147e): erótica — desejo de saber — e dialética — diálogo que se busca. Um diálogo aberto que pode encher toda uma vida (Platão, *República*, 450b). Mas a dúvida representada na *pergunta* * *adequadamente formulada* nos proporciona o mínimo para saber a que nos apegar: ter a dúvida, mas não se instalar nela, é lançadeira da verdade. A dúvida se encoraja na busca e esta é caminho inevitável da condição humana: caminho de diálogo como virtude e caminho da virtude

---

[21] SANTO AGOSTINHO. *Comentário ao salmo 63*.

do diálogo. A dúvida é viveiro de perguntas e esperança de respostas. Afirmar a dúvida como princípio do saber, usar o procedimento, é lançar as bases para a regeneração de si mesmo. A dúvida socrática possui uma grande eficácia, não somente do ponto de vista histórico, mas também sistemático; saber que nada sabemos equivale a negar a todos os nossos conhecimentos, as condições essenciais do conhecimento. O *conflito* surge quando "o cansaço e o sono, os piores inimigos da ciência",[22] nos subjugam, quando não suportamos a dúvida, quando queremos poupar o caminho ou chegar à meta com um pulo: só os deuses e os animais se outorgariam tal privilégio. Resta-nos atravessar com êxito o rio Leteu.[23] Os prisioneiros do mito da caverna "se parecem conosco ponto por ponto", porque "não acreditamos que possa existir outra realidade" além das sombras. E esse "é o estado da natureza humana em relação à ciência e à ignorância".[24] Trata-se da árdua tarefa de ir do aparentemente claro ao oculto, não o contrário, como até então se havia entendido. Esforço é igual a educação: esta é a grande mensagem (nada parecido com a trama pedagógica de nossos intermináveis planos educativos inacabados) do mito platônico da caverna. "É preciso contestar mais suave e razoavelmente. Com certeza este 'mais razoavelmente' não é somente contestar a verdade, mas também mediante aqueles pontos sobre os quais o interpelado declare ter notícia" (Menon). Não, não é o eterno retorno do mesmo, mas do novo, vivido de maneira diferente:

> Cabeça meditadora,
> de longe se ouve o zumbido
> da abelha libadora!
> Lançaste um véu de sombra
> sobre o belo mundo e vais
> crendo ver, porque medes a sombra com um compasso.
> Enquanto a abelha fabrica, melifica,
> com suco do campo e sol,
> Eu vou lançando verdades
> que nada são, vaidades
> no fundo do meu crisol.

---

[22] PLATÃO, *A República*, VII.
[23] Ibid., VI.
[24] Ibid., VII.

Do mar ao percebido,
do percebido ao conceito,
do conceito à idéia:
— Oh! A linda tarefa! —
da idéia ao mar.
E outra vez a começar!

(Antonio Machado, *Parábolas*, VIII)

Distância – A filosofia pode nos oferecer talvez só uma e inquietante proposta: saber que ignoramos as raízes da realidade. O adolescente pergunta sobre as coisas que vê porque as tem, mas também é capaz de perguntar sobre o que não tem e é. Não à toa Sócrates levava os seres humanos a pensar na vida, nos costumes, no bem* e no mal. O sábio toma a distância precisa da realidade para julgá-la ou justificá-la; reconhece que a filosofia exige serenidade diante do esforço, aceitação do que é sem mim e de quanto há por mim. Aí mora o valor terapêutico da filosofia. As duas palavras mais freqüentes dos pacientes na consulta psicológica são "pensamento" e "realidade": "Estou de cabeça quente", ou "estou nas nuvens", respectivamente. Sábios ou pacientes querem penetrá-las para acertar na vida. E quando não acertam, porque "estão de cabeça quente" — torturadores pensamentos em forma de coágulo — ou porque "estão nas nuvens", buscam a aula e a terapia para clarear, para atinar sobre o que deverão fazer a partir "daquilo que é", da realidade, "do que há", isto é, do que cada um vai tecendo com as experiências da vida diária. A tristeza da dura realidade se vê compensada por uma distância espiritual entre ela e nós. Porque os graus de proximidade dão um tom sentimental à realidade, resultando a "realidade vivida", que é a que nos está mais próxima, "a" realidade por excelência, a realidade humana, a "realidade contemplada".[25]

No duplo fio da linguagem – A diversidade de linguagens manifesta diferentes modos de realidade nem sempre contrastáveis; porque estão sobrecarregadas de significação psicológica ou espiritual, não podem se verificar experimentalmente, mas comparativamente.[26] O fato de sermos

---

[25] ORTEGA Y GASSET. *La deshumanización del arte*; unas notas de fenomenología. Madrid, Espasa Calpe, 1996.

[26] Cf. MACEIRAS FAFIÁN, Manuel. *Metamorfosis del lenguaje*. Madrid, Síntesis, 2002 (sobretudo o capítulo 1, "Linguagem da filosofia e filosofia pela linguagem").

mais inteligentes que os animais não deve fazer-nos esquecer que a agilidade de nossa inteligência é a responsável por nos encontrarmos, freqüentemente, com mais possibilidades do que as que podemos assumir. O instinto é um projétil seguro, mas o pensamento não. Um sistema, uma teoria inventados pelo homem são condição e limite de tudo o que vemos. Entre esses sistemas está a linguagem. Falamos e pensamos em palavras que já estão orientadas e contaminadas pela língua materna. O pensamento ingurgita suas próprias palavras, e assim cresce.

A linguagem marca, significa, expressa coisas e acontecimentos que a realidade sensível nos apresenta e nossa estrutura mental interpreta. Nessa interpretação da realidade se enraíza outro fio da linguagem. Interpretação que consiste em tornar explícito o diálogo que somos ou que formamos com os textos, com as obras, com os monumentos, enfim, com a tradição à qual pertencemos. Por ela adquirimos identidade e continuidade pessoais, permitindo-nos relacionar-nos com os outros e aprender com eles, exercer a autocrítica, empreender as reformas necessárias, participar nas empresas comuns. O ser humano não é somente sujeito de conhecimento, mas realidade ativa que, sentindo, se comunica com os outros.

Risco – A filosofia é arriscada porque teoriza sobre nossos hábitos sociais, perceptivos e lingüísticos especulativos. O que acontece é que, se não filosofamos, se não fazemos teoria, acabamos aceitando e considerando boa a teoria que nos envolve e obnubila. Daí, filosofar é começar a buscar a outra face das coisas, o que implica um risco inevitável. *Sapere aude*, atreva-se a pensar por si mesmo para sair da minoridade. Diante dos riscos diários que se nos apresentam, quando o poder de unificação desaparece da vida dos homens é que nasce a filosofia. Mas se há contradição, a filosofia não se ruboriza: a contradição é impossível na lógica, mas não na realidade. Viver é manter a contradição, assumir o risco diário sem se perder na vida.

Vulnerabilidade – Pelo fato de o homem precisar viver de maneira arriscada e vulnerável numa realidade interpretada transitoriamente, seu pensamento caminha inseguro; para adquirir sua identidade deve permanecer desperto, consciente. Daí precisarmos pensar por nós mesmos, não guiados pelo que dita a coletividade. Segurança, reputação e poder são os antípodas do pensamento filosófico. Então, convém apostar numa ética da humildade, do exercício de começar de novo. Ajudando os adolescentes a filosofar, ou a construir um texto literário, por exemplo, que, enquanto aspirantes à liberdade de um sentido, e ao sentido da liberdade, são incitados a sair com esforço do vício do sem sentido, vê-se que ficam parados: tanto no fanatismo como no amoralismo, no tradicionalismo como no progressismo, na indigência fatídica como na globalização a qualquer preço.

Sua relação com a religião – Filosofia e religião disputaram a realização das esperanças humanas. A filosofia tentou fazer o mundo habitável, rebaixando todo delírio para entrar na razão. Aglutinadora de esperanças, depuradora de aparências, a filosofia, essa irmã da religião, desarmou mãos que a superstição havia secularmente ensangüentado.[27] O fato é que: "Em todos os lugares onde se tenha estabelecido uma sociedade, é necessária uma religião; as leis velam sobre os crimes conhecidos e a religião sobre os crimes secretos".[28] A religião, é verdade, tem sido a tradicional depositária das esperanças humanas, das mais imprescindíveis, isto é, das mais verdadeiras e queridas.

> O ideal seria manter uma íntima conexão entre a filosofia acadêmica e a filosofia vivencial. Esta última nasce no fundo da pergunta pelo sentido da vida humana, que está intimamente unida à pergunta pelo mundo e pelo último fundamento do real existente. E todos possuímos este fundo filosófico, esse âmbito das perguntas radicais, aquela zona convergente de religião e filosofia.[29]

A filosofia, assim como a religião, parte de uma pergunta inevitável pelo radical, último e insuficiente que interessa a cada vida humana. Que alguém aceite a resposta verossímil será assunto de conhecimento ou de fé, de razão ou de sentimento, de filosofia ou de sabedoria. Bem enten-

---

[27] VOLTAIRE. *Tratado sobre la tolerancia* (1763). Estudo e notas de Roberto Aramayo. Madrid, Santillana, 1997, p. 25. [Ed. bras.: *Tratado sobre a tolerância*. 2. ed. São Paulo, Martins Fontes, 2000.] Cf. ainda: REVILLA CUÑADO, Avelino. *A vueltas con lo religioso*. Salamanca, Universidad Pontifícia, 2001; PANNENBERG, Wolfhart. *Una historia de la filosofía desde la idea de Dios*. Salamanca, Sígueme, 2001, em que teologia e filosofia coincidem no esforço por procurar para o ser humano uma orientação sobre sua própria realidade; e MARINA, José Antonio. *Dictamen sobre Dios*. Barcelona, Anagrama, 2001, sobretudo o capítulo VIII, "Mais além do religioso e do profano".

[28] VOLTAIRE, *Tratado sobre la tolerancia*, op. cit., p. 73.

[29] MURILLO, Ildefonso. Prólogo. In: *Fronteras de la filosofía de cara al siglo XXI*. Colmenar Viejo (Madrid), Diálogo Filosófico, 2000, p. 14.

dido que, como afirmou Francis Bacon: "Uma filosofia medíocre gera ateus, mas uma filosofia profunda faz crentes profundos".

Em resumo, essas 13 notas específicas que acabamos de apontar foram, são e serão um apoio humanista, pois entendem o comportamento humano como uma ação física significativa, com capacidade de se encontrar e de se abrir aos demais. Por isso, a filosofia é imprescindível na etapa da adolescência, mais ainda nestes tempos em que cresce o desequilíbrio entre aspirações e oportunidades. Ortega y Gasset afirmou: "Viver não é entrar deliberadamente num lugar previamente escolhido, mas encontrar-se, de repente, sem saber como, caído, submerso num mundo que não pode ser trocado por nenhum outro".[30]

Um texto (atenção ao itálico) resume as vantagens do ensino e da aprendizagem de, pelo menos, um verniz de filosofia:

> *O homem que não tem nenhum verniz de filosofia, caminha pela vida prisioneiro dos preconceitos* que derivam do senso comum, das crenças habituais de seu tempo e de seu país, e das que se desenvolveram em seu espírito sem a cooperação nem o consentimento deliberado da razão. [...] *A filosofia deve ser estudada, não pelas respostas concretas aos problemas que propõe, uma vez que, em geral, nenhuma resposta precisa pode ser conhecida como verdadeira, mas sim pelo valor dos mesmos problemas*; porque esses problemas *ampliam nossa concepção do possível, enriquecem nossa imaginação intelectual e diminuem a segurança dogmática* que fecha o espírito à investigação; mas, antes de tudo, porque a grandeza do universo que a filosofia contempla, o espírito, por sua vez, se faz grande, e chega a ser capaz da união com o universo que constitui seu bem supremo.[31]

As perguntas que vêm ao nosso encontro:

- Não é a mesma coisa um saber sobre a realidade "envernizada" e viver "prisioneiro dos preconceitos"? Verniz e preconceitos se identificam no texto? Se se identificam, então o autor se contradiz com as boas pretensões de seu texto, não é verdade?

[30] ORTEGA Y GASSET. *¿Qué es filosofía?* Madrid, Espasa Calpe, 1973.
[31] RUSSELL, Bertrand. *Elementos de filosofía.* Barcelona, Labor, 1970.

- O que a filosofia pode nos dar, se propõe problemas e não soluções?
- Em que consiste o valor de um "problema" filosófico, segundo Bertrand Russel?
- O que é o comum e o diferencial nos problemas?
- Você pode apontar algumas qualidades do "problema" filosófico?
- Você poderia expressar, a seu modo, as 13 *características da filosofia*?

2. A CHAVE DA FILOSOFIA E DO PENSAMENTO ATRAVÉS DA HISTÓRIA: A PERGUNTA

Os fatos e os pensamentos dos homens do passado não podem ser apreendidos com as mãos, mas sim compreendidos pelo entendimento humano. A filosofia, a história da filosofia, a história das idéias, da literatura e da ciência, por exemplo, representam um fio luminoso que prende os botões de cada época. Interessa-nos saber *o que*, *para que*, *como* e *por que pensamos* como pensamos, e vivemos como vivemos, o que devemos fazer, com quais esperanças podemos contar.

Por isso, devemos conseguir que os alunos falem em sala de aula sobre aquilo que chama a atenção em seu ambiente; devemos aproveitar "o que acontece" e "nos acontece" no dia-a-dia: de uma guerra civil a um discurso no Senado, uma lei aprovada por escassa ou ampla maioria, um pulular da droga e das corrupções — televisivas, políticas, empresariais etc. —, a violência dos sexos, o racismo, a xenofobia, o índice elevado de fracasso escolar, a imigração "desempapelada", a taxa de desemprego ou de analfabetismo, a greve, um atentado terrorista por meio de armas ou por invasão informática e tecnológica,[32] violência contra menores, narcotráfico, malversação de recursos e suborno, aborto provocado, faltas no trabalho, atentado ao meio ambiente, maus-tratos aos animais e, em resumo, a perda evidente de valores. E para quê? Para buscar as raízes, voltando sempre o olhar para o passado que nos foi entregue incrustado em nosso presente. No final da

---

[32] Cf. Ortega Campos, Pedro. Nuevos estilos de saber y de lenguaje. La informatización de la sociedad. *Revista Biups'80*, fev./mar. 1987; La informática como espetáculo. *Paideia*, revista de Filosofía y Didáctica Filosófica, Madrid, out./dez. 1989.

história, é — passe a metáfora — um trem de mercadorias no qual em cada um de seus vagões se amontoam os mesmos assuntos (ser humano, realidade, conhecimento, ação, sociedade), mas com diversos cozinheiros (autores) que alinharam sua receita particular para dar resposta ao maquinista (a realidade que tira do homem, ou o homem que quer entender a realidade para saber o que fazer com ela). Não é verdade que a história da filosofia é a história dos possíveis sentidos ou alternativas que o leque da vida pessoal contém?

Sempre haverá — ontem como hoje — três *grandes perguntas* a se fazer:

- De onde vem o universo, por que há mais coisas que nada?
- O que é a realidade, o que é a verdade?
- O que faço eu* aqui, isto é, que sentido tem minha vida?

Ou, de outra forma:

- O que *são* as coisas, a realidade? (a isso responde a metafísica, a ontologia, a física teórica);
- Posso *conhecer* a realidade, as coisas como são? (a isso a epistemologia e a gnoseologia procuram responder);
- O que *devo* fazer razoavelmente com e diante da realidade? (as respostas são dadas pela ética ou pela moral).

As três perguntas são como brilhantes engastados numa coroa de sete pontas, à maneira de sete palavras-chave: *natureza, homem, Deus, realidade, sociedade,* * *razão, política (Estado).* Os três problemas escondidos nessas palavras-chave são *Deus* (se existe ou não), *alma* (se é imortal e livre) e *mundo*, ou globalidade de coisas, vivências (se é eterno ou foi criado no tempo).[33] Veja os gráficos que seguem:

---

[33] É claro que cada autor tem um ponto seletivo para seu estudo, por exemplo, Simon Backburn — em seu livro *Pensar: una incitación a la filosofía.* Barcelona, Paidós, 2001 — faz objeto de seus estudos as seguintes palavras-chave ou conceitos: conhecimento, mente, liberdade, eu, Deus, raciocinar, mundo e afazeres.

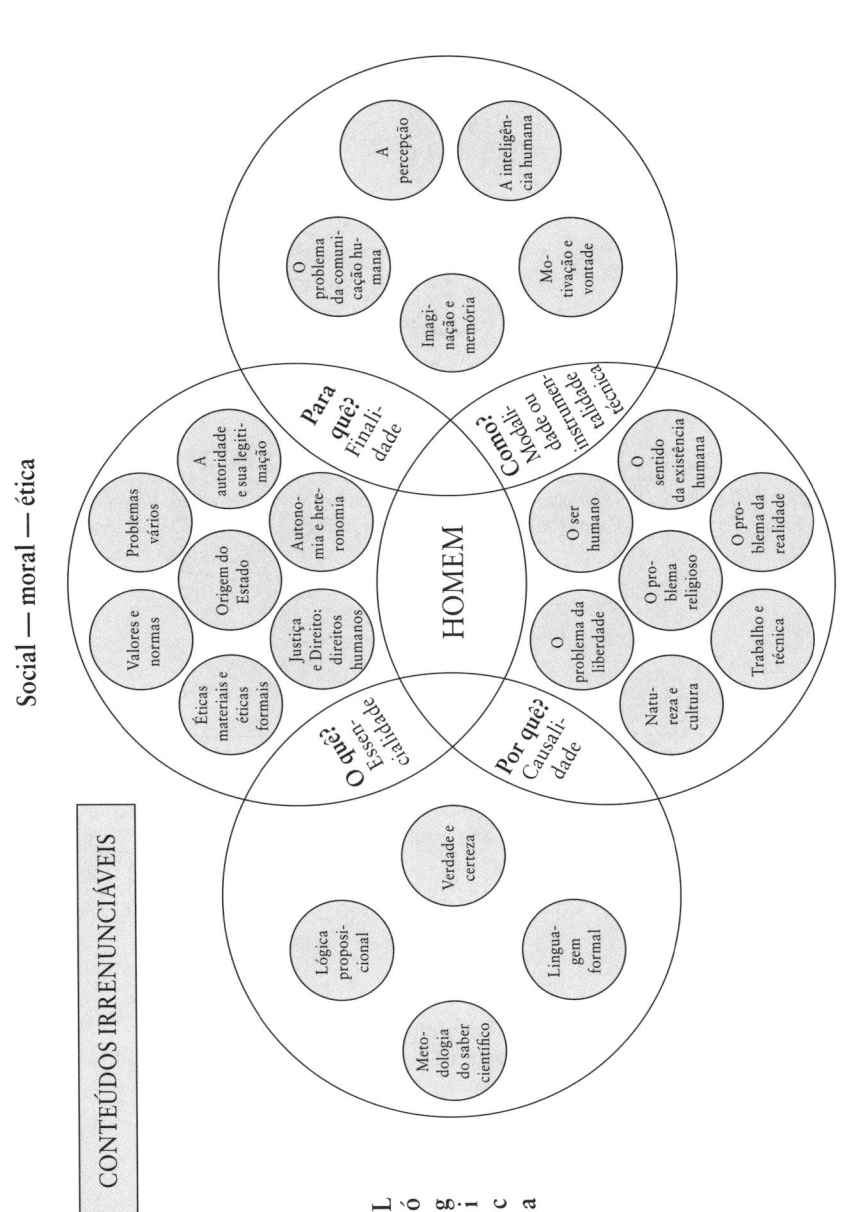

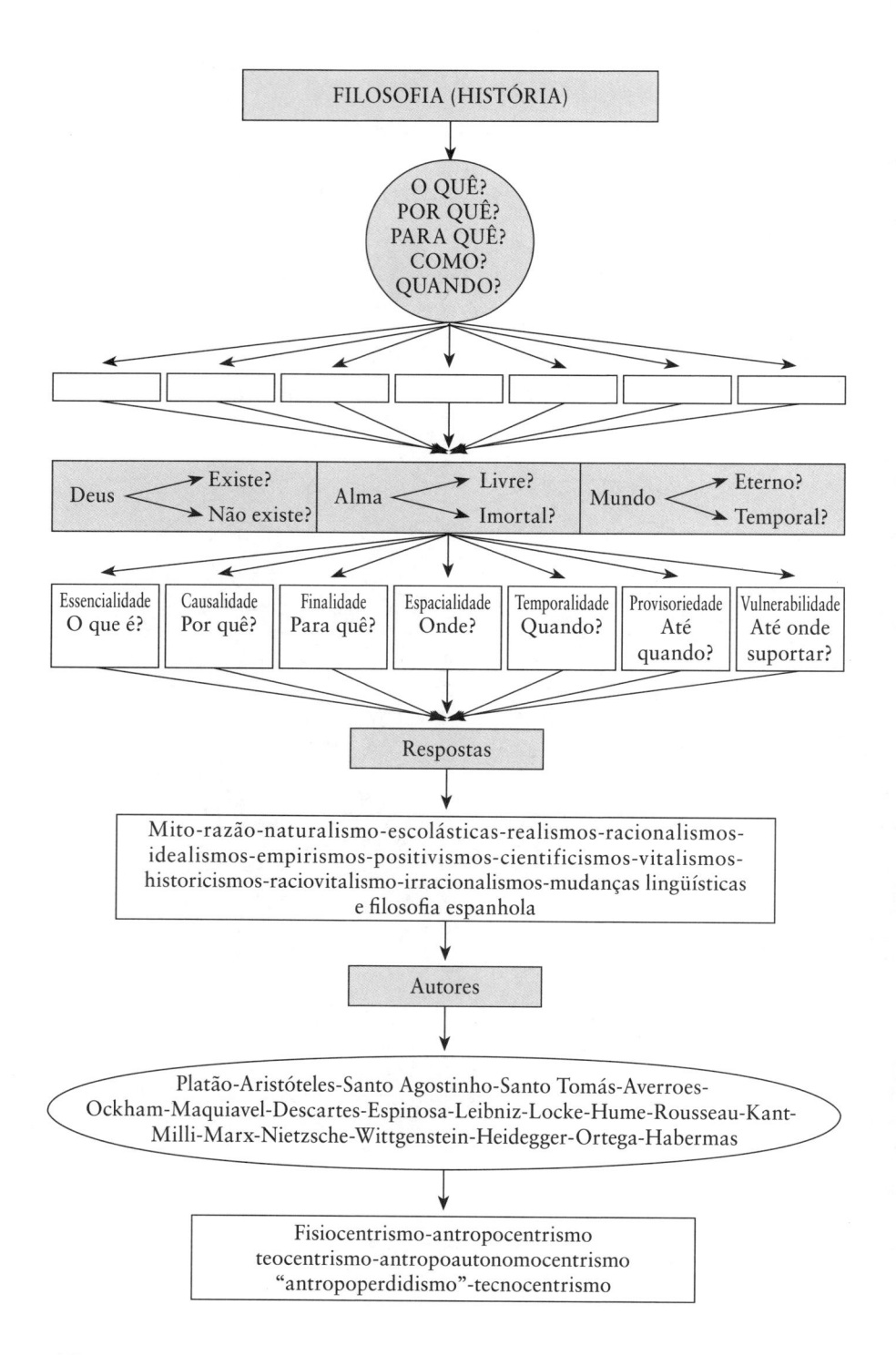

FILOSOFIA (HISTÓRIA)

O QUÊ?
POR QUÊ?
PARA QUÊ?
COMO?
QUANDO?

Deus — Existe? / Não existe? Alma — Livre? / Imortal? Mundo — Eterno? / Temporal?

| Essencialidade O que é? | Causalidade Por quê? | Finalidade Para quê? | Espacialidade Onde? | Temporalidade Quando? | Provisoriedade Até quando? | Vulnerabilidade Até onde suportar? |

Respostas

Mito-razão-naturalismo-escolásticas-realismos-racionalismos-
idealismos-empirismos-positivismos-cientificismos-vitalismos-
historicismos-raciovitalismo-irracionalismos-mudanças lingüísticas
e filosofia espanhola

Autores

Platão-Aristóteles-Santo Agostinho-Santo Tomás-Averroes-
Ockham-Maquiavel-Descartes-Espinosa-Leibniz-Locke-Hume-Rousseau-Kant-
Milli-Marx-Nietzsche-Wittgenstein-Heidegger-Ortega-Habermas

Fisiocentrismo-antropocentrismo
teocentrismo-antropoautonomocentrismo
"antropoperdidismo"-tecnocentrismo

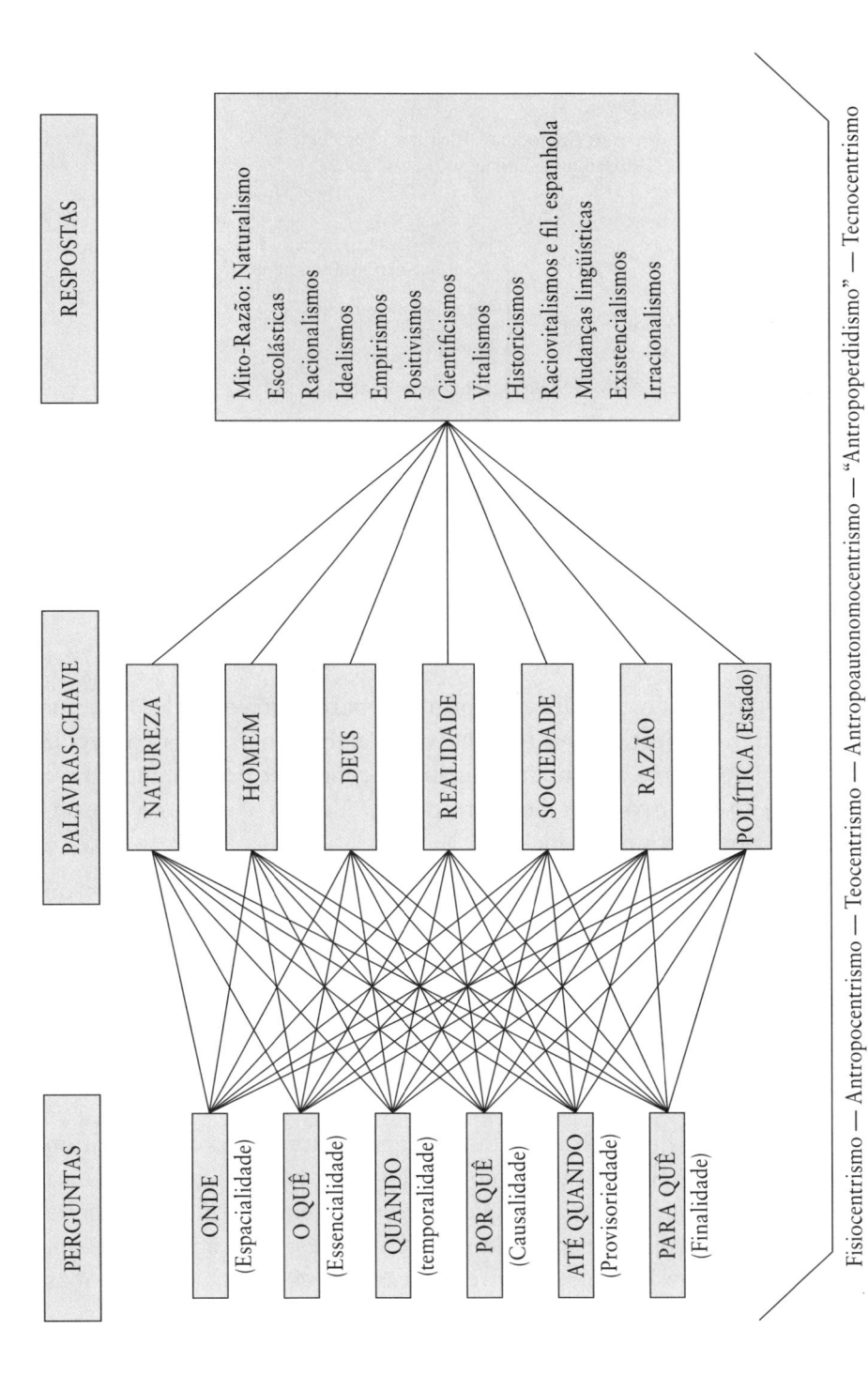

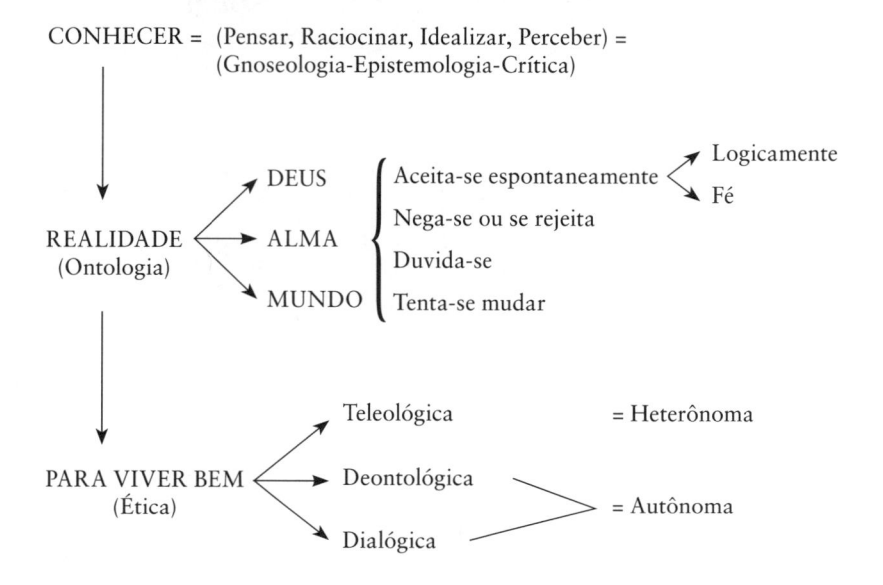

TODOS OS SISTEMAS DE PENSAMENTO

CONHECER = (Pensar, Raciocinar, Idealizar, Perceber) = (Gnoseologia-Epistemologia-Crítica)

REALIDADE (Ontologia)
- DEUS
- ALMA
- MUNDO

Aceita-se espontaneamente — Logicamente / Fé
Nega-se ou se rejeita
Duvida-se
Tenta-se mudar

PARA VIVER BEM (Ética)
- Teleológica = Heterônoma
- Deontológica
- Dialógica = Autônoma

Porque — como se disse no primeiro parágrafo — a filosofia, por ser pergunta radical e visão responsável, e embora não possa conseguir sempre as respostas, não pode renunciar a continuar perguntando. Esse é seu objeto, por isso nada lhe é estranho. O filósofo se interessa filosoficamente por toda a realidade.

Estas sete palavras-chave estão atravessadas por alguns fios ou questões: essencialidade (o que é o que é), causalidade (porque é o que é, porque deve ser mais do que nada), finalidade (para que é o que é), espacialidade (onde está ou acontece), temporalidade (quando é o que é), provisoriedade (até quando). De maneira que a filosofia surgiu no mundo quando o homem descobriu as questões radicais e não teve delas uma certeza suficiente.

E para cada uma dessas sete palavras, desses brilhantes, existiram respostas ou lampejos. Sim? Lampejos são as teorias (em grego significa "ver") de cada um dos autores, visões com as quais justificaram aquilo que foi vivido por eles e projetado. Poderemos estar de acordo ou não, criticá-los razoavelmente, inclusive colocar nossos pontos de vista: mas devemos justificar se são mais acertados que os deles.

Como esquecer que todos tentaram dar resposta a todas essas perguntas, não ociosas, mas vitais? Quer através do mito, quer através da natureza como princípio = *arché* ou como *fysis* = o que nasce (fisiocratismo-fisiologismo), da natureza como matéria que está por trás de tudo e tudo explica (materialismos), da razão e da fé, juntas ou independentes (escolásticas, realismos, racionalismos ou idealismos), da experiência (empirismos, positivismos, cienticismos, estruturalismos), da vida* (vitalismos, historicismos), da razão e da vida ao mesmo tempo (raciovitalismo, perspectivismo), da linguagem (analítica e "mudança lingüística"). Em resumo: fisiocentrismo (natureza como centro), antropocentrismo (natureza humana como centro),[34] teocentrismo (Deus como centro), antropoautonomocentrismo (homem como sujeito normativo epicêntrico) e tecnocentrismo (a técnica como centro de orientação da vida). Todos eles são como aduelas do tenso arco da vida, ou mourões que foram colocados na rota das encruzilhadas dos seres humanos para procurar apoiar e dar resposta ao ser que "busca" (Platão) e que "se admira" (Aristóteles).

Este é o motivo de as aulas de qualquer disciplina, mas, sobretudo, nas de filosofia e ética, começarem, continuarem e acabarem com perguntas, que dizer, na busca da verdade; porém, com perguntas que façam sentido, pois cada pensador deixou seu prato na mesa comum da história: pode nos agradar ou não, mas não se deve desprezar um anfitrião. Daí, nossas disciplinas filosóficas não devem gerar ceticismo, mas confiança na razão de quem realmente busca. Para quê? Não para nos complicar a vida, mas para nos esclarecer, para saber o que fazer, para acertar sobre nosso caminho e nossa chegada, nosso viver e nosso destino. Isso não é um pretexto nem um luxo, mas uma necessidade* à qual respondem a razão e o coração numa incessante luta:

> Diz a razão: Busquemos a verdade.
> E o coração: Vaidade.
> A verdade já a temos.
> A razão: Oh! Quem alcança a verdade!
> O coração: Vaidade.

---

[34] Diante de Peter Sloterdijk, para quem não importa brincar de ser Deus, como mostra seu livro *Normas para el parque humano*, Jürgen Habermas, que o qualifica de "estúpido", responderá com um desafio humanista no sentido mais transparente em: *O futuro da natureza humana*. São Paulo, Martins Fontes, 2004.

A verdade é a esperança.
Diz a razão: Tu mentes.
Quem mente és tu, razão,
que dizes o que não sentes.
A razão: Jamais poderemos nos entender, coração.
O coração: Veremos.
(Antonio Machado, *Parábolas*, VII)

Toda reflexão histórica, literária, científica ou religiosa que tente abraçar longos períodos deve renunciar a detalhes da realidade e se inclinar pelas perspectivas globais — "o entendimento é o mais poderoso abreviador", afirmou Hegel —, que, embora empobreçam o conteúdo detalhado, permitem, no entanto, apreender a totalidade em seu encadeamento necessário. Mas, como avisava Galileu, devemos cuidar de nossas cabeças (*bisogna riffari i cervelli*). Não fosse assim, nosso esforço docente e educador seria inútil. Com efeito, disse Ortega y Gasset: "A filosofia não serve para nada, para nada mais que para aprender a viver". E todo o resto serve para pouco. Se a filosofia é funcional no ensino, é porque é necessária: somente assim iriam se cumprir as três funções educativas que lhe competem: reconstrutiva, historiográfica e articuladora,[35] com a qual a história da filosofia complementa a da filosofia e da ética". Esse é todo o valor e sentido, direção e finalidade da filosofia na aula. Seu método, a pergunta. Quanto mais o ministrar acadêmico dos conteúdos suscitar perguntas aos alunos e estes a expressarem, tanto mais a educação ou a formação do caráter estarão garantidas, embora se saiba que "não é possível, ou ao menos não é fácil, mudar à força de razões aquilo que há muito tempo está arraigado no caráter".[36] Ministrar [em espanhol, *impartir*] (etimologicamente *partir de dentro*) para *construir* a aula entre aluno e professor. É possível se o aluno cumpre algumas condições mínimas apontadas pelo professor e se este deixa espaço ao aluno para falar. Eis um caso acontecido em sala de aula:[37]

Em certa ocasião, encerrava-se a unidade didática número 2 do programa do 1º ano de faculdade, que versava sobre o método das ciências

---

[35] *BOE*, n. 253, 21 out. 1992. Suplemento.
[36] ARISTÓTELES. *Ética a Nicômaco*, 1179b-30.
[37] Em 11 de novembro de 2004, sala do 1º ano de faculdade, grupo A, IES "Gabriel García Márquez", registrado no diário de classe.

formais e naturais e o das ciências humanas. Os alunos haviam lido e sublinhado em casa, com tempo suficiente antes da aula, os conteúdos explicados detalhadamente pelo professor. No final, alguns alunos levantaram a mão para perguntar:

- O primeiro diz: "Segundo o que eu li e você explicou, os cientistas deveriam saber filosofia";
- O segundo acrescenta: "Eu penso que o cientista precisa experimentar tudo";
- O terceiro pondera: "Sim, tudo pode ser pesquisado, mas seus resultados não têm por que serem usados" (referia-se ao que se falou em classe sobre células-tronco, embriões congelados etc.);
- O quarto insiste: "Para que experimentar se não vai ser usado?";
- O quinto sentenciou: "Se a ciência é coisa de homens livres, os cientistas devem decidir livremente o que é mais conveniente";
- Finalmente, o sexto aluno perguntou: "E o que é o 'melhor' [...]?".

O grupo havia construído, vivenciando-a, a unidade didática programada sobre "o conhecimento científico". Depois de parabenizar os alunos que participaram, por haverem colocado sobre a mesa, à maneira deles, os grandes temas em debate, ciência-ética, em todos os foros do mundo, lemos o seguinte trecho de Karl Popper: "Como nunca podemos, simplesmente, conhecer nada com segurança, não vale a pena buscar a certeza; mas vale a pena buscar a verdade; e isto o fazemos principalmente buscando equívocos com o objetivo de corrigi-los".

3. ITINERÁRIO CONCEITUAL DO CAPÍTULO I: OS PRESSUPOSTOS DA COMUNICAÇÃO A PARTIR DA CHAVE DO PENSAMENTO

a) As características da filosofia e do pensamento:

1ª) *Dimensão histórica*

- Sempre partimos de uma experiência anterior à qual dar sentido.
- E como a experiência é variável segundo as pessoas, circunstâncias e tempo, isso a faz histórica.
- Nenhuma teoria filosófica nem maneira de pensar é produto de só um homem nem de um homem só.

- Sem uma apresentação adequada do passado, o presente careceria de contexto.
- E a palavra que expressa o peso do passado é "tradição".
- Mas essa tradição não seria entendida sem uma educação na capacidade crítica: o que é impossível sem o manejo adequado da pergunta.
- Não há ensino-educação sem o contraste do diálogo.
- "A salvação está na lembrança", "lembre e não esqueça".
- Para Platão, conhecer era recordar o já sabido. As invenções de uma geração são a tradição da geração seguinte.
- Você não está sozinho: sua luta atual é a continuação da luta de toda a humanidade.
- É imprescindível ver a história da filosofia combinada com a história da ciência.

2ª) *Radicalidade*

- Trata-se de uma reflexão radical e crítica referida à totalidade da experiência humana.
- É radical porque vai à raiz das coisas, suas causas últimas.
- O cientista não vai ingenuamente em busca da realidade, mas formula hipóteses ou criação livre da razão e realiza seus experimentos, que, no momento, dão bom resultado, embora provisórios.
- A filosofia se ocupa de questões-chave e de relações; é antídoto das aparências e batuta da globalidade. Quando não se pergunta sobre *o que* e *para que* das coisas, domina o culto da rentabilidade, o que sempre é desagradável, ainda mais numa sociedade globalizada.
- A realidade que nos domina se nos apresenta como última, e por isso precisamos "crer" provisoriamente nela.
- Porém, enquanto possibilidade é uma sobra de esperança: podemos adotar uma atitude positiva ou negativa diante da realidade.
- Isso quer dizer que nosso assunto é buscar a realidade além daquilo que percebemos. Sem esquecer que um excesso de realidade torna a vida insuportável.
- Assim, a verdade não é patrimônio somente dos que acertam, mas pertence à comunidade daqueles que a buscam.
- A contribuição da filosofia consiste em devolver aos alunos a importância da introspecção para realizar a melhor convivência.

3ª) *Responsabilidade*

- De tudo o que dissemos, deduzimos que a filosofia é uma visão responsável, isto é, justifica ou responde sobre a realidade, dá razões.
- Se não é uma visão acertada, pelo menos tenta responsavelmente. Por isso, é uma busca incessante, comprometida com seu tempo; mantém aberto o esforço de interpretação através do diálogo.
- A responsabilidade visa à vida pessoal e social, e, por isso, a filosofia serve à ética.

4ª) *Provisoriedade*

- O ensino-educação é mais caminho ou método que chegada.
- Mas especialmente a filosofia propõe perguntas (por exemplo, sobre a essência das coisas, da matéria, da natureza do espaço e do tempo, Deus, alma, mundo, os limites do conhecimento e da linguagem, a relação entre espírito e matéria, corpo e alma, humanidade e natureza física etc.) que pretendem ir além da realidade imediata, e que inquietam o homem.
- A filosofia não conclui nem apresenta soluções definitivas; é mais inquietude e busca de pensamento insatisfeito: não há idade para a filosofia, pois ela é interminável.

5ª) *Assunto pessoal*

- O ensino-educação não é acúmulo de conhecimentos, mas um assunto pessoal; não é firmeza, mas perplexidade.
- O problema não é a insegurança que delata, mas o não saber suportá-la.
- O maior mérito da filosofia é o de haver concentrado sua atenção no homem; por isso, quase todas as escolas de filosofia se organizaram como modos de vida.
- E essa conexão direta e íntima da filosofia com uma visão pessoal da vida a distingue da ciência.
- Com efeito, o homem mede e é medido pela vida pessoal e pelas coisas que o afetam.

6ª) *Dimensão teórico-prática*

- A filosofia, especialmente, não pretende somente estabelecer a certeza ou a falsidade da experiência, mas também seu sentido.

- Num primeiro momento, precisamos pensar para sobreviver; depois, pensar para viver bem. E sempre, o modo de ser se junta ao modo de pensar: não há ética sem pensamento, nem pensamento sem ética.
- Sócrates empreendeu uma travessia do deserto: formar a juventude para que governasse a *polis*, ensinar um pensamento independente.
- Uma filosofia que não é praticada também não é teórica. Uma filosofia que não é somente teórica tem como destino a melhor condução da vida pessoal.

7ª) *A filosofia tem pressupostos, mas não preconceitos*

- A função pedagógica, sobretudo da filosofia, chamará a atenção sobre aquilo que é puramente óbvio e nos passa despercebido.
- Trata-se de não aceitar nenhuma idéia, fato ou valor se não a partir de uma análise rigorosa; por isso, o adolescente — encarnação da pergunta sem preconceitos — descontrola o adulto.
- Seu objeto é dispor o juízo para que ordene com retidão conhecimentos fundamentados, distinga o verdadeiro do falso, trace a ordem da verdade e da bondade, separe o melhor do bom e acerte com método as percepções das coisas.

8ª) *Renunciar a ver tudo claro não é renunciar a perguntar: começar de novo*

- Por outro lado, a atitude filosófica se opõe à necessidade convulsiva de esclarecer e saber do que tudo é feito.
- Junto com a impressionante pergunta, a desassossegada resposta, quando existe.
- Para educar e filosofar devemos ser valentes e reconhecer que não vemos as coisas claras.
- A segurança circulante das opiniões não é senão uma forma mitigada de ignorância.
- Somente temos o sentimento de encontrar alguma coisa se continuamos buscando, e é por essa única razão que não expulsaremos de casa a dúvida.
- Se não buscamos, como queremos encontrar? "Então, há que se esforçar. Vale a pena", recomenda Sócrates a Menon. Também santo Agostinho: "Por que buscas a retribuição antes do trabalho?".

- Efetivamente, a filosofia não garante nem a relativa segurança que a ciência oferece, nem o prazer que a arte produz, nem o consolo que a religião dá: por mais justificáveis que todos sejam.
- O benefício da dúvida filosófica é que não se instala nela, mas busca superá-la.
- Porém, a dúvida representada na pergunta adequadamente formulada nos proporciona as mínimas condições para saber a que nos agarrar.
- O conflito surge quando o cansaço e o sono, os piores inimigos de cada ciência, nos paralisam.
- Esforço é igual a educação: essa é a grande mensagem (em nada parecida com a trama pedagógica de nossos intermináveis planos educativos inacabados) do mito platônico da caverna.

9ª) *Distância*

- O adolescente pergunta sobre as coisas que vê porque *existem*, mas também é capaz de perguntar sobre as que *não existem* e *são*.
- A filosofia exige serenidade diante do esforço, aceitação daquilo que é sem mim e de tudo o que existe por mim. Aí está o valor *terapêutico* da filosofia: as duas palavras mais freqüentes dos pacientes na consulta psicológica são "pensamento" e "realidade": sábios e pacientes querem penetrá-las para acertar na vida.
- E quando não acertam, buscam a aula e a terapia para esclarecer-se, para atinar com aquilo que deverão fazer a partir "daquilo que é", da realidade, "daquilo que existe".
- A tristeza da realidade se vê compensada por uma distância espiritual entre ela e nós.
- Porque os graus de proximidade dão um tom sentimental à realidade, resultando a "realidade vivida", humana, que é a que nos está mais próxima.

10ª) *No duplo fio da linguagem*

- A diversidade de linguagens manifesta diferentes modos de vida.
- Um sistema, uma teoria, inventados pelo homem, são condição e limite de tudo quanto vemos. Entre esses sistemas está a *linguagem*.
- Falamos e pensamos em palavras que estão orientadas e contaminadas pela língua materna.

- O pensamento ingurgita suas próprias palavras, e assim cresce.
- Mas a linguagem marca, significa, expressa coisas e acontecimentos que a realidade sensível nos apresenta e nossa estrutura mental *interpreta*. Nessa interpretação da realidade está radicado o outro fio da linguagem.
- *Interpretação* que consiste em tornar explícito o diálogo que somos ou que formamos com os textos, as obras, os monumentos, enfim, com a tradição à qual pertencemos.
- Porque o ser humano não é só sujeito de conhecimento, mas realidade ativa que, sentindo, se comunica com os demais.

11ª) *Risco*

- A filosofia é arriscada porque teoriza sobre nossos *hábitos* sociais, perceptivos e lingüísticos especulativos.
- O que acontece é que, se não filosofamos, se não fazemos teoria, acabamos aceitando e considerando boa a teoria que nos envolve e obnubila.
- Daí, filosofar é começar a buscar a outra face das coisas, o que implica um risco: *sapere aude*, atreva-se a pensar por si mesmo para sair da minoridade.
- Diante dos riscos diários que se nos apresentam, quando o poder de unificação desaparece da vida dos homens, é que nasce a filosofia.
- Mas, se há contradição, a filosofia não se ruboriza: a contradição é impossível na lógica, mas não na realidade. Viver é manter a contradição, assumir o risco diário sem se perder na vida.

12ª) *Vulnerabilidade*

- Porque o homem vive de maneira arriscada e vulnerável a realidade interpretada, seu pensamento caminha inseguro; para adquirir sua identidade deve permanecer acordado.
- Daí, precisamos pensar por nós mesmos, não guiados pelo que dita a coletividade. Segurança, reputação e poder são os antípodas do pensamento filosófico.
- Por isso, apostaremos numa ética da humildade ou do exercício de começar de novo.
- Ao ajudar o adolescente a filosofar, ou a construir um texto literário, por exemplo, enquanto aspirante à liberdade de um sentido e ao

sentido da liberdade, ele é incitado a sair com esforço do vazio do sem sentido; é impossibilitado de ficar parado, tanto no fanatismo como no amoralismo, no tradicionalismo como no progressismo, na indigência fatídica como na globalização a qualquer preço.

13ª) *Sua relação com a religião*

- Filosofia e religião disputaram a realização das esperanças humanas.
- A filosofia, essa irmã gêmea da religião, desarmou mãos que a superstição havia secularmente ensangüentado.
- A filosofia e a religião partem de uma pergunta inevitável pelo radical, último e insuficiente que interessa a cada vida humana: que alguém aceite a resposta verossímil será assunto de conhecimento ou de fé, de razão ou de sentimento, de filosofia ou de sabedoria.
- Portanto, o ensino-educação, em geral, e a filosofia, em particular, ensinam que "viver não é entrar deliberadamente em um lugar previamente escolhido, mas encontrar-se, de repente, sem saber como, caído, submerso em um mundo que não pode ser trocado por nenhum outro".

b) A chave da filosofia e do pensamento através da história: a pergunta
- Os fatos e os pensamentos dos homens do passado não podem ser apreendidos com as mãos, mas sim compreendidos pelo entendimento humano.
- A filosofia, a história da filosofia, a história das idéias e dos acontecimentos, da literatura e da ciência, por exemplo, representam um fio luminoso que prende os botões de cada época.
- Interessa-nos saber *o que*, *para que*, *como* e *por que* pensamos como pensamos, e vivemos como vivemos, o que devemos fazer, com quais esperanças podemos contar.
- Por isso, devemos conseguir que os alunos falem em sala de aula sobre aquilo que chama a atenção em seu ambiente; precisamos aproveitar "o que acontece" e "nos acontece" no dia-a-dia.
- E para quê? Para buscar as raízes, voltando sempre o olhar para o passado que nos foi entregue incrustado em nosso presente.
- Sempre haverá — ontem como hoje — *três grandes perguntas* a se fazer:

1) De onde vem o universo, por que há mais coisas que nada?

2) O que é a realidade, o que é a verdade?

3) O que faço eu aqui, isto é, que sentido tem minha vida?

- *Estas três perguntas* são como brilhantes engastados numa coroa de sete pontas, à maneira de sete palavras-chave: natureza, homem, Deus, realidade, sociedade, razão, política (Estado). Os três problemas escondidos nestas palavras-chave são Deus (se existe ou não), alma (se é imortal e livre) e mundo, ou globalidade de coisas, vivências (se é eterno ou foi criado no tempo).

- Daí, o motivo de as aulas de qualquer disciplina, mas, sobretudo, nas de filosofia e ética, começarem, continuarem e acabarem no perguntar, quer dizer, na busca da verdade; porém, com perguntas que façam sentido.

PROPOSTAS DIDÁTICAS

Cf. textos – p. 20: a) Platão; b) São João Crisóstomo; pp. 34-35: versos de Antonio Machado – conceito-percebido-idéia... e começando de novo; pp. 38-39: texto de Bertrand Russel e questionário; pp. 45-46: versos de Antonio Machado – razão e coração buscam a verdade. A leitura e as conseqüências que os alunos tiram agora da leitura do capítulo 8 da primeira parte de *D. Quixote* ("Sobre a espantosa e jamais imaginada aventura dos moinhos de vento") ou do capítulo 74 da segunda parte ("De como Dom Quixote ficou doente, e como fez seu testamento") merecem aqui toda atenção. Assim como a "alegoria da caverna", de Platão, pp. 81-84, cuja leitura poderia ser comparada com a de "a caverna de Montesinos" de *D. Quixote* (em sua segunda parte, capítulo 23). Mesmo assim, pode-se ler o texto de Platão no diálogo *Fedon*, pp. 87-88.

Dialogar com os alunos a partir dos casos n. 1: "Geraldo e Ivan" (p. 69); n. 2: "Luis" (pp. 78-79); n. 3: "Miguel e Clara" (pp. 85-86); n. 4: "Mário" (p. 120), e n. 8: "Emílio" (p. 164).

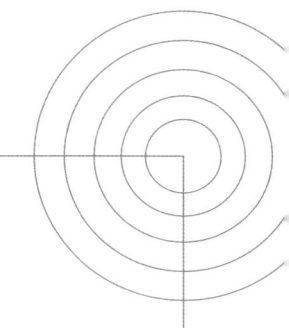

CAPÍTULO II

A pergunta como orientação na vida

1. VALOR E USO DA PERGUNTA NA AULA E NA VIDA

A filosofia procura educar a partir de um não saber que a pergunta remedeia. A *pergunta* formulada adequadamente proporciona as mínimas condições para saber a que nos atermos; parte da dúvida sem permanecer nela. A dúvida é encorajada à busca, e esta é caminho inevitável da condição humana; alimenta-se de perguntas e de esperança de respostas que silenciamos muito aos alunos. É melhor a dúvida, embora irônica, pois está aparentada com a pergunta que enriquece a inteligência, do que a afirmação, ao menos a que não é demonstrada: "Ao serem interrogados os homens, quando lhes é dirigida uma pergunta bem-feita, respondem de *per se* tudo e como é" (Platão, *Fédon*, 73a-73c). A pergunta é a única forma de receber mais do que podemos: prepara e abre nosso futuro. Ao filosofar, produz-se uma revolta contra o tempo em forma de fascinação e pergunta, um atalho que vai da perplexidade ao desacerto momentâneo. As evidências e as concordâncias casam mal com a filosofia: quem tudo entende é porque está mal informado.

Quando alguém pensa, tenta pesar a realidade na qual está e que amiúde lhe é adversa; trata-se de uma contenda entre o entender, o conhecer e o compreender. Conhecer é entrar em relação com alguém; entender é pôr em jogo toda a capacidade intelectual; compreender é adentrar-se, através do diálogo, no mistério de uma pessoa, propiciando um encontro com ela. A pergunta não vem, mas se impõe; é inquietude e soluço da alma.

As perguntas são inevitáveis para se viver. No entanto, por que adultos e adolescentes temos medo das perguntas que nos fazem e que nos fazemos? Diante das perguntas que nos fazem podemos responder com o desacerto, mas, às que nos fazemos, respondemos com o desconcerto. As perguntas a nós mesmos são como uma entrada nessa galeria de espelhos que é nossa consciência. Não se dá a mesma resposta à pergunta: *O que você fez?* e *O que eu fiz?*. Nesta não há escapatória.

Cada vez mais o pensamento habita como em um descampado: basta observar a escola, a família, a rua. No entanto, somente ajudando a pensar, auxiliamos os adolescentes para que sua vida pessoal lhes dê peso e espessura.

2. O ADOLESCENTE BUSCA ORIENTAR-SE EM "SUA" VIDA

"Para dialogar,/ pergunta primeiro;/ depois, [...] escuta."[1] Na sala de aula, acontecem diariamente gritos de silêncio por parte dos alunos com problemas latentes incrustados em rostos patentes. Não mencionamos aqui essa arrepiante estatística de depressão subjacente na adolescência.[2] Todos os esforços de tutorias e departamentos de orientação se vêem reduzidos pelo silêncio de uma relação mal encaminhada, devido à ausência de esclarecimento de "sua" vida, de sua realidade radical, e conseqüente penúria de estímulos em milhares de adolescentes. Suas perguntas são seu olhar: vêm à "escola" com tantas nebulosas! Precisam aprender a usar o pensamento, que é a tarefa primordial. Mas, ao mesmo tempo, orientar sua afetividade. Em certa ocasião, um aluno do ensino médio veio ao departamento de orientação: "Tire-me a possibilidade de pensar — disse —, e assim poderei viver em paz, porque minha cabeça é como um jaula de grilos!". Conversamos por alguns momentos a partir daquilo que disse Descartes: "Nada está inteiramente em nosso poder, a não ser nossos próprios pensamentos [...]". Ele, como tantos outros, não vai se lembrar dos versos de Jorge Mairinque? "Comigo

---

[1] MACHADO, Antonio. Proverbios y cantares, CXLI, II. In: *Poesías completas*. Madrid, Espasa, 1986, tomo XXXIX. Cf. FREIRE, Paulo. *Por uma pedagogia da pergunta*. Rio de Janeiro, Paz e Terra, 1985.
[2] Pela mesma discrição, não falaremos dos 25% de professores que precisam de atenção psicológica e/ou psiquiátrica.

só contendo,/ numa forte contenda,/ e não encontro quem me entenda/ nem eu tampouco me entendo".

Na *primeira etapa* da vida, a pergunta da criança busca o *nome* das coisas, servindo-se do "o que é isso". É a admiração diante do insólito na pessoa e nos acontecimentos. A criança, por meio da linguagem, dos símbolos ou do jogo — expressão corporal que tem mais significado que o que pensamos —, começa a imaginar e a falar o que não pode alcançar e, por isso, recorre insistentemente à pergunta. A base do que será nossa maneira habitual de interpretação do mundo se produz muito antes de aprendermos a ler. A criança amadurece ou se retrai, respectivamente, na conversa de seus pais, descobrindo que não está só ou que está muito sozinha. Desde pequena está ouvindo mensagens de "pense" ou "não pense", "viva" ou "não viva", "sinta" ou "não sinta", "aproxime-se dos outros" ou "não se aproxime dos outros". São as comunicações mais vívidas que povoam seus neurônios inexplorados; são como os engramas cerebrais que, configurando o caráter, condicionam sua vida inteira. A criança poderá, quando crescer, deixar de gritar ou ser capaz de falar e de ter espaços de silêncio?

Na *segunda etapa* — entre oito e 11 anos — predomina o "por quê?"; a criança tem necessidade de brincar e de se instruir. Na puberdade, as perguntas são dirigidas à *busca de valorização e medida*. Na adolescência ou "idade metafísica", persistem as perguntas "o quê?" ou "por quê?", mas adentrando-se na *pergunta pelo sentido*, porque sente ou experimenta um desequilíbrio em sua maneira de entender o mundo. São, portanto, perguntas que estão a serviço da mudança mental, da inovação e da criatividade do espírito, isto é, são questões estritamente filosóficas.[3]

Na *terceira etapa*, a adolescência, predomina a causalidade, o "porquê das coisas e acontecimentos". Muitos professores cruzam o nosso caminho: alguns tentam mostrar alguma coisa; outros agem e seus atos já são ensinamentos; e não faltam aqueles que ensinam com má vontade, e não são os piores. Porque andamos procurando nosso rosto cambiante refletido em alguém que nos ilumine.

---

[3] TEJEDOR, César. *Didáctica de la filosofía*; perspectivas y materiales. Madrid, SM, 1984, p. 36.

Custa muito aos educadores tirar dos adolescentes os preconceitos, os mal-entendidos, algumas crenças errôneas, as idéias dos programas de televisão, inclusive de alguns telejornais, ou as mensagens de alguns filmes de cinema e, certamente, o dogmatismo da ciência. Custa muito trabalho fazê-los compreender que a saúde mental consiste num equilíbrio instável. Quem não se surpreende, às vezes, em família, na sala de aula, em conferências, durante a redação de artigos e livros, em grupos de amigos, fazendo enfaticamente juízos sumaríssimos do estilo "sim" ou "não", receitando mensagens, frases feitas, provérbios? Resultado: não deixamos espaço para a dúvida metódica da verdadeira aprendizagem, para a pergunta, e, portanto, fechamos venezianas para que não entre uma tragada de ar através, inclusive, do silêncio. Ao professor pertence, como Sócrates disse de Górgias, "o hábito de responder com temor e com nobre firmeza se alguém lhes pergunta alguma coisa, como compete a gente que sabe, já que ele mesmo se oferece para que qualquer um o interrogue" (*Menon*), e isto supõe ser consciente de que o aluno, às vezes, "ainda não captou o sentido da pergunta" (*Menon*).

Na *quarta etapa*, juventude e primeira idade adulta, as perguntas são dirigidas à finalidade e busca da avaliação por meio do "para quê?" e "como?". Em nós habitam idéias, palavras, gestos e silêncios que jamais conheceram imprensa nem celulóide. Há relações que em vez de somar diminuem, ou não estimulam o crescimento pessoal, mas o inibem, não facilitam possibilidades, mas as amedrontam ou anulam.

O jovem reconhece — se foi suficientemente provido de traje filosófico — que, de Sócrates até hoje, sem uma base de filosofia seria desarmado e desalmado, isto é, sem autodefesa mental e moral. O pensamento, "o único que não pode se separar de mim",[4] é o que pesa e avalia a vida pessoal. O pensamento anseia por um encontro com essa realidade radical que é "minha vida": que pode ser tranqüila ou agitada, bem ou mal paga, de fazer ou de padecer, de existência ou resistência. Sim, mas "entendo e sei o que quero,/ mas não entendo o que queria". "Minha vida" não é tanto o biológico quanto o biográfico: esse espaço onde acontecem os afazeres e propósitos, sonhos e decepções, desilusões e esperanças, fracassos e êxitos, porções de desejo e pedaços de realidade.[5] Em sua disciplina cor-

4   DESCARTES, René. *Meditaciones metafísicas*, II, 1.
5   CARPINTERO, Heliodoro. *Julián Marías: Premio provincia de Valladolid 1955 a la trayectoria literaria*. Valladolid, Diputación, 1996.

respondente, cada professor oferece olhares alternativos da vida humana: não é pensar no vazio, mas olhar com sentido o viver pessoal.[6] Trata-se de ver o que está aí, diante de mim: para compreendê-lo, interpretá-lo, achar seu significado e "responder", dar "conta e razão" dele.

3. AS ÚNICAS, MESMAS E ETERNAS PERGUNTAS

Todo pensamento é organizado em perguntas incrustadas na fala, que não é abstrata, mas está instalada em vivências concretas e possui três momentos: *chamada* (se isso fracassa, produz-se solidão), *expressão* ou denominação (se isso não se cumpre, produz-se incomunicação) e *representação* (se isso não se consegue, assalta um sentimento de confusão ou impotência).[7] Nos três casos, as perguntas possuem uma função libertadora para a pessoa que fala: daí seu valor e a necessidade de usá-las corretamente para se orientar em sua vida.

Na fala, a palavra tem o poder de construir e de sustentar a comunidade. Uma sociedade que despreza a palavra é uma sociedade em decomposição. Tiramos as palavras da cabeça sem pensar em suas conseqüências; é como se houvéssemos esquecido que falar é um ato moral que exige uma extrema responsabilidade. Uma das causas da profunda crise social que vivemos é que perdemos confiança no poder das palavras, que transportam a realidade das coisas. Daí, nossa conversação, nossas aulas, nossas terapias, estarem cheias de juízos afirmativos ou negativos,

---

[6] Um exemplo: a árvore existencialista desenhada por Emmanuel Mounier (Introducción a los existencialismos. In: *Obras*. Tomo III, 1947), em cujas raízes estão Sócrates (o "conhece-te a ti mesmo" é o primeiro lema existencialista), os estóicos, santo Agostinho e são Bernardo. Na base da árvore se acha Pascal, pois sua idéia dramática da vida humana constitui a "ressonância pascaliana" do existencialismo, e Maine de Biran. No tronco, Kierkegaard. São muitos os galhos: Nietzsche (de quem Heidegger e depois Sartre se consideram devedores), diversos autores alemães, franceses, russos. O personalismo constitui um desses galhos. Do pensamento-existência dirá Mounier que representa "uma reação da filosofia do homem contra o excesso da filosofia das idéias e da filosofia das coisas". Mas os limites do existencialismo são evidentes: em sua acentuação do *subjetivo* se nota uma forte desconfiança para com o *objetivo*, arriscando-se a fechar a compreensão do que a ciência e as instituições significam para o homem moderno. Cf. BOMBACI, Nunzio. *Emmanuel Mounier: una vida, un testimonio*. Madrid, Fundación Emmanuel Mounier, 2002, pp. 203ss).

[7] LAÍN ENTRALGO, Pedro. *Idea del hombre*. Barcelona, Galaxia Gutenberg/Círculo de Lectores, 1996, pp. 191; 194.

e poucas vezes de perguntas e exclamações. Repare-se que a palavra "terapia" significa etimologicamente "atenção a". A cura terapêutica, por meio do pensamento posto em comum e contrastado, ou diálogo, é o resultado dessa "atenção a" ou escuta. Não aprendemos totalmente nem para sempre que, como escrevia santo Agostinho, "as palavras são esses preciosos receptáculos do sentido". O sentido está mais na pergunta que na afirmação ou na negação, isto é, mais que no juízo. A pergunta bem-feita abre a inteligência; o juízo a tranqüiliza, informa e inunda, mas não a abre.

A violência de nossa sociedade impregna nossa linguagem. Palavras que têm efeito magnético sobre as "pessoas", sobre a "massa" da sociedade por sua aparente verdade e sua protetora liberdade, são amiúde palavras que hipnotizam, que enganam, que excitam, que nos tornam loucos, que nos enfeitiçam; palavras nocivas, até mortais: são palavras em forma de flecha. Esquecemo-nos da definição das coisas, que é o objetivo do diálogo, isto é, saber o que as coisas são para nos atermos à sua realidade. George Steiner assinalou que, quando nos encontramos frente a frente, pais e filhos, professor e aluno, homens e mulheres, nos encontramos em situação de extremo perigo. Porque uma palavra pode entristecer uma relação humana ou afogar no barro toda esperança. O fio da palavra é mais cortante que o da faca. E, no entanto, essa ferramenta — vocabulário, sintaxe, semântica — é também um instrumento de revelação, de êxtase, que permite a maravilha de uma compreensão que é comunhão.[8] Há os que gostariam de ter uma espécie de Lourdes lingüística, onde o mal e a desgraça fossem suprimidos mergulhando nas águas do eufemismo. Lembre-se: "Inteligência, dá-me o nome exato das coisas! [...] Que minha palavra seja a coisa mesma criada novamente por minha alma".[9]

Sempre haverá, ontem como hoje, perguntas inevitáveis que alguém formula para si mesmo, ou para os outros; são feitas com interrogação, o que manifesta a necessidade imediata de sair da dúvida: revigora uma ignorância ou estranheza até suplicar, entretanto (*inter-roga*), uma resposta sobre o assunto solicitado. O interesse (etimologicamente, estar entre

[8] *Real Presences. Is There Anything in That We Say?* Londres, Hamilton, 1989, p. 58.
[9] JIMÉNEZ, Juan Ramón. Segunda antologia poética. In: *Obras completas*. Madrid, Mundo Latino, 1919.

as coisas) começa na pergunta (de *percontor*, etimologicamente "afundar muito") ou *quaero* (etimologicamente, "buscar antes de tudo"). Pois, todo interesse é desejo, todo desejo impõe uma pergunta e toda pergunta solicita preencher um vazio que nem sempre se cumpre na resposta esperada. A pergunta pertinente é sinal de inteligência; mas quando alguém renuncia a perguntar, em nome do suposto saber tudo ou do desinteresse, prejudica sua condição humana.

Os professores, os pais, os tutores, nunca poderemos implicar os alunos, senão a partir de uma pergunta. Há comunicação quando o interesse mútuo dos interlocutores entrevê palavras mútuas e interessadas. Uma diagnose negativa da aula consiste no desinteresse e no enfado. As perguntas devem ser orientadas nestas direções: essencialidade, modalidade, causalidade, relacionalidade, finalidade, espacialidade, temporalidade. Todas elas poderiam ser concretizadas nas 12 *categorias* ou moldes kantianos do entendimento, classificados em quatro conjuntos: quantidade, qualidade, relação e modalidade. Tudo isso representa o recipiente, o quadriculado em que as coisas se instalam, e que se concretizam nas *intuições* puras de *espaço* e *tempo*. Sem umas e outras é difícil o conhecimento das coisas: tão unidas estão a nós como a unha à carne! Por isso, as perguntas, todas as que os adolescentes podem formular e formular-se, transformam-se em perguntas de essência e de ação. E aí a filosofia tem sua tarefa particular na aula.

4. O QUE RESTA A FAZER...

A filosofia nasceu como diálogo. E nisso pode cooperar com outras disciplinas que são ministradas aos alunos. O diálogo socrático serve também como psicoterapia, mas se torna dificultoso em sua inserção no ensino. Com efeito, a oposição diálogo-ensino é constante na temática socrática: o que Sócrates enfrenta com os sofistas é a origem da *areté* (virtude). Para estes, a *areté* se ensina, enquanto para Sócrates, se aprende — dado que seja um saber —, não é susceptível de ser ensinada. Contra os sofistas, Sócrates não cessará de recordar que a *areté* não poderia entrar em nossa cabeça e em nossa vida de fora para dentro, não se transmite da boca do professor para o ouvido do discípulo (Platão, *Banquete*, 175d), e que aprender não é "ser ensinado", mas "retomar um saber que é nosso" (Platão, *Menon*, 85d; *Teeteto*, 150d). Só pode ser ensinado o saber daquilo que está nos livros, mas quando se trata de aprender a ser, não há uma verdade concluída que venha de fora, e isso é justamente o que faz necessário o diálogo que, em seu primeiro momento, será em forma de acompanhamento. Buscar, pois, a *areté* é procurar menos o saber ou a verdade de alguém que nos faça melhores, permanecendo ao nosso lado (Platão, *Laques*, 185e-186d). Por isso mesmo, o ensino da filosofia vem de uma transformação, isto é, o professor não entra na sala de aula para ensinar um saber novo, mas para fazer compreender até que ponto seus alunos haveriam de se conformar com o já sabido.

Os adolescentes, é certo, quando chegam à aula, sempre aprendem alguma coisa, mas às vezes não sabem por que nem para quê. Quando nós professores lecionamos seriamente — não em série mnemotécnica e açulados pela concentração dos exames —, então, acontece que

> [...] o trabalho do professor é, por um lado, muito técnico e muito formal, mas por outro lado, é um tanto misterioso e não avaliável em seus resultados últimos. Sequer o mesmo aluno pode perceber, no momento, seu alcance. Enquanto alguém se sente professor, sabe que seu gesto e sua palavra podem ser uma semente em não se sabe qual aluno dos que o observam e o escutam. Mas sabemos que o último professor da última escola pública [...] seria livre de tentar ensinar, a não se sabe qual aluno, alguma coisa de decisivo em sua vida, e isso realmente é assim, embora às vezes a rotina enganosa o esconda de nós.[10]

É como uma pátina invisível, perceptível só ao "olho da alma". Platão comparava os filósofos com os "amigos de olhar"; Husserl fala de "fenômenos" (o que se vê) e Ortega elabora parte de sua filosofia volumosa com o título filosófico e original de *O espectador*. Os "objetivos" e as "funções" da ética e da filosofia não são quantificáveis, mas qualificáveis: não têm rendimento econômico, mas moral; valem por si mesmos.

Então, o que resta a fazer? Ensinar os adolescentes a aprender por si, a se habituarem a pensar, perguntando-se. A alma é a única coisa que interessa no ensino. "Não quero fabricar cérebros que andam, mas aprendizes de homens", disse Rousseau. "Diante da ciência constituída ergue-se a constituinte; junto com os estudos de aplicação, os de cria-

---

[10] Gómez Llorente, Luis. *Educación pública*. Madrid, Morata, 2000, p. 127.

ção."[11] Se não se pode exigir do aluno que faça do professor uma boa pessoa, pode-se exigir que faça dele um bom professor: porque o principal não são os dotes, mas o que se faz com eles. E "ensinar não é primária e fundamentalmente senão ensinar a necessidade de uma ciência e não ensinar a ciência cuja necessidade seja impossível fazer o estudante sentir".[12] Oferecer um conhecimento que não impeça o reconhecimento induzir a contemplar antes de explicar. "Eu não pretendo ensinar-lhes nada, e somente me aplico em sacudir a inércia de vossas almas, a arar a terra empedernida do vosso pensamento, a semear inquietudes [...], a semear preocupações e preconceitos; quero dizer juízos e ocupações prévios e antepostos a toda ocupação passada e a todo juízo passageiro".[13] Ou, como disse Einstein: "Quero só pertencer a uma comunidade, a dos que buscam". Por que, não é verdadeiro que a verdade não é verdade mais que quando a descobrimos, ou que "a verdade não é verdade porque é desejada; mas uma verdade não é descoberta se não é desejada. [...] A verdade só desce sobre quem a pretende"?[14] E quem a pretende é porque busca um sentido para sua vida pessoal e para a vida do mundo.

a) Ensinar-educar é busca de verdade e de sentido da vida

A busca da verdade se reveste — mais nos adolescentes e nos jovens — de inteligência e de afetividade. Inteligência é buscar a verdade, realizar metas, escolher objetivos, aplacar angústias para, enfim, conseguir porções de felicidade. Mas, o uso racional da inteligência inclui a afetividade e se concretiza na comunicação de evidências, se empenha numa cooperação mediante a crítica, o debate, a prova: assim assegurando melhor nossa convivência, libertando-nos da tirania da ideologia e instaurando a dignidade humana.[15] Professor e aluno não devem renunciar à realidade da verdade, nem permitir que seu sentido da vida se reduza a algo subjetivo ou de simples comunicação racional de pensamentos.

[11] UNAMUNO, Miguel de. Discurso na abertura do Curso Acadêmico da Universidade de Salamanca, 1900-1901. Cf. ORTEGA CAMPOS, Pedro. Psicopedagogía para la filosofía en el aula: diálogo y comunicación. *Paideia*, revista de Filosofía y Didáctica Filosófica, Madrid, jul./set. 1993.

[12] ORTEGA Y GASSET. *Unas lecciones de metafísica*. Madrid, Espasa Calpe, 1978.

[13] MACHADO, Antonio. Juan de Mairena. In: *Poesias completas*. Madrid, Espasa Calpe, 1986, tomo XXXIX.

[14] ORTEGA Y GASSET. *Qué es filosofía?*. Madrid, Espasa Calpe, 1973.

[15] MARINA, José Antonio. *Dictamen sobre Dios*. Barcelona, Anagrama, 2001, p. 179.

"Minha vida" é minha experiência — claro que sim, mas se no passado não esteve de acordo com a realidade, devo corrigi-la, justificá-la para acomodá-la ao presente. Como vou forjar "minha vida" sobre a falsidade, por mais que esta seja complacente? A seguir, um texto recente do qual qualquer professor, sobretudo o de história, poderia tirar proveito (atenção ao itálico):

> *Que sentido tem hoje* a vida humana? Toda cultura tem necessidade de história para encarnar, de compreensão do que significa ser um humano e de um modelo de vida. Temos necessidade de história, que nos diz quem somos e para onde vamos. Quando uma sociedade vive uma crise de sentido, *um de seus sintomas* é que o narrado por essa sociedade deixa de outorgar sentido a nossa experiência e fica desadaptada. Quando uma sociedade atravessa uma mudança profunda precisa de um novo tipo de história. Eu diria *que a crise fundamental de sentido* é que a história subjacente à cultura européia, há vários séculos, já não tem sentido: é uma história de progresso, de sobrevivência dos mais aptos, de triunfo do mais forte. O herói dessa história está implícito em nossos romances, em nossos filmes, em nossa filosofia, em nossa economia e em nossa política.
>
> Direi que *os dois elementos necessários a toda história* são uma curiosidade que evolui com o tempo, os acontecimentos que fazem progredir a ação e os atores. Faz um ano, os muros de Roma estavam cobertos de publicidade que representava um grande urso raivoso, com uma inscrição embaixo que dizia "A força do preço justo". *Creio que reflete bem a história de nosso tempo.* Porque, em primeiro lugar, esse urso sugere que a trama fundamental da história é um *progresso irresistível.* Um urso do qual Darwin teria gostado. Mas, em segundo lugar, representava o símbolo da economia mundial, o *mercado, a força do preço justo.* No entanto, hoje andamos menos seguros de nós mesmos. O abismo entre ricos e pobres continua irrefreável. Por um lado, o urso é efetivamente irresistível. Por todas as direções, o mercado mundial e a economia global triunfam sobre todos os seus inimigos. Por outro lado, *a história não tem rumo*, pois o que nossos olhos vêem é pobreza crescente e guerra. Até os tigres asiáticos estão doentes! O urso é irresistível, mas está a ponto de nos desconjuntar.
>
> Não, não podemos viver sem história. Porém, como chegamos a duvidar da marcha da humanidade para a frente, há que se inventar uma

outra história *para preencher tanto vazio*. Para isso, chegam as histórias milenaristas do fim do mundo, as dos extraterrestres, a da Copa do Mundo de futebol. Ou, talvez, algumas séries insignificantes e enfadonhas de televisão (os ingleses as chamam *soap operas*), cujo último episódio foi visto nos Estados Unidos por 80 milhões de pessoas, e até os restaurantes haviam antecipado seu fechamento para assisti-la. O anúncio de que um asteróide gigante se chocaria com a terra no dia 26 de outubro de 2028 mal suscitou interesse. Já se vê: tendo deixado de acreditar no mito do progresso, *nos refugiamos nos terrenos da ficção*.[16]

Perguntas para abrir o diálogo:

- Você conhece os dois significados da palavra "sentido"? Se consultar um bom dicionário, descobrirá mais do que você imagina.
- Você conhece outras histórias ou contos que o homem inventou para explicar sua vida?
- Podemos chamar "preço justo" ao que não pode ser pago por mais da metade da população mundial?
- Você sabe que há uma ONG que trabalha gratuitamente para vender a um preço real, justo, produtos elaborados por países pobres, mas não com a intenção de vender com preço tão ajustado, de modo que os pobres se empobreçam mais? É justo usar a publicidade do urso para intenções tão diferentes das que esta ONG defende?
- Você acredita no progresso "irresistível", ou acabará se transformando no "abraço do urso" que nos desconjunta?
- O que podemos fazer em um "mundo sem rumo"? Você se sente afetado por isso?
- O que podemos fazer para preencher "tanto vazio"? Você acredita que a solução seria ficar no terreno da ficção?

b) Ensinar-educar é também inovar

E, além disso, o ensino educador é inovação. Inovar é ir para o novo. Inventar é encontrar o que já estava em algum lugar, mas escondido. Finalmente, o que inovamos em nossa vida é o que encontramos. "É desconsolador comprovar como gastamos mal nossa força mental,

---

[16] RADCLIFFE, Timothy. *Je vous apelle amis*. Paris, Cerf, 2002, pp. 248ss. Entrevista de Guillaume Goubert. (Tradução, compilação e grifos nossos.)

nem sempre por preguiça, mas porque ninguém nos ensinou a utilizar nossos instrumentos de pensamento."[17] E não podemos utilizar adequadamente o pensamento se não cuidarmos das palavras. A palavra está na origem dos bens maiores, pois nos ajuda a discernir, classificar, ajustar propriamente o que as coisas são. E, junto com elas, os sentimentos e emoções, seus fios transmissores: uma maneira de falar já é uma maneira de existir.

No entanto, tínhamos construído a ilusão de que as palavras substituíam as coisas; uma emoção fictícia nos fazia acreditar que havíamos penetrado o sentido das fórmulas como a tatuagem na pele. Mas freqüentemente nossa palavra carece de autoridade porque é exclusiva: "sim" ou "não". Está feita de insinuações, tingida de alusões e ambigüidades, transporta pequenas flechas aparelhadas com um rol de ressentimentos. Mas o contato do espírito com pessoas e acontecimentos não acontece sem sobressaltos; e Platão toma ânimo quando nos remete das palavras às idéias para captar as coisas por meio das palavras. Porque toda palavra contém um ensino: é "um instrumento didático e diacrítico, como o é o traçado para a tela" (Platão, *Crátilo*, 388,bc). Bem entendido, as palavras não são coisas, mas as designam o melhor que podem e, designando-as, as modelam. Às vezes essas palavras sofrem nosso menosprezo, mas voltamos sobre elas como sobre barro pisado, à maneira de eterna tentativa.[18]

5. PENSAMENTO E PERGUNTA

Para a filosofia, no princípio era o diálogo. A linguagem escrita era mera colaboradora do verdadeiro ato de comunicação* humana, que é a linguagem falada. Olhando bem, as funções atribuídas à linguagem se estruturam em pensamentos que perguntam e se perguntam. Pensamento e pergunta sempre estarão de mãos dadas. Perguntar é buscar, indagar sobre um assunto que nos afeta; é interrogar para que se responda o que se sabe sobre o assunto. Todo perguntar sobre algo supõe que o objeto de minha pergunta se apresenta a mim como incógnita, ausência e, finalmente, como problema que precisa de explicação.[19] O professor nunca

---

[17] GUITTON, Jean. *Nuevo arte de pensar*. Madrid, Encuentro, 2001, p. 17.
[18] SARAMAGO, José. *A caverna*. São Paulo, Companhia das Letras, 2000, p. 202.
[19] CARPINTERO, Julián Marías, cit., p. 30. Cf. GRIMALTOS, Tobies. *El juego de pensar*. Alcira, Algar, 2001.

poderá despertar o interesse do aluno senão a partir de uma pergunta, e de perguntas que ele mesmo se faz: "Transformei-me num enigma para mim mesmo e perguntava para minha alma".[20]

A pergunta é o segredo de um saber que se encolhe na intimidade do perguntador. Quando estamos cheios de preconceitos, nossas perguntas se tornam desagradáveis, e as respostas dos outros não se deixam escutar. No juízo se afirma ou se nega; nele não cabe interrogação nem exclamação. Todo diálogo chega a um acordo ou abertura dos corações em comum, de uma palavra cordialmente perguntada e cordialmente escutada. A pergunta ilumina o rosto humano, a discussão o desfigura.[21] "Pensaríamos muito, e pensaríamos bem, se não pensássemos em comum com outros, que nos fazem partícipes de seus pensamentos e a quem nós comunicamos os nossos?"[22]

A pergunta é necessidade problematizada. Daí, tem direito de esperar uma resposta satisfatória. A pergunta é negação de um silêncio sem sentido, aceitação do "outro" que consolida um "nós", comum união, co-criatividade, comun-icação (*icação*, que em grego significa "assunto", "tratado"). O valor da pergunta está em interpelar o interlocutor e interiorizar sua resposta. Sócrates, Platão, santo Agostinho, a *Suma*

---

[20] Santo Agostinho. *Confissões*, IV, 4, 7; X, 17.

[21] No livro do Gênesis, depois da Palavra criadora das coisas e do homem (Gn 1–2), irrompe a palavra diabólica e dominadora na figura da serpente; esta expele sua palavra em forma de pergunta inquisidora, discutidora, avassaladora; é uma pergunta na qual a serpente não se sente implicada, mas acusada e acusadora: "É verdade que Deus vos disse: 'não comais de nenhuma das árvores do jardim?'" (Gn 3,1). Eva não havia respondido isto ("de nenhuma", como disse o demônio), mas o que Deus lhe tinha dito exatamente: "Nós podemos comer das árvores do jardim. Mas do fruto da árvore que está no meio do jardim [...]" (vv. 2-3). Quando uma pergunta é formulada com segundas intenções, com rodeios, o interlocutor se sente desprevenido, desnudo (vv. 5.7), precisa se esconder (v. 8), jogar a culpa na multidão de terceiras pessoas (vv. 12-13): mas então não há diálogo. A palavra formulada em pergunta que dialoga: "Onde estás?" (v. 9) vai diretamente ao coração, deixando descoberta a intimidade da consciência: "Fiquei com medo" (v. 10). O medo e a culpa, se castigados, serão sanados por quem pergunta sem intenções avessas (3,15 e 4,1-2) para que o bem triunfe sobre o mal. A quinta pergunta do Gênesis é a de Deus para Caim: "Onde está teu irmão Abel?" (4,9), "Por que andas irritado e com o rosto abatido?" (v. 6). Novamente, o homem enfrenta sua consciência e seu medo culpáveis (v. 13), mas ficarão curados: "Se matarem Caim, ele será vingado sete vezes. O Senhor pôs, então, um sinal em Caim, para que ninguém, ao encontrá-lo, o matasse" (v. 15).

[22] Kant, Immanuel. *Que significa orientar-se no pensamento*, 1786.

Teológica de santo Tomás de Aquino, foram mestres no estilo e no uso da pergunta. Cada pergunta levava em seu bojo uma advertência que centrava a atenção do distraído e aquecia o coração do frívolo. Quando perguntamos, acontece uma antecipação ou avanço de luz enquanto chega a resposta do outro. O mestre sabe bem que as perguntas de seus alunos o fazem aprender: matizar, questionar a si mesmo, conectar-se com outros saberes, ampliar a resposta com outras experiências de pessoas, lugar e tempo. Está comprovado que escreve e fala claro aquele que, com rigor, pensa e põe em comum, contrastando previamente, porque a condição da língua que se cristaliza em perguntas é a de ser um vestido transparente do pensamento.[23]

a) O aluno, cidadão de dois mundos...

A pergunta é a paixão de um pensamento que se sente levado a responder. As grandes perguntas nos assaltam como um destino da razão; não são atos, mas acontecimentos. "A pergunta se impõe. Chega um momento em que já não se pode continuar evitando nem permanecer na opinião de costume."[24] Perguntar é um pensar mais original, inquieto e radical, pois nasce de um não saber e é orientado para o interlocutor.[25] O pensamento é incompleto, limitado: a partir do inacabado de todo sentido da verdade, se encontra toda presunção de que a verdade acontece na Transcendência. Não se censurava, sem pudor, Sócrates, por em um assunto como o da *virtude*, do qual se ocupa no diálogo *Menon*, "não saber absolutamente nada sobre ela, e de uma coisa que não sabe o que é, tampouco saberia dizer como é"?. E pelo final do diálogo: "Também eu falo sem saber, e somente por conjectura". Mas ele se abriga na modéstia e na esperança: "As opiniões verdadeiras enquanto duram são uma coisa bonita e tornam tudo bom". E não foi Kant quem nos fez ver que o homem é cidadão de dois mundos: o real efetivo e o ideal utópico? Mas não se deve ter medo: assumir as limitações é começar a superá-las, sabendo que o pensamento não é senão um relâmpago no meio de uma longa noite. Mas esse relâmpago que nos impressiona e incita à pergunta é tudo.

---

23 UNAMUNO, Miguel de. *Ensayos*. Madrid, Biblioteca Castro Turner, 1994, p. 24, tomo I.
24 KANT, Immanuel. *Crítica da razão pura*. A VII.
25 CEREZO GALÁN, Pedro. Reivindicación del diálogo. Discurso de ingresso na Real Academia de Ciências Morais e Políticas de Madrid, Madrid, 1997, p. 128.

Porém, a pergunta parte de um duplo pressuposto: o desejo de saber e a dúvida. Os prisioneiros do mito da caverna "se parecem conosco ponto por ponto", quando "não acreditamos que possa existir outra realidade" a não ser a das sombras. Alguém que saiu do antro e com grande esforço vai à luz, reconhece-a, se alegra com ela, sente necessidade de voltar para dar a notícia a seus companheiros, embora presos. Com certeza, será objeto de riso, mas não recua em seu intento. Por isso, fica entre o professor e o aluno a árdua tarefa de sair do aparentemente claro para chegar ao oculto do supostamente conhecido, e não o contrário.

1º caso: Geraldo e Ivan (atenção ao itálico)

A partir do medo e dos preconceitos, começa a haver criatividade ética. A liberdade e a dignidade são valores que se tem quando se merece. A sociedade e a família sabem cada vez menos o que fazer com os alunos porque dificilmente elas mesmas se conhecem. Nem amiúde, tampouco nós, os professores. A palavra e a escuta, o olhar e a afetividade ajudam uma educação integral.

Geraldo, 36 anos, é professor e tutor de Ivan, de 16 anos, que está cursando novamente o último ano do ensino fundamental. Diante dos companheiros da escola, Ivan aparece *há muito tempo especialmente tímido e fechado*, mas sem nenhum comportamento estranho nem nada parecido com a delinqüência. Num belo dia, o tutor recebe seus pais, que lhe dão a seguinte informação: Faz duas semanas, estando a mãe fora de casa, *Ivan pôs fogo* na mobília, enquanto o pai estava na garagem fazendo algum conserto. Por sorte, não houve vítima, mas os utensílios domésticos ficaram inutilizados. Geraldo soube por Ivan, em encontros sucessivos, que *costumava fechar-se em seu quarto quando seu pai, um tanto repressivo, de pouco diálogo e pouco estimulador, lhe negava seus desejos e necessidades, pensando sempre no pior.* Por outro lado, *Ivan sentia vergonha* de levar seus companheiros a sua casa. Na tarde em que causou o incêndio, tinha *uma idéia obsessiva*: partir do zero. Evidentemente, filho e pais precisavam de ajuda... Os conteúdos de ética poderiam ajudar Ivan, e também seus pais...

Para começar o diálogo:

- Você pode distinguir e resumir em uma frase de somente uma linha *o que Ivan fez e o que acontece com ele?*

- Seria fácil apontar um culpado, mas a culpa leva a algum outro lugar que não a delegacia, o juizado e a cadeia?
- É a mesma coisa negar a alguém — a um filho, por exemplo —, "desejos" e negar "necessidades?
- Pode-se desejar tudo? Deve-se desejar tudo?
- Se Ivan tinha amigos, por que "sentia vergonha de levá-los a sua casa"?
- O que esperar de um pai, de uma mãe, que nos querem bem, mas que "pensam sempre no pior"?
- *Pensamento* e *idéia* são a mesma coisa? Não é contraditório ter uma idéia e ela ser obsessiva?
- É a mesma coisa uma idéia obsessiva (pôr fogo) e uma dependência (de droga) por exemplo?
- Pode-se partir do zero, destruindo ou se destruindo?

b) Necessidade e solução da dúvida

O que força o nosso pensamento é a incerteza.[26] As comparações socráticas de "mosca", "parteira" e "torpedo marinho", entre outras, acusam a situação humana de insegurança radical. Além do modelo platônico de dúvida que provoca a pergunta e anuncia o conhecer, aconteceram na história da filosofia outras duas classes: a dúvida metódica (aceitável, provisória, de passagem) em Descartes; e a dúvida cética (inaceitável, permanente ou de instalação nela) em Hume. Literariamente parecidas, mas não igualmente pedagógicas e assuntíveis, como se comprova a seguir:

> Não vou dizer nada sobre a filosofia, mas vendo que foi cultivada pelos mais excelentes gênios que viveram há séculos, no entanto, nada há nela que não seja objeto de disputa, e, por conseguinte, duvidoso, não tinha eu a presunção de acertar mais que os outros. [...] Mas depois de passar vários anos estudando no grande livro do mundo e procurando adquirir alguma experiência, um dia resolvi estudar em mim mesmo [...]; e isso foi muito melhor para mim, penso eu, do que se nunca tivesse saído de minha terra e de meus livros.[27]

---

[26] "Os filósofos que se chamam acadêmicos tinham sido os mais prudentes, por ter como princípio o duvidar de tudo, e que nenhuma verdade pode ser totalmente conhecida pelo homem" (Santo Agostinho, *Confissões*, Roma, 383 d.C.).

[27] DESCARTES, René. *Discurso sobre o método*, I.

Dirijo todos os meus ataques contra os princípios sobre os quais se baseavam todas minhas opiniões antigas. [...] É prudente não confiar nunca completamente em quem nos enganou uma vez [refere-se aos sentidos corporais]. [...] Não há indícios certos para distinguir o sono da vigília. [...] A meditação que fiz ontem me encheu o espírito de tantas dúvidas, que já não me é possível esquecê-las. [...] Há um burlão muito poderoso e astuto que dedica todo seu esforço para enganar sempre. [...] Não conheço ainda com clareza quem sou.[28]

Sinto-me como alguém que, tendo encalhado nos recifes e escapado com grandes apuros do naufrágio [...], tem, no entanto, a temeridade de se lançar ao mar na mesma embarcação gretada e batida pelas ondas. [...] A memória que guardo de erros e confusões passadas me faz desconfiar do futuro. A mesquinha condição, debilidade e desordem das faculdades. [...] E a impossibilidade de emendar ou corrigi-las. [...] Sinto-me assustado e confuso pela solidão desamparada em que me encontro com minha filosofia, pareço ser algum estranho monstro selvagem que, incapaz de se misturar aos demais e se unir na sociedade, foi expulso de todo contato com os homens. [...] Quando dirijo o olhar para o meu interior, não encontro a não ser dúvida e ignorância. [...] Cada passo que dou faço-o duvidando, e cada nova reflexão me faz temer um erro e um absurdo em meu raciocínio.[29]

Como podemos ver, a condição humana duvidosa nos adverte que na filosofia não há paz eterna; só partindo da dúvida, perguntando e dialogando, chegamos a acordos definitivos. A pergunta é unânime, a que nos mantém inquieto ou em estado de alerta. Assim, não podemos deixar de perguntar. É claro, não nos referimos à pergunta social, comercial ou politicamente interessada, nem à que busca informação para controlar situações, mas à pergunta que é dirigida a uma pessoa ("falo com você", "sou eu quem fala com você", "quero lhe dizer"), a que busca a essência e a origem natural ou lógica da realidade (*o que, por que*) pedindo razão dela; a que o questionador formula para saber o que fazer; a que põe as coisas em seu lugar a fim de recuperar o sentido ou o discernimento dos valores e de toda a vida pessoal.

---

[28] DESCARTES, René. *Meditações metafísicas*, I e II.
[29] HUME, David. *Tratado sobre a natureza humana*, I, 4ª seção, II.

Sabemos que a linguagem nasceu para impor ordem onde só havia dispersão: as palavras reúnem e classificam as coisas, e ao nomeá-las ficam iluminadas. Assim, sou eu quem fala e dá significado ou sentido às coisas, pois a realidade é percebida diferentemente por quem fala. Ao dizer *eu*, aquele que fala designa a si mesmo, toma-se não somente como sujeito do discurso, mas também como objeto do mesmo. Ao perguntar pelo ser de uma coisa, sou eu quem quer saber sobre ela. Meu saber poderia ser defeituoso no caso em que a realidade me é dada de forma obscura.

Ao contrário, quando pergunto "o que sou eu" e "quem sou eu", mesmo antes de obter uma definição que pudesse me convir, eu sei, pela força da estrutura mesma das perguntas, que o questionador e o questionado coincidem. De maneira que obtenho uma resposta adequada para a minha pergunta: a que consiste em dizer "eu sou alguém capaz de perguntar por mim mesmo". Embora ignore outras propriedades e perplexidades minhas, tenho ao menos uma propriedade especial: a de saber de mim mesmo o bastante para me questionar sobre mim. Assim, sou fiador de minha própria existência.[30] Mas, ao mesmo tempo, nos damos conta de que somos para os outros. Quando o adolescente começa a descobrir sua vida e se tornar consciente, pode mudar o cata-vento para qualquer horizonte, e essa mudança demanda entusiasmo para chegar a bom termo.

c) As perguntas educadoras

Os professores-educadores de qualquer disciplina deveriam ter à mão um acervo de perguntas-chave: sua quantidade não deve aturdir-nos se temos o referencial das perguntas da clássica filosofia grega: o que, por que, para que, como. Nós propomos as que seguem, que classificamos em modais e temáticas.

A seguinte bateria de perguntas modais ou expressivas, selecionadas e realizadas em tempo oportuno, servem de ajuda, não somente na família e na sala de aula, para conseguir rigor de pensamento e observação da realidade, bem como crescimento pessoal através da relação social:

---

[30] ECHEVERRÍA, José. *Aprender a filosofar preguntando con Platón, Epicuro, Descartes*. Barcelona, Anthropos, 1997, pp. 65ss.

- O que você quer dizer com isso?
- Por acaso, você também não acredita nisso?
- Como é possível fazer isso?
- Por que você diz isso?
- Como você sabe?
- Como você pode afirmar?
- É a mesma coisa falar e dizer?
- É a mesma coisa falar de alguém e sobre alguém?
- Você pode definir o que é isso de que está falando?
- Em que se baseia sua opinião?
- É assim ou você pensa que é assim?
- Você pode apresentar uma prova?
- Você pode dar um exemplo?
- Isso que você está dizendo é uma idéia que vem de repente ou é uma crença que o ampara há muito tempo?
- O que você está dizendo é verdade por que você diz, ou você diz por que é verdade?
- Você acredita que o que você diz está claro para quase todos?
- Que conclusão devo tirar daquilo que você está dizendo?
- Você pensaria a mesma coisa amanhã?
- Você pensa que estamos discutindo ou dialogando?
- Você acredita que conseguimos um resultado concreto através de nosso diálogo?
- Você ainda não vê claramente, não é verdade?

Mas há também perguntas temáticas ou de comprovação da aprendizagem de conteúdos. Atendem aos conteúdos temáticos e provocam o diálogo, se correspondem às unidades ou conteúdos temáticos de ética (E), filosofia I (FI), filosofia II (FII) e psicologia (Ps), embora algumas sirvam nos três casos (3c). Por exemplo:

- O que é a realidade? (FI)
- Quem sou eu? (FI e Ps)
- O que me faz ser eu? (FI e Ps)
- Quem sou, além de meu corpo físico? (FI e Ps)
- Como posso conhecer? (FI e Ps)
- Pode-se viver sem conviver? (3c)
- A que se deve que haja vidas mal planejadas? (FII)

- O que devo fazer? (3c)
- Minha vida tem um significado e um objetivo? (3c)
- A história tem um sentido? (FII)
- Por que o ser humano pergunta e se pergunta? (FII)
- Quais são as perguntas essenciais que o ser humano se propõe? (FII)
- O que todos os "ismos" que aconteceram na história da filosofia se propõem? (FII)
- A que é um pensamento? (FI e Ps)
- São a mesma coisa conhecer e saber? (FI e FII)
- São a mesma coisa conceito e idéia? (FI e FII)
- Às vezes dizemos a alguém ou de alguém que "não faz nem idéia": o que significa isso exatamente? (FI)
- São a mesma coisa pensamento e realidade? (FI, FII e Ps)
- Uma sociedade pode viver sem ciência e sem tecnologia? (FII)
- Pensar/imaginar, entender/aprender, falar/dizer, julgar/criticar, ser/parecer, iludir-se/sonhar: são a mesma coisa? (FI e FII)
- Possível, provável, certo ou seguro, evidente, verdadeiro: são a mesma coisa? (FI e FII)
- Tudo o que alguém pensa é como pensa? (FI, FII e Ps)
- Que diferença você vê entre direito e dever? (3c)
- Você pode citar um verbo sinônimo de "ser"? (3c)
- Por que a filosofia e a psicologia devem estar juntas? (FI e Ps)
- O que é um ideal? (E)
- Os ideais são necessários? (E)
- Onde estão os ideais? (FI e FII)
- Como se formam os ideais? (FI)
- Que verbo se costuma usar para falar ou escrever sobre um ideal? (3c)
- Você pode escrever um ideal? E um fato? E um pensamento? E o ato de pensar? E uma idéia? E o conteúdo de um pensamento e de uma idéia? (FI)
- O que você acaba de escrever é seu ideal ou é algo real? (FI)
- Os direitos humanos são um ideal global de vida, mas como se chega a formar esse ideal? (E)
- As normas morais são boas porque são mandadas ou são mandadas porque são boas? (E)
- Tudo o que é, tudo o que acontece, deve ser, deve acontecer? (E)
- É a mesma coisa querer e desejar? Tudo o que se deseja, se quer? (E)

- Pode-se querer qualquer coisa? Tudo o que se quer é porque se deseja? (E)
- A vontade pode influenciar em nossas crenças? (3c)
- Para ser livre, basta poder fazer o que alguém quer ou também é preciso ser livre para querer? (3c)
- Qual é a razão para uma ação ser considerada má? (E)
- Por que temos sentimentos morais? (E e Ps)
- "Fazer o que parece a alguém, quando está privado de razão, é um mal?" (Platão, *Górgias*, 466e-467a) (3c)
- Se as pessoas são, agem de uma determinada maneira, devo ser ou fazer como as pessoas? (E)
- Píndaro (poeta grego, século VI a.C.) escreveu que o costume é o rei do mundo: significa que todos os costumes são equiparáveis a valores ou ideais que devem ser seguidos? (E)
- Você concorda que a máxima igualdade seria um igualitarismo desigualador? (E)
- Solidariedade é um compromisso visível de colaboração para uma convivência justa: é verdade? (E)
- Tolerar tudo pode ser intolerância? (E)
- A tolerância pode consistir em que todas as opiniões passem ao meu lado sem me tocar? (FII)
- Alguém se solidariza com as pessoas, ou com as coisas e acontecimentos? (E)
- Pode-se ser solidário com todos? (E)
- Segundo Kant, liberdade é fazer o que se quer e querer o que se deve: você está de acordo? (E)
- O que diz esse autor — ou outro qualquer — é verdade porque ele diz, ou ele diz porque é verdade? (FI e FII)
- Você saberia matizar a diferença entre os verbos a seguir?

     Pensar – raciocinar
     Desejar – querer
     Falar – dizer
     Ser – parecer
     Sentir – perceber
     Ver – olhar
     Ouvir – escutar
     Queixar-se – sofrer
     Tolerar – suportar

Nossa experiência aposta para que pergunta, dúvida, pensamento, realidade e linguagem constituam um modelo matricial educativo que, praticado diariamente, favoreça o crescimento pessoal do aluno e do professor na sala de aula, onde a filosofia tem sua inegável responsabilidade.

6. ATENÇÃO AO PENSAMENTO (*NOSOTERAPIA*) E À PALAVRA (*LOGOTERAPIA*)

Os vocábulos gregos *nosoterapia* e *logoterapia* significam, literal e respectivamente, "atenção ao pensamento" e "atenção à palavra"; um e outro constituem a trama da vida pessoal. Já sabemos o que é pensar: pesar, verificar, encarregar-se, perceber, captar o significado das coisas com as quais me encontro, refletir, colocar-se em situação de admiração ou de dúvida diante de uma realidade da qual o pensamento não é ainda dono. O fato de pensar tem uma grande capacidade transformadora, pois quando se aproxima do pensamento do outro através do diálogo abrem-se possibilidades para uma vida melhor. A consciência do problema representa o começo do pensar. Não se pensa para que tenhamos uma capacidade pensante, nem também por mera curiosidade, mas para saber a que se ater. Pensar é uma atividade que o homem faz *por algo* e *para algo*. *Por algo*, porque alguém caiu num problema; e *para algo*, para sair dessa situação e saber a que se apegar.[31] Não se pensa para ter uma capacidade pensante, nem também por mera curiosidade: pensa-se *para saber a que se apegar*. Pensamos porque há uma realidade que *nos é* adversa (problema). Não é que a realidade seja problemática, mas a *percebemos* como problemática.

E o que é um problema? Antes de tudo, temos que saber que um problema não é uma doença: ter um problema não é estar doente, embora da doença sempre façamos um problema. Um problema é um assunto que "precisamos" resolver para continuar vivendo em paz, para continuar em frente em nossa vida. E para isso nos é dada a capacidade de pensar.

Mas, salvo nos jogos de mesa e nas hipóteses científicas, não podemos pensar qualquer coisa. Como adverte Platão: "A maior grandeza de

---

[31] ORTEGA Y GASSET. *Obras completas*. Madrid, Revista de Occidente, 1983, p. 526, tomo V.

minha arte (maiêutica) é que posso provar se a mente [...] está dando à luz uma simples imagem, uma impostura ou um broto real e autêntico", porque o trabalho do pensamento pode desembocar numa infeliz dissociação, o que acontece quando o pensamento vai no sentido inverso da paixão*: esta confunde, é confusa; aquele, difunde, é difuso. A maioria das palavras que usamos possui vários sentidos, entre os quais o pensamento oscila: se não esclarecem, resultam lamentáveis para o pensamento e inúteis para a ação. Por isso, aqueles que preferem a ação balançam entre termos confusos: porque as idéias claras nos servem para pensar, mas costumamos agir graças a algumas idéias confusas, inclusive são essas as que governam a vida.

Finalmente, o pensamento não se mantém a não ser por um combate: aí estão como mostras o "parece que" e o "pelo contrário" escolásticos. Também a academia platônica havia sido edificada sobre os fundamentos diferenciadores do *ser* e do *parecer*; a filosofia kantiana sobre o *fenômeno* e o *noúmeno*; e a "Escola de Madrid" sobre a *circunstância* como liberdade* e fatalidade, sobre a *idéia** e a *crença**. Como esquecer que as crenças sustentadas e transmitidas não se baseiam na razão, mas no consenso social dos costumes? E não é verdade que o costume que cria raízes na infância adquire credenciais de natureza?

O peso da crença

Em qualquer caso, não há pensamento nem conhecimento sem crença, inclusive o que é presidido pelo objetivo da ciência e da técnica, pois teoricamente se opõem a todo tipo de credulidade e preferem a constatação dos fatos. O cientista precisa crer na promessa de seu êxito. Isso porque toda atividade de conhecimento tem uma coloração afetiva que dá ao pensamento uma vertente de confiança, de crença. Freud, que pretendia acreditar somente na razão científico-técnica, reconheceu que na falada assepsia de sua técnica terapêutica se introduziam elementos de ordem irracional — refere-se à "transferência", presente em ato, mas ausente na consciência — que favoreciam ou desfavoreciam todo o processo. Como a aranha tecendo sua teia, criamos grande parte do mundo exterior a partir dessa realidade interior que modulamos com experiências e hábitos da educação recebida.

Em suma, entra em jogo o poder da razão, mas sem supervalorizar sua grandeza, pois a mente que a faz funcionar está inseparavelmente unida ao corpo, cujas condições (temperamento) nos são impostas irremediavelmente. Ou seja, nós vivemos num corpo animado e numa alma corporificada. Ao mesmo tempo, a consciência nos tira da clausura individualista e nos leva pela palavra ou razão (*logos*) ao encontro dos demais.

E, junto com um pensamento que raciocina voltado para dentro, precisamos do pensamento que raciocina voltado para os demais, para as palavras: um e outras impregnados de afetividade.[32] É necessária toda precaução quando se aglomeram os sentimentos, porque podem mutilar o diálogo, impossibilitar a comunicação. Falar, nomear um problema é já a primeira incisão da ferida de sentimentos inominados, de comportamentos desorientados, de palavras incompreendidas. *Com, por* e *na* fala, o pensamento abrirá passagem como condição humana, fonte de sentido de toda relação pessoal: controlada, organizadora, social, responsável. Assim, *nosoterapia* e *logoterapia*, para que surtam efeito, caminharão de mãos dadas, e a linguagem dará a ordem de saída.[33]

2º caso: *Luís* (atenção ao itálico)

Se a filosofia tem valor, não é principalmente o da informação nem o da erudição, mas o da orientação, formação e transformação do espí-

---

[32] ORTEGA CAMPOS, Pedro. Fuerza y debilidad de la razón. *Revista Agustiniana*, Madrid, maio/ago. 1998. Cf. FREIRE, Paulo. *Pedagogia: diálogo e conflito*. São Paulo, Cortez, 1985.

[33] Existe uma tendência generalizada em confundir a filosofia com a auto-ajuda: a auto-ajuda se faz passar por filosofia e não o contrário, o que também tem a ver com o sinal de nosso tempo. Cf., por exemplo, BOTTON, Alain de. *Las consolaciones de la filosofía*. Madrid, Punto de lectura, 2000; Id. *Ansiedad por el estatus*. Madrid, Taurus, 2004; MARINOFF, Lou. *Más Platón, menos Prozac*. Barcelona, Ediciones B, 2001; Id. *Pregúntale a Platón*; como la filosofía puede cambiar tu vida. Barcelona, Ediciones B, 2003. Cf., numa linha parecida: POL-DROIT, Roger. *101 experiencias de filosofía cotidiana*. Barcelona, Grijalbo, 2002; DAVIS, Melissa. *Por qué deseamos lo que deseamos*. Barcelona, Tendencias, 2003; CAVALLÉ, Mónica. *La sabiduría recobrada*. Madrid, Oberón, 2003; ORTEGA CAMPOS, Pedro. *Curar con el pensamiento*. Madrid, Laberinto, 2003; BLANCO, Carmelo; MIÑAMBRES, Aurora; MIRANDA, Tomás (orgs.). *Pensando el cuerpo desde un cuerpo*. Albacete, Facultad de Humanidades, Universidad de Castilla-La Mancha, 2002 (sobretudo os capítulos I, "La idea de una corporalidad ausente en la filosofía", e V, "El cuerpo; experiencias y propuestas didácticas", assim como a contribuição de CUENCA, A. "Mirar es aprender a pensar", pp. 331-338); VERGELY, Bertrand. *Petite philosophie pour les jours tristes*. Paris, Milan, 2002.

rito pensante, a erradicação de uma razão desviada da realidade, a possibilidade de inventar alternativas, de encaminhar projetos previamente pensados.

Luís, 21 anos, repete pela terceira vez disciplinas avulsas que lhe ficaram pendentes do 2º ano de Bacharelado. Apesar de ter pais que sempre se interessaram por ele, amam-no muito, teve *problemas com drogas*. Vive com uma moça três anos mais velha do que ele. Diz que agora está, há dois meses, abstêmio por obra *unicamente de sua vontade*, embora acrescente: "*Meus problemas eu os encubro*, tenho um gênio ruim, falta de habilidades sociais ou de *trato com as pessoas...*"; no entanto, quanto aos estudos, é pessimista: "*não sei* se os deixo definitivamente".

E agora, as inevitáveis perguntas:

- Pode ter sentido o ver-se amado pelos pais e envolver-se com drogas?
- O casamento prematuro é sinal de maturidade? Facilita-a?
- A droga é uma realidade especial, mas deixa que o pensamento veja a realidade?
- Por que as pessoas com problemas procuram "encobri-los"?
- Pode-se exercitar a vontade, se não é precedida de um conhecimento claro da realidade?
- Quando uma pessoa "pensa" em seus problemas, chega a conhecê-los?
- Com as drogas de permeio, acontecem "condições de possibilidade" de conhecimento?
- Se a filosofia não é como a metadona, pode ajudar Luís? De que maneira?

7. O QUE COMEÇOU NA GRÉCIA CHEGA ATÉ NOSSOS DIAS

A filosofia nasceu na Grécia a partir dos valores de uma pergunta sobre a realidade ou a natureza que existe e é gerada: para respeitá-la, conhecê-la e aceitá-la ou, se possível, dominá-la, mas nunca para o sonho de mudá-la, como havia feito a narração mítica. E toda pergunta é um enlaçamento de palavras. Iniciou-se a filosofia mimando o debate que nunca dá por encerrada uma questão, o que não era possível senão por um diálogo constituído em razão ou palavra (*logos*). Com efeito, um diálogo que era a forma suprema da razão e também sua forma civil, isto é, a vida pessoal e a social ou política. Daí, o século IV a.C. se mostrar em Atenas como o século da educação. Uma educação impensável sem o bom uso da palavra:

> O homem é o único animal que tem palavra. A voz é o sinal da dor e do prazer, e por isso também os animais a possuem [...]; a palavra, porém, é para manifestar o conveniente e o prejudicial, o justo e o injusto, e é exclusiva do homem. Porque somente ele tem o sentido do bem e do mal, do justo e do injusto.[34]

A primeira vez em que no pensamento ocidental se empregou o método filosófico, foi valorizando-o como recurso terapêutico em favor de uma inteligência que busca e espera. A primeira lição de filosofia aplicada foi dada entre os titeriteiros da caverna de Platão (*República*, VII), "cuja entrada está aberta à luz em toda sua extensão". Foi lá que seus moradores viveram nas piores condições: "Você acredita que nessa situação esses prisioneiros tinham visto de si mesmos, ou de seus vizinhos, outra coisa a não ser as sombras?". Faltaria apenas um ápice para se transformar em consultório psicológico, isto é, a falta de consciência de seu transcorrer entre sombras e de seu mal-estar. "Se pudessem conversar entre si [...]." A saída *obrigada e com esforço* de um dos moradores daquele antro, para subir uma *íngreme e escarpada encosta,* o levou à descoberta de outras possibilidades que seriam tão dolorosas como luminosas. Porque, "aos olhos dos prisioneiros, a realidade não poderia ser outra coisa além das sombras". Assim surgiu a oferta por quem se sentiu acolhido, atendido, escutado. Não consiste nisso a terapia, etimologicamente "atenção a" (*therapein*, em grego)? A cura terapêutica da filosofia, por meio do pensamento posto em comum e contrastado, ou diálogo, é o resultado dessa "atenção a" ou escuta. A terapia, porém, não consiste em curar o outro, mas em curar-se a si mesmo através de alternativas ou possibilidades que o filósofo ouvinte dá ao aflito ou habituado às sombras da depressão, da neurose, da psicose. Conseguido o propósito curativo, "preferiria toda sorte de sofrimentos antes que voltar à vida lá embaixo". Mais ainda, todas as escolas pós-aristotélicas (epicurismo, estoicismo) representarão um rearmamento contra o pensamento cavernícola da condição humana ou o entorno que a afeta, por meio do uso da razão "universal" para uma reta seleção do prazer ou dos desejos e o bom uso da resignação, a *ata-*

---

[34] ARISTÓTELES. *Política*. I, 1252b.

raxia. Assim, as técnicas psicológicas — a psicologia é a descoberta das raízes da árvore filosófica oferecida numa cadeia de técnicas variadas, segundo algumas escolas — se centrarão nessa "atenção a".

Se quisermos ajudar os adolescentes a "se acostumarem a isso [...], começando a raciocinar", não resta outro recurso a não ser o diálogo que nos adentra na realidade das coisas com grande esforço dos interlocutores, como nos narra Platão em sua alegoria da caverna (atenção ao itálico):

Agora — continuei — *represente o estado da natureza humana, com relação à educação e à sua ausência*, segundo o quadro que lhe vou traçar. Imagine um antro subterrâneo, que tenha em toda sua largura uma abertura que dê passagem livre à luz, e nessa caverna, homens *acorrentados desde a infância, de sorte que não possam mudar de lugar nem virar a cabeça* por causa das correntes que lhes prendem as pernas e o pescoço, podendo somente ver os objetos que têm diante de si. Atrás deles, a certa distância e a certa altura, imagine um fogo cujo brilho os ilumina, e um caminho elevado entre esse fogo e os escravos. Suponha ao longo desse caminho uma divisória, semelhante ao biombo que os titeriteiros colocam entre eles e os espectadores, para exibir por cima dela as maravilhas que fazem.

— Já estou imaginando tudo isto — disse.

— *Imagine agora algumas pessoas que passam ao longo da divisória levando objetos de toda espécie, figuras* de homens, de animais de madeira ou de pedra, de sorte que tudo isso apareça acima da divisória. Entre os portadores de todas essas coisas, como é natural, alguns irão falando e outros passarão sem dizer nada.

— *Prisioneiros estranhos e quadro singular!* — *disse.*

— *Parecem-se, no entanto, conosco tim-tim por tim-tim.* Digame, *você acredita que podem ver outra coisa, de si mesmos e dos que estão ao seu lado, além das sombras* que o fogo projeta diante deles no fundo da caverna?

— Como poderiam ver mais — disse —, se desde seu nascimento estão obrigados a ter a cabeça imóvel?

— E sobre os objetos que passam atrás deles, podem ver outra coisa além das sombras dos mesmos?

— Que outra coisa?

— *Se pudessem conversar uns com os outros*, não conviriam em dar às sombras que vêem os nomes das mesmas coisas?

— Com certeza.

— E se no fundo de sua prisão houvesse um eco que repetisse as palavras dos transeuntes, imaginar-se-iam ouvir falar outra coisa além das mesmas sombras que passam diante de seus olhos?

— Não, por Zeus! — exclamou.

— Enfim, *não acreditariam que pudesse existir outra realidade além das mesmas sombras* de objetos fabricados — disse eu.

— É forçoso, absolutamente — disse.

— *Olhe agora* — prossegui — *o que naturalmente deve acontecer a esses homens, se forem libertados das correntes e se forem curados de sua ignorância.* Se um desses escravos for libertado, e for obrigado de repente a se levantar, a voltar a cabeça, a caminhar e olhar para o lado da luz, fará todas essas coisas com um trabalho incrível; *a luz vai lhe ofuscar os olhos*, e a alucinação que deverá lhe causar impedi-lo-á de distinguir os objetos cujas sombras via antes. O que você pensa que responderia se lhe fosse dito que até então somente havia visto fantasmas e que agora tinha diante de seus olhos objetos mais reais e mais próximos à verdade? Se em seguida lhe fossem mostradas as coisas à medida que vão se apresentando *e à força de perguntas fosse obrigado a dizer o que são*, não seria colocado no maior dos conflitos e não estaria ele mesmo persuadido de que o que via antes era mais real do que aquilo que agora lhe é mostrado?

— Muito mais — disse.

— *E se ele fosse obrigado a olhar a mesma luz*, não sentiria dor nos olhos? *Não voltaria a vista para olhar as sombras, nas quais se fixa sem esforço?* Não acreditaria achar nesta mais distinção e claridade que em tudo o que agora lhe é mostrado?

— Com certeza — disse.

— Se depois *fosse tirado de lá à força e fosse levado pelo caminho íngreme e escarpado* até encontrar a claridade do sol, que suplício seria para ele ver-se arrastado dessa maneira? Como se enfureceria! E quando chegasse à luz do sol, deslumbrados os seus olhos com tanta claridade, poderia ver algum desses objetos numerosos que chamamos de seres reais?

— Realmente não poderia — disse.

— Precisaria, sem dúvida, de algum tempo *para se acostumar a essa situação*. O que distinguiria mais facilmente seria: primeiro, sombras; depois, as imagens dos homens e outros objetos refletidos na superfície das águas e, finalmente, os mesmos objetos. Depois, dirigiria seu olhar para o céu, para o qual poderia olhar mais facilmente durante a noite à luz da lua e das estrelas do que em pleno dia à luz do sol. E finalmente poderia, creio eu, não somente ver a imagem do sol nas águas e onde quer que se reflita, mas fixar-se nele e contemplá-lo lá onde realmente se encontra e tal qual é.

— Necessariamente — disse.

— Depois disso, *começando a raciocinar*, chegaria a concluir que o sol é aquele que cria as estações e os anos, aquele que governa o mundo visível e aquele que é, de certa maneira, a causa de tudo o que se via na caverna.

— *É evidente* que chegaria, depois disso tudo, a fazer todas estas reflexões — disse.

— Ainda mais. Se naquele ato recordasse sua primeira morada, a idéia que lá se tem da sabedoria e de seus companheiros de escravidão, não se regozijaria com sua mudança e não se compadeceria da desgraça daqueles?

— Efetivamente.

— *Você acredita* que invejaria ainda as honras, os elogios e as recompensas que lá, supostamente, fossem dados ao que de repente reconhecesse as sombras à sua passagem, ao que com mais segurança recordasse a ordem em que caminhavam, indo algumas mais adiante e atrás de outras ou juntas, e que neste conceito fosse o mais habilidoso em adivinhar seu aparecimento; ou que teria inveja dos que eram nesta prisão mais poderosos e mais honrados: não preferiria, como Aquiles em Homero, "trabalhar a terra a serviço de um pobre lavrador" e sofrer tudo do que viver naquele mundo do imaginável?

— Não duvido que *estivesse disposto a sofrer qualquer destino do que viver dessa maneira* — disse.

— *Preste atenção no que vou lhe dizer* — continuei. — *Se esse homem voltasse novamente à sua prisão* para ocupar seu antigo lugar, ao deixar de repente a luz do sol, seus olhos não se encheriam de trevas?

— Certamente — disse.

— *E se, quando ainda não distinguisse nada*, antes que seus olhos houvessem recobrado sua aptidão, o que não poderia acontecer em pouco tempo, precisasse discutir com os outros prisioneiros sobre essas sombras, não permitiria que esses zombassem dele, dizendo que, por haver saído da caverna, os seus olhos tinham se estragado, e não acrescentariam, além disso, que seria para eles uma loucura tentar semelhante subida, e que se alguém tentasse desatá-los e fazê-los subir seria preciso agarrá-lo e matá-lo?

— Muito bem, meu querido Glauco — disse —, esta é precisamente a imagem que se deve aplicar ao que se disse antes. O antro subterrâneo é este mundo visível; o fogo que ilumina é a luz do Sol; quanto ao escravo, que sobe à região superior e que a contempla, se você o compara com a alma que se eleva até a esfera inteligível, não errará, pelo menos em relação ao que eu penso, já que quer sabê-lo. *Sabe Deus se é conforme à verdade.* Quanto a mim, o que me parece é o que vou lhe dizer. Nos últimos limites do mundo inteligível *está a idéia do bem, que é percebida com dificuldade; mas, uma vez percebida, não se pode senão tirar a conseqüência de que ela é a causa primeira de tudo o que há de belo e de reto no universo*; que, neste mundo visível, ela é a que produz a luz e o astro do qual esta procede diretamente; que no mundo invisível nasce a verdade e a inteligência afinal; que aquele que quiser se conduzir sabiamente na vida pública e na vida privada haverá de *ter os olhos fixos nessa idéia.*[35]

E nós podemos agora provocar o diálogo:

- Você poderia resumir as idéias fundamentais do texto?
- Que partes do texto destacadas lhe chamam mais a atenção? Há alguma que resume todas as outras? Como?
- Quais são os problemas, segundo Platão, com os quais se encontra aquele que chegou a perceber a "idéia de bem", isto é, aquele que vai percorrer o caminho descendente da dialética? Enumere-os.
- Você acredita que esses problemas sejam exclusivos da época de Platão ou acontecem também atualmente? Responda concretizando o melhor possível a resposta.
- O objetivo da obra platônica é organizar o Estado de acordo com a "verdade", a "justiça" e o "bem". Depois da leitura atenta do presente texto, que relação existe entre esses três termos?
- Como você sabe?

Os argumentos que invocamos para resolver os conflitos são os mesmos de que se serve nossa inteligência para chegar ao conhecimento da realidade. Com efeito,

---

[35] PLATÃO. *República*, Livro VII, 514a-517c. (Grifos nossos.)

de tudo o que existe na natureza humana, a palavra é a causa dos maiores bens. [...] Ela [...] deu leis sobre o justo e o injusto, sobre o mau e o bom; se estas coisas não tivessem sido dispostas assim, não teríamos sido capazes de viver uns com os outros. [...] se houvesse que falar em geral do poder da palavra, descobriríamos que nenhuma ação sensata aconteceu sem sua intervenção; pelo contrário, a palavra é guia tanto de todas as ações como de todos os pensamentos e a usam sobretudo os mais inteligentes. Por isso, os que se atrevem a falar mal dos que educam e filosofam devem ser odiados da mesma forma que os que pecam contra as coisas divinas.[36]

Saber, pois, de que se fala, saber sempre o que se quer e o que se pode querer sem se contradizer. Sócrates não tem nada a ensinar fora dessa purificação do discurso, dos discursos incoerentes.

3º caso: Miguel e Clara

Um conflito entre pensamento e comportamento é sintoma de que as idéias não estão claras, embora não seja objetivamente um conflito. Os adolescentes gostariam de refletir e conseguir uma resposta da filosofia no caso de Miguel e Clara:

Miguel e Clara têm 22 anos, estão muito apaixonados, foram aprovados em suas áreas profissionais, compartilham pontos de vista, *hobby* e planejam um futuro em comum. Mas, apesar das precauções, Clara está grávida. O que fazer? — se perguntam. — Levar a gravidez até o fim ou abortar? A decisão não é fácil, levando-se em conta os meios econômicos e que, no momento, só têm um contrato de trabalho temporário... Por outro lado, estão certos de que não têm o direito de interromper o desenvolvimento natural de uma vida humana, que a consideram um processo contínuo desde o momento da concepção; ainda mais sendo cristãos e, portanto, crentes em um Deus, autor da vida... Decidem seguir em frente, casar-se para colaborar com a criação divina, dar amparo ao futuro filho que já modificou por antecipação alguns de seus projetos de médio e longo prazo... Está claro que, em sua decisão, tiveram que pôr em jogo a análise sucinta dos conteúdos aprendidos sobre as diversas concepções filosóficas (diver-

---

[36] ISÓCRATES. *Nicocles*. III, 5-9. Madrid, Gredos, 1979, pp. 286-287.

sos racionalismos, cristianismo, empirismo, marxismo, raciovitalismo etc.) e não somente uma fé religiosa.

Respondendo às perguntas seguintes, a ciência e a religião propõem uma maneira de entender o ser humano nem sempre coincidentes, e daí seu alcance existencial diferente. Assim, impõem-se algumas perguntas:

- Qual é sua decisão espontânea diante da decisão de Miguel e Clara? Você teria pensado a mesma coisa?
- Qual ou quais das seguintes convicções você compartilha?
  a) não se deve interromper o desenvolvimento natural da vida humana;
  b) o feto deve ser respeitado como alguém que está se tornando pessoa;
  c) a vida humana é obra de Deus;
  d) o feto é apenas um corpo, nada mais;
  e) o importante era o prazer e não suas conseqüências;
  f) pelo menos, quando a gravidez é fruto de uma violação, pode-se admitir o aborto;
  g) no caso de se prever o nascimento de um bebê com Síndrome de Down etc., deve-se abortá-lo.
  h) a quem não fosse crente e, portanto, não aceitasse a perspectiva sagrada da vida humana, seria permitido abortar na hipótese de gravidez não desejada, problemas econômicos etc.
- É a mesma coisa falar *do* feto e *sobre* um feto?
- Para o empirismo, o que conta são os "fatos" nus e crus: a consciência, a moralidade são um sentimento; então, em que se baseia sua opinião?
- Ninguém pode se opor à minha perspectiva particular, tão válida quanto qualquer outra... Assim...
- Em que você fundamenta suas convicções?
- É coerente moralmente defender outros direitos antes da vida?
- Têm sentido outros direitos sem a vida?

a) Sócrates também se havia interessado por cuidar das mentes

Em alguns escritos pré-socráticos — muito mais na maioria dos diálogos platônicos e alguns escritos relevantes de outras escolas (pós-aristotélicas, por exemplo) — se inicia e se aprofunda o caráter terapêutico da filosofia. A questão que nela se debatia era a possibilidade de conseguir um saber e não uma *opinião*. Para Demócrito, *opinião* era um conhecimento obscuro, sem a menor garantia de realidade. O "conhece-te a ti mesmo" era para a escola pitagórica uma resposta para "aquilo que é mais difícil": era a fórmula que os sete sábios fizeram colocar como inscrição no santuário de Apolo em Delfos. Um saber que não tivesse utilidade seria uma contradição, uma vez que este conceito traz inseparavelmente unidas as duas vertentes, a prática e a teórica. Para Platão, a hipótese é "uma frágil barca na qual se navega sobre as ondas do absoluto [...] a menos que um deus venha" (*Fedon*). Sócrates começa a investigar com Cármides sobre o que é a sensatez (*sofrosyne*). Reconhece como condição necessária, para alguma investigação, a possibilidade de se comunicar. Mas ao mesmo tempo é através da linguagem que brotaria o conhecimento. Platão pretende sustentar suas definições — recorde-se Menon — e o sentido dos termos que as compõem no espaço vivo da língua. Depois de longa indagação, Cármides pergunta: "Meu bom Sócrates, não lhe parece também assim?". "Deixemos isso", respondeu Sócrates, "porque ainda não estamos examinando o que eu acho, mas o que você está dizendo" (163e); então, Crítias e Sócrates acertam no diálogo, como no texto seguinte, a propósito de Cármides (atenção ao itálico):

> "O que você acha do jovem, Sócrates? Não tem um rosto formoso? Certamente que, se quisesse se desnudar, já não pareceria formoso de rosto. Tão perfeita e bela é sua forma! *Se sua alma for de natureza boa.* [...] É belo por fora e por dentro. Por que, pois, não o desnudamos de algum modo por dentro e o examinamos antes de examinar sua forma [*eidos* significa aqui 'aparência', 'figura']?" "Claro que sim", disse Crítias, "uma vez que é algo assim como filósofo e, além disso, segundo a opinião de outros e a sua própria, sabe poesia [...]".[37]
>
> "Precisamente estava dando voltas sobre a maneira como eu podia mostrar-lhe sua virtude. Porque é alguém de tal modo que não somente tem a virtude de *sarar a cabeça*, mas acontece com ele o que, certamente, você ouviu dos bons médicos quando se aproxima deles alguém que sofre dos olhos, que dizem algo assim como que não é possível tentar curar somente os olhos, mas seria necessário, ao mesmo tempo, *cuidar da cabeça*, se quiser que vá bem também o olho. E, por sua vez, crer

---

[37] PLATÃO. *Cármides*, 154e.

que se chegue jamais a curar a cabeça em si mesma sem todo o corpo, é uma soberana insensatez [...]. Zalmoxis, nosso rei, sendo como deus é, *afirmava que não iria tentar a cura dos olhos sem a cabeça, e a cabeça, sem o resto do corpo; assim como tampouco curar o corpo, sem a alma.* Esta seria a causa de que muitas doenças escapassem aos médicos gregos: *se despreocupavam do conjunto,* quando é isto o que exige mais cuidados, e se tal conjunto não ia bem, era impossível que o fossem suas partes. *Pois é da alma que nascem todos os males e os bens para o corpo e para todo o homem. [...] É da alma que se deve cuidar ao máximo, se é que se quer ter bem a cabeça e todo o corpo. [...] É um equívoco tentar separadamente ser médico da alma e do corpo".*[38]

E em outro lugar afirma: "Se alguma doença nos ataca, nos oculta a face da verdade, nos deixa perplexos, por sua culpa não podemos contemplar a verdade".[39]

Como podemos ver, há em jogo uma simbiose de corpo e alma, mas com predomínio do pensamento como fonte de bem-estar físico e espiritual. Epicuro foi igualmente explícito:

A palavra do filósofo não vale nada se esta não remedeia nenhum sofrimento. Porque assim como a medicina não é útil se não suprime as doenças do corpo, *assim também não é útil a filosofia se não suprime os sofrimentos da alma.* [...] É a razão por si mesma a que faz a vida feliz e agradável, ao expulsar todas as idéias e opiniões falsas, e evitar assim toda perturbação da mente.

E para Platão:

O que desejamos é a verdade. Com efeito, são muitas as preocupações que o corpo nos causa por culpa de sua necessária alimentação; e ainda por cima, se alguma doença nos ataca, nos impede a caça da verdade. Nos enche de amores, de desejos, de temores, de imagens de toda espécie, de um monte de ninharias, de tal maneira que, como se diz, por culpa sua não nos é possível ter nunca um pensamento sensato. Guerras, revoluções e lutas ninguém as causa, mas o corpo e seus desejos, pois é pela aquisição de riquezas que se originam todas as guerras,

---

[38] Ibid., 156b.
[39] Id. *Fedon*, 66a-d.

e ao adquirir riquezas nos vemos obrigados pelo corpo, porque somos escravos de seus cuidados; e daí, por todas essas causas não temos tempo para dedicá-lo à filosofia.[40]

b) A pergunta inicia e sustenta o diálogo

O diálogo, quando são palavras que arrulham entre pensamentos que se olham frente a frente, torna-se terapêutico. De Antifonte de Atenas, Plutarco nos conta que "descobriu uma arte para libertar as dores. [...] Deu-lhe uma casa em Corinto, junto à Ágora, na qual pôs um anúncio segundo o qual podia curar os doentes por meio das palavras". Também Isócrates afirmou: "Os que se dedicam à filosofia discutem sobre a maneira de exercitar o espírito: uns afirmam que mediante práticas dialéticas, outros, que através de discussões políticas, e alguns dizem que é com outros sistemas que seus discípulos serão mais inteligentes".[41] A filosofia não teve seu berço na medicina, e sua atividade é encaminhada para conseguir a saúde intelectual, que é a que manda na vida? Pode apresentar-se uma vida boa sem uma mente acondicionada por uma razão que se tem por natureza e é usada devidamente?[42]

É evidente que a pergunta platônica é dirigida à linguagem e vem da linguagem, e vai para um interlocutor do qual espera resposta. A interrogação e a resposta não olham, em princípio, a realidade nem a experimentam, como fará depois a análise aristotélica. Platão era, em princípio, um ouvido fino que escutava: embora suas "idéias" — "o que realmente se vê" — parecessem contradizer a primazia acústica. Ele se esforçava por clarear as múltiplas incógnitas originadas nos segredos opacos da linguagem, na qual vai se formando, entre os meandros do diálogo, uma pergunta que se expressa em um *o que é*? É claro, na linguagem há dois níveis: o nível real das opiniões não contrastadas e o nível ideal (*eidos*), que o preside, manifestando a verdade escondida em opiniões (*doxa*). Cada resposta é um marco da linguagem. Como e de onde é esperada a resposta? Tem que haver uma conexão — intelectual e emocional — com aquele que pergunta para que a resposta seja aceita. Se não acontece esse espaço comum, não poderá resultar a comunidade dialética.

---

[40] Ibid.
[41] Isócrates. *Nicocles*, III, p. 282.
[42] Cf. SÁDABA, Javier. *La filosofía contada con sencillez*. Madrid, Maeva, 2002.

Platão tentava demonstrar a impossibilidade de qualquer das respostas satisfazer plenamente a pergunta. Em sua etapa de maturidade, essa resposta não podia ser alcançada totalmente na linguagem: daí, suas contradições e ceticismo lingüísticos, porque a linguagem era *doxa*, opinião, e Platão pretendia ir mais além, para o *eidos*, a idéia. As respostas seriam momentos parciais que vão organizando o enfrentamento final com um *eidos* que, finalmente, não é senão silêncio: "O silêncio — diz Pitágoras — é a primeira pedra do templo da filosofia". Devia ser superada a linguagem, mas passando através dele, tomando-o como campo de estimativa ou de cristalização de tensões entre a sociedade e a vida pessoal.[43]

Restaurar a palavra ameaçada, reconstruir o *logos* feito cacos pela deterioração do sem-sentido vai nos permitir libertar a consciência de todo terror ideológico, de qualquer caminho do deserto que cresce e destila essa "seca do saber" (*Menon*), da qual Sócrates se lamentaria. Porque os despidos de *logos* se deixam cegar por palavras sem horizonte como um elefante de barro. Se não se tem isso presente, então as palavras são "recortes e raspagem de discursos que o vento leva" (Platão, *Hípias Maior*, 304a). Mas

> por que nos preocuparmos tanto, querido Críton, sobre o que o vulgo pensa? Os mais sensatos, os únicos cujo juízo nos importa, pensarão que as coisas aconteceram como na realidade terão acontecido. [...] Eu, não só agora, mas desde sempre, sou homem que não me deixo persuadir mais que pela razão que depois de maduro exame me pareça a mais forte.[44]

Enfim, o diálogo platônico nos ensina que, quando perguntamos a alguém, não é a esse tal, mas a nós mesmos que perguntamos. Não interessa um pensamento que não reconheça seus próprios limites. Além disso, deve-se pesar a trama afetiva: "Sócrates costumava investigar o que é a virtude, mas não de que maneira se produz" (Aristóteles, *Ética Eudemia*). "Tampouco, tratando-se da virtude, basta conhecê-la, mas dever-se-á tê-la e praticá-la [...]. Certamente, se os raciocínios* bastas-

---

[43] LLEDÓ IÑIGUEZ, Emilio. Introducción. In: PLATÃO. *Diálogos*. Madrid, Gredos, 1981, pp. 23-29. Cf. ORTEGA CAMPOS, Pedro. Virtud y diálogo en Platón (sobre el "Menón"). *Cátedra Nova*, jun. 1998.

[44] PLATÃO. *Críton*, 46a-47a.

sem para tornar os homens bons, teriam justamente remunerações muito grandes, como disse Teógnis, e seria preciso procurá-los; mas [...] são incapazes de excitar a bondade e a nobreza do Vulgo" (Aristóteles, *Ética a Nicômaco*). Assim, pois, em Aristóteles, se evidencia a companhia necessária do componente afetivo na moralidade; ressalta a inutilidade do conhecimento por si só para conseguir uma ação moral, denotando a força do elemento sentimental, e daí a importância que concede ao hábito: "As virtudes não nascem em nós nem por natureza nem em oposição a ela, mas, sendo capazes delas, as iniciamos e aperfeiçoamos mediante a práxis". Ainda mais: "Como a saúde do corpo e a presença de objetos agradáveis ajudam muito o espírito [...], assim, reciprocamente, quando o espírito está cheio de alegria, serve para fazer com que o corpo se conduza melhor e que os objetos presentes pareçam mais agradáveis".[45] No final do *Discurso sobre o método*, acrescenta voluntarioso: "Resolvi empregar o tempo que me resta de vida em procurar adquirir algum conhecimento sobre a natureza, que seja tal que possam derivar para a medicina regras mais seguras que as até hoje usadas".

A honradez de Kant, ao entrar na maturidade, levou-o à seguinte confissão que alguns discípulos esquecem:

> Houve um tempo em que eu considerava que unicamente a busca da verdade constituía a glória da humanidade, e desprezava o homem comum que nada sabia. Rousseau me pôs no caminho certo: aprendi a conhecer a reta natureza humana; e me consideraria mais inútil que o trabalhador comum se não cresse que minha filosofia pode ajudar os homens a estabelecer seus direitos.[46]

Uma confissão meritória já que, por temperamento e comportamento, Rousseau não era homem da simpatia de Kant.

Freud escreveu a Fliess:

> Estou longe de pensar que o psicológico seja algo que flutua no ar e que está longe de ter fundamentos orgânicos; muito ao contrário, já que estou convencido da existência desses fundamentos, mas não

---

[45] DESCARTES, René. Carta a Elisabeth (nov. 1646). Ed. em Paris, La Pléiade, 1973, pp. 1243ss.

[46] KANT, Immanuel. Consideraciones sobre el sentimiento de lo bello y lo sublime. In: *Gesammelte Schriften*. Munich, Suhrkamp, 1991, p. 4, tomo XX.

sabendo muito mais nem em teoria nem em terapêutica, me vejo constrangido a me comportar como se não houvesse que trabalhar mais que com fatores psicológicos.

Pensamos com o corpo e corporalizamos o pensamento. Assim é desde Hipócrates e, sobretudo, desde Galeno, fundador da medicina psicossomática com seu tratado *Que os costumes da alma são conseqüências do temperamento do corpo.*

Da Grécia até hoje, o que supôs uma *guinada lingüística* na filosofia contemporânea foi sua mudança de uma ênfase que realça a importância filosófica da linguagem; guinada que veio dar relevo ao fato de que a realidade que conhecemos e na qual agimos é uma realidade lingüisticamente mediada, que enfrentamos através da linguagem. No fundo, trata-se de uma revolução quanto ao modo de abordar os problemas filosóficos, mais que quanto ao conteúdo dos mesmos problemas, pois os problemas em questão são os da filosofia de sempre:[47] pensamento e realidade que se entrevêem por meio do diálogo, da pergunta nascida da dúvida e da necessidade de saber; que se situam entre dois sujeitos: argumentar em qualquer situação de maneira a possibilitarmos um consenso, isto é, uma "comunidade de comunicação" e única porta para o aviso oportuno.

Assim, para cúmulo da perplexidade, deve-se estar alerta, pois enquanto a polifacética tecnologia invade nossos sentidos ou esclerosa a alma, a palavra continua sendo vida de sentido e sentido para a vida. "Quem reduz a racionalidade humana à eficácia se encontra com o 11 de setembro de 2001. [...] É hora de a 'infosociedade' emergente refletir sobre os valores que primam na construção da nova ordem mundial."[48]

8. A PALAVRA HUMANA: PODER E IMPOTÊNCIA

Porém, se as palavras suscitam percepções relevantes da realidade, a filosofia vai empregá-las para esclarecer a linguagem; trabalho parecido com o do ferreiro, que usa a ferramenta de ferro para a forja. A lingua-

---

[47] Muguerza, Javier. Filosofía y diálogo. In: *Simbolismo, sentido y realidad.* Madrid, CSIC, 1979, p. 98.

[48] Echeverría, José. Real, demasiado real. In: *El mundo, al día siguiente del ataque terrorista a las Torres Gemelas de Nueva York.*

gem é quase sempre insuficiente: só pode se ocupar significativamente de um segmento da realidade. O resto — e pode ser que a maior parte —, é silêncio. Por isso, a imagem do mundo se afasta cada vez mais dos tentáculos comunicativos da palavra.[49]

> Quem poderá manifestar com palavras aquilo que as faz sentir? E quem, finalmente, aquilo que as faz desejar? [...] Esta é a causa pela qual, com figuras, comparações e semelhanças, antes extravasam alguma coisa do que sentem. [...] Cujas semelhanças, não lidas com a simplicidade do espírito de amor e inteligência que elas trazem, mais parecem disparates que ditas pela razão... donde se segue que os santos doutores, embora muito digam e repitam, nunca podem acabar de declará-lo por palavras. [...] Os ditos de amor é melhor deixá-los em sua amplidão.[50]

As palavras sozinhas marcam, enfeitam, mas não mudam a realidade, somente a dissimulam. O que as palavras mudam é nossa maneira de perceber a realidade, e assim agimos na base dessa percepção. As metáforas, por exemplo, criam realidades sociais que podem moldar nosso caráter e nosso comportamento.[51] As palavras levam a semente, boa ou má, da ação.

a) A metáfora enriquece o pensamento e tenta apreender a realidade

Metáfora é uma palavra que mede uma natureza sem medida, fazendo-a mundo pessoal; é como um cofre que encerra as ilusões humanas, ou como um espelho velho no qual o ser humano pôde, pode

---

49 STEINER, Gedisa. *Lenguaje y silencio*. Barcelona, Gedisa, 2000, pp. 36ss.

50 SÃO JOÃO DA CRUZ. Prólogo. In: *Cântico espiritual*, ms., Sanlúcar de Barameda, 1584.

51 No nível psicológico, palavras ouvidas desde a infância ou a adolescência que deixam uma marca indelével, positiva ou negativa, na personalidade e no comportamento para o resto da vida: "você é maravilhoso", "você teve tudo e se perdeu pelo caminho", "lute", "você deve estudar mais e brincar menos", "você tem que ser uma moça forte e não chorar", "esforce-se para ser alguém no dia de amanhã", "veja se você imita seu irmão", "você é um inútil", "se você tivesse nascido homem...", "idiota: você não serve para nada", "desconfie das pessoas", "você nunca vai ser ninguém" etc.

e poderá contemplar-se de maneira incompleta. A metáfora, domesticando a linguagem, é uma forma privilegiada de abrir brechas na experiência; é como "palavra nova, operação que deriva da existência simultânea de duas realidades diferentes".[52] Em todos os aspectos de nossa vida, desde o amor até a ciência e a política, definimos a realidade metaforicamente e, depois, agimos na base do percebido na metáfora. É por isso que aquilo que nos interessa não é a verdade ou a falsidade de uma metáfora, mas as percepções que, tingidas de afetividade, se tiram dela:

> Que o entendimento discursivo tenha o esforço de analisar e sintetizar os conceitos a partir de princípios [...] em vez da intuição intelectual apreender e expor o objeto prontamente. [...] [Mas] o princípio de pretender filosofar sob a influência de um sentimento superior é o maior expoente para adotar um tom de grão-senhor, porque quem pode discutir meu sentimento? [...] Assim, alegro-me pela enorme vantagem daqueles que têm que se justificar para poder pavonear-se da verdade de suas opiniões. [...] Bem-vinda seja essa filosofia por sentimento que nos conduz duramente às coisas mesmas! Verdadeiramente, toda filosofia é prosaica.[53]

Em suma, diante da realidade, o conhecimento humano não pode esgotá-la, nem a linguagem expressá-la cabalmente nem de uma vez por todas; daí, necessita lançar mão da metáfora, que agrega algo à explicação da realidade, uma vez que é uma maneira de apontar, não de dizer, o que, o porquê, o para que e o como da realidade. Demócrito assinala que "a palavra é um poderoso tirano capaz de realizar as obras mais divinas, apesar de ser o menor e mais invisível dos corpos. Com efeito, é capaz de apaziguar o medo e de eliminar a dor, de produzir a alegria e de excitar a compaixão".[54] O jogo das crianças, a experiência dos namorados, a tribuna parlamentar, o ambão do templo, o comício dos políticos, o papo dos anciãos sentados no banco da praça: tudo isso é uma costura de palavras alinhavadas de necessidades que não acabam de se expressar com exatidão.

---

[52] LYOTARD, Jean-François. *¿Por qué filosofar?* Barcelona, Paidós, 1989, p. 131.
[53] KANT, Immanuel. "Sobre un tono de gran señor que se adoptó antaño en filosofía".
[54] DEMÓCRITO. Elogio de Helena, p. 8.

Por isso, nem toda palavra é mediação. Porque há palavras amorosas que engastam paixão e esperança, e palavras de descortesia que produzem desespero e afastamento.

b) A palavra nasce em e pelo pensamento

Como as palavras — poderosas ou impotentes — se colocam entre a realidade e nós, temos que ser precavidos, pois da mesma maneira tornam enganosas nossas vivências que deformam os dados da consciência. Nossos sentimentos, por exemplo, se descolorem quando nos expressamos em palavras. Também a utilidade e a ação nos impõem freqüentemente uma linguagem abstrata e impessoal: quem poderia fazer coincidir exatamente o sabor de um alimento e o nome do mesmo?

> Cada um de nós tem sua maneira de amar e de odiar, e esse amor, esse ódio, refletem toda nossa personalidade. No entanto, a linguagem designa esses estados sentimentais com as mesmas palavras e para todos os homens: será que não puderam gravar nada mais que o aspecto objetivo e impessoal do amor, do ódio e de outros milhares de sentimentos que agitam a alma?[55]

As idéias correm mais depressa que as palavras, e estas *servem de trilha* por onde aquelas passam. As palavras marcam a passagem das idéias, as dispõem em linha de saída. Se não fosse assim, quando as palavras não encaminhassem as idéias, estas se atrapalhariam e perderiam sua condição iluminadora ou definidora. Quando a linguagem se suja, o pensamento se despovoa. Não foi Sócrates quem disse que "aqueles que pervertem a linguagem prejudicam a pólis"? Os primeiros sofistas gregos conseguiram duas mortes através da linguagem: a de Sócrates e a da democracia. Não disse Goethe em seu *Fausto* que onde não há idéias se amontoam muitas palavras? Na Baixa Idade Média, nosso humanista cordobês Juan de Mena (1411-1456) latinizou sua linguagem para enriquecer o castelhano, buscando a sutileza conceitual e a precisão terminológica: ele foi sabedor como poucos do poder e da impotência da palavra.

---

55 BERGSON, Henri. *Ensayo sobre los datos inmediatos de la conciencia* (1889). Salamanca, Sígueme, 1999.

Por tudo isso, a filosofia, em todas as suas parcelas, está chamada à humildade, embora seu anfitrião fosse um soberbo:

> Como durante dilatados espaços de tempo o homem acreditou que as idéias e os nomes das coisas eram verdades eternas [...], acreditava realmente que a linguagem equivalia ao conhecimento do mundo. O criador de palavras não era modesto o bastante para compreender que não estava fazendo mais que dando nomes às coisas, e, ao contrário, figurava-se que mediante as palavras expressava a ciência suprema das coisas [...]. A lógica se baseia também em postulados que não têm correspondência alguma no mundo real: por exemplo, no postulado da igualdade das coisas, da identidade de uma coisa consigo mesma em diferentes momentos.[56]

Mas, oh! A palavra! Quem a possui desde seu nascimento, quem a reparte em sua justa avaliação, esse será o dono do mundo pessoal e do impessoal, iluminará uma civilização nova: selvagem, técnica ou espiritual. Refiro-me não somente à palavra como *logos*, mas também como *fonos*. Não a palavra desnuda, mas a palavra amoldada de sentimentos: "A voz que não é acompanhada de significado fere o ouvido, mas não edifica o coração".[57]

Porque o descrédito que em nossos dias acompanha a palavra supera o diálogo e, conseqüentemente, a comunicação: assim, imprensa, mídia, notariado, magistratura, parlamento, política, religião, docência e o casal humano são suspeitos. A imensa obra criativa (literária, litúrgica, artística) das três religiões do Livro se solidificou ao abrigo da palavra. Será maravilhoso alguém ensinar e educar os adolescentes por meio da filosofia, ajudá-los a aprender o sentido das palavras, amparando-as contra a insignificância ou o sem-sentido.

---

[56] NIETZSCHE, Friedrich. *Humano, demasiado humano*. Madrid, Marte, 1988, pp. 19ss.
[57] SANTO AGOSTINHO. *Sermão 293*, 3.

9. LINGUAGEM: POBRE OU RICA?

A linguagem e a realidade estão separadas. O sucesso se apóia em que se correspondam ou se aproximem, como acontece no âmbito da metáfora e da poesia. A linguagem é como a forja da razão e da consciência humana. A antropologia, a psicologia, a filosofia e a neurolingüística lhe atribuem a capacidade de configurar a identidade do ser humano, que se socializa e progride pela palavra. Mas, por outro lado, a linguagem foi e continua sendo instrumento para nos afastar da realidade, para perverter a ordem por meio do engano ou da manipulação ideológica. Na palavra confluem todas as adesões que estimulam a esperança na comunicação, pois não se pode descartar uma evidência: a linguagem nos une, mas as línguas nos separam.[58] Não existe, segundo a conclusão de Wittgenstein, "forma concebível de se colocar entre a linguagem e o mundo e descobrir se existe um ajuste geral entre eles". No entanto, a linguagem é instalação em uma forma de vida que torna possível um acordo de vontades racionais ou livres. O inimigo dessa forma de vida, desse acordo de vontades, é a ambigüidade.

A ambigüidade de sentido que os sofistas conferiam às palavras fica manifesta quando, em *Górgias*, Sócrates estabeleceu que era mais belo sofrer injustiça que cometê-la, ao que Cálicles contestou: "O que tu dizes, Sócrates, é verdade segundo a lei, mas não segundo a natureza". Deve-se, pois, precisar as funções da linguagem: as quatro funções *i* (começam com a letra i) e as três funções *c* (começam com a letra *c*). Ao primeiro grupo pertencem as funções interjetiva, imperativa, informativo-indicativa e interrogativa; procuram manifestar sentimentos, influir no comportamento daqueles aos quais nos dirigimos mediante o desejo, o pedido, a ordem, o convite. O segundo grupo compreende as funções comunicativa, comemorativa e cognitiva. A primeira se refere ao sucesso da linguagem que conecta os indivíduos entre si, tornando possível a colaboração; a segunda se refere à capacidade de transformar os conhecimentos obtidos em um inventário de lembranças que pode se reproduzir a qualquer momento; a terceira função insiste na contribuição da linguagem para o processo do conhecimento quando representa a realidade.

A busca etimológica das palavras é como uma mosca que deixa os adolescentes cheios de curiosidade. E quando o professor explica o

---

[58] MACEIRAS FAFIÁN, Manuel. *Metamorfosis del lenguaje*. Madrid, Síntesis, 2002, p. 14.

sentido das palavras, as relações se invertem secretamente: aquele recebe mais do que dá. Atrevemo-nos a garantir que é um exercício excelente para consolidar, apesar da diferença de idades, a união dos espíritos.[59] O caso de *Anna O.* (na realidade, Berta Pappenheim), de 21 anos, que foi tratada pelo doutor Breuer, amigo e protetor de Freud. Nesse caso, a paciente conta com detalhes o aparecimento de um dos sintomas, o que faz com que tais sintomas desapareçam. Consciente deste fato, a paciente continua narrando cada um de seus sintomas: é o que se chamou "cura pela palavra" (*talking cure*). Mas como muito bem ressalta Laín Entralgo, essa terapia já tivera seus precedentes na Antigüidade: a riqueza de linguagem representava garantia terapêutica e a penúria lingüística anunciava sinais enfermiços de riqueza ou pobreza de pensamento.[60]

10. ITINERÁRIO CONCEITUAL DO CAPÍTULO II: A PERGUNTA COMO ORIENTAÇÃO NA VIDA

a) Valor e uso da pergunta na aula e na vida

- A pergunta adequadamente formulada proporciona o mínimo para saber a que nos atermos; parte da dúvida sem ficar nela.
- A pergunta é a única forma de receber mais do que podemos: prepara e abre nosso futuro.
- Ao filosofar, produz-se uma revolta contra o tempo em forma de fascinação e pergunta, um atalho que vai da perplexidade ao desacerto momentâneo.
- *As evidências e as concordâncias casam mal com a filosofia: quem tudo entende é porque está mal informado.*
- Quando alguém pensa, tenta pesar a realidade na qual está e que freqüentemente lhe é adversa: trata-se de uma contenda entre o entender, o conhecer e o compreender.
- As perguntas são inevitáveis para viver.
- Diante das perguntas que nos fazem podemos responder com o desacerto; mas, diante das que nos fazemos, costuma assomar o desconcerto.

---

[59] GUITTON, op. cit., p. 113.

[60] LAÍN ENTRALGO, Pedro. *La curación por la palabra en la antigüedad clásica*. Madrid, Revista de Occidente, 1958. Cf. MUNICIO MARTÍN, Angel. Psicología del habla. *Ciencia y sociedad*. Fundación Banco Central-Hispano, 1998, pp. 297-325.

- Cada vez mais o pensamento habita como em um descampado: basta ver a escola, a família, a rua.

b) O adolescente busca orientar-se em "sua" vida

- Na aula acontecem diariamente gritos de silêncio por parte de alunos com problemas latentes incrustados em rostos patentes.
- Precisam aprender a usar o pensamento: é a tarefa primordial. Mas, ao mesmo tempo, canalizar sua afetividade.
- As perguntas são diferentes nas diversas etapas da vida.
- Custa muito aos educadores tirar dos adolescentes os preconceitos, os mal-entendidos, algumas crenças errôneas e até o dogmatismo da ciência.
- Resultado? Não deixamos espaço para a dúvida metódica da verdadeira aprendizagem, para a pergunta, e, portanto, fechamos portas para que não entre uma baforada de ar através, inclusive, do *silêncio*.
- O pensamento, matriz da pergunta, é o que pesa e avalia a vida pessoal.
- O pensamento luta por um encontro com essa realidade radical que é "minha vida": não tanto o biológico quanto o biográfico.

c) As únicas, mesmas e eternas perguntas

- Todo pensamento se organiza em *perguntas* incrustadas na fala, que possui três momentos: *chamada, expressão e representação*. Nos três casos, há uma função libertadora.
- Na fala, a palavra constrói e mantém a comunidade. Uma sociedade que despreza a palavra é uma sociedade em decomposição.
- A violência de nossa sociedade impregna nossa linguagem.
- Não aprendemos totalmente nem para sempre que as palavras são receptáculo precioso de sentido.
- O sentido está mais na pergunta que na afirmação ou na negação, isto é, mais que no juízo: a pergunta bem-feita abre a inteligência, mas o juízo, embora a tranqüilize, informe e inunde, não a abre mais.
- Não esqueçamos da *definição* das coisas, que é o objetivo do diálogo, isto é, saber o que as coisas são para nos atermos à sua realidade.
- O interesse começa na pergunta, de *percontor* (etimologicamente, "afundar muito") ou *quaero* (etimologicamente, "buscar antes de

tudo"), pois todo interesse é desejo, todo desejo impõe uma pergunta e toda pergunta solicita preencher um vazio que nem sempre se realiza na resposta esperada.

- A pergunta pertinente é sinal de inteligência.
- Os professores, os pais, os tutores, nunca poderão implicar os alunos se não a partir de uma pergunta.

d) O que resta a fazer...

- A filosofia nasceu como diálogo. E para isso coopera com outras disciplinas que são ministradas aos alunos.
- Pode-se ensinar o *saber* daquilo que há nos livros, mas quando se trata de aprender a *ser* não há uma verdade concluída que venha de fora, e isto é justamente o que torna necessário o diálogo que, em seu primeiro momento, será acompanhamento.
- Por isso mesmo, o ensino da filosofia procede de uma transformação, isto é, o professor não entra na classe para ensinar um novo saber, mas para fazer compreender até que ponto seus alunos deveriam, às vezes, se conformar com o já sabido.
- É certo que os adolescentes, quando chegam à aula, sempre aprendem algo, mas às vezes não sabem por quê, nem para quê.
- Platão comparava os filósofos com os "amigos de olhar", e Ortega elabora parte de sua filosofia com o título original de *O espectador.*
- Os "objetivos" e as "funções" da ética e da filosofia não são quantificáveis, mas qualificáveis: não têm rendimento econômico, mas moral; valem por si mesmos.
- Então, o que resta a fazer? Ensinar os adolescentes a aprender por si, a se habituar a pensar, perguntando-se.
- Ensinar-educar é busca de verdade e de sentido da vida.
- Ensinar-educar é também inovar: é desconsolador comprovar como gastamos mal nossa força mental sem que ninguém nos haja ensinado a utilizar os instrumentos de pensar.

e) Pensamento e pergunta

- Lembre-se: para a filosofia, no princípio era o diálogo. E, portanto, imprescindível a *linguagem.*

- Todo perguntar supõe que o objeto de minha pergunta se apresente a mim como incógnita, ausência e, finalmente, como problema que precisa de explicação.
- Porém, quando estamos cheios de preconceitos, nossas perguntas se tornam desagradáveis, e as respostas dos outros não se deixam escutar.
- A pergunta é necessidade problematizada, daí, tem o direito de esperar uma resposta satisfatória.
- O valor da *pergunta* está em interpelar o interlocutor e interiorizar sua resposta.
- Quando perguntamos, acontece uma antecipação de luz enquanto chega a resposta do outro. O professor sabe bem que as perguntas de seus alunos o fazem aprender: matizar, questionar a si mesmo, conectar-se com outros saberes, ampliar a resposta com outras experiências de pessoas, lugar e tempo.
- O aluno, cidadão de dois mundos: o real efetivo e o ideal utópico (Kant).
- Porém, a pergunta parte de um duplo pressuposto: o *desejo de saber* e a *dúvida*, que *são necessários* e *têm solução*.
- Além do modelo platônico de dúvida que provoca toda pergunta e anuncia o conhecer, aconteceram na história da filosofia outras duas classes: a dúvida metódica de Descartes e a dúvida cética de Hume.
- Como podemos ver, a condição humana dubitativa nos adverte de que, na filosofia, não há paz perpétua: o unânime é a pergunta, a qual nos mantém alerta.

f) Atenção ao pensamento (*nosoterapia*) e à palavra (*logoterapia*)

- Os vocábulos gregos *nosoterapia* e *logoterapia* significam, literal e respectivamente, "atenção ao pensamento" e "atenção à palavra"; um e outra constituem a trama da vida pessoal.
- Pensar é uma atividade que o homem faz *por algo* e *para algo*. Pensamos porque há uma realidade que *nos é* adversa e à qual chamamos "problema".
- E *o que é um problema?* É um assunto que precisamos resolver para continuar vivendo em paz, para continuar em frente nossa vida. E para isso nos foi dada a capacidade de pensar.

- A maioria das palavras que usamos possui vários sentidos, entre os quais o pensamento oscila: se não são esclarecidas, acabam sendo lamentáveis para o pensamento e inúteis para a ação.
- Finalmente, o pensamento não se sustenta a não ser por um combate: aí estão como amostras o "parece que" e o "pelo contrário" escolásticos. A academia platônica havia se edificado sobre os fundamentos diferenciadores do *ser* e do *parecer*; a filosofia kantiana sobre o *fenômeno* e o *noúmeno*; e a "Escola de Madrid" sobre a *circunstância*, a *idéia* e a *crença*.
- O peso da *crença*: não há pensamento nem conhecimento sem crença; mas toda atividade de conhecimento e toda crença têm sua própria coloração. Criamos grande parte do mundo exterior a partir dessa realidade interior que modulamos com experiências e hábitos da educação recebida.
- Junto com um pensamento racional voltado para dentro, precisamos do pensamento que raciocina voltado para os outros, para as palavras; um e outras impregnados de afetividade.
- Assim, *nosoterapia* e *logoterapia*, para que surtam efeito, competirão sem solução, e a linguagem dará a ordem de saída.

g) O que começou na Grécia chega até nossos dias

- A filosofia nasceu na Grécia a partir dos valores de uma *pergunta* sobre a realidade ou a natureza que *existe* e *é gerada*: para respeitá-la, conhecê-la e aceitá-la ou, se possível, dominá-la, mas nunca para o sonho de mudá-la.
- E toda pergunta é uma trama de palavras.
- E um ensino-educação é impensável sem o bom uso da palavra.
- A primeira vez em que no pensamento ocidental se empregou o método filosófico, foi valorizando-o como recurso terapêutico (etimologicamente "atenção a": *therapein*, em grego) em favor de uma inteligência que busca e espera.
- Nisso consiste a terapia: a cura terapêutica da filosofia, por meio do pensamento posto em comum e contrastado; o diálogo é o resultado dessa "atenção a" ou escuta.
- Porém, a terapia não se resume somente em curar o outro, mas também em curar a si mesmo.
- Também Sócrates havia se interessado por cuidar das mentes...

- A pergunta inicia e mantém o diálogo.
- Mas Platão tentava demonstrar a impossibilidade de qualquer das respostas satisfazer plenamente a pergunta.
- O diálogo platônico nos ensina que, quando perguntamos a alguém, não é a esse tal, mas a nós mesmos que perguntamos. Também Rousseau, Voltaire, Kant, Freud, Fliess etc.

h) A palavra humana: poder e impotência

- A linguagem é quase sempre insuficiente: somente pode se ocupar significativamente de um segmento da realidade.
- As palavras sozinhas marcam, enfeitam, mas não mudam a realidade, a dissimulam; o que muda é nossa maneira de percebê-la.
- Por isso, recorremos à *metáfora*, que enriquece o pensamento e tenta apreender a realidade.
- Metáfora é uma palavra que mede uma natureza sem medida, fazendo-a mundo pessoal.
- Em todos os aspectos de nossa vida, desde o amor até a ciência e a política, definimos a realidade, mas não totalmente.
- Como as palavras — poderosas ou impotentes — se postam entre a realidade e nós, temos que ser precavidos: "Aqueles que pervertem a linguagem prejudicam a pólis".
- Será maravilhoso alguém ensinar e educar ajudando a aprender o sentido das palavras, amparando-as contra a insignificância ou o sem sentido.

i) Linguagem: pobre ou rica?

- A linguagem e a realidade tentam caminhar juntas.
- Na palavra confluem todas as adesões que estimulam a esperança na comunicação.
- O inimigo de qualquer forma de vida é a ambiguidade da linguagem.
- As funções da linguagem devem ser precisadas: as quatro funções i (começam com a letra i) e as três funções c (começam com a letra c).
- A busca etimológica das palavras é como uma mosca que deixa os adolescentes cheios de curiosidade. E quando o professor explica o sentido das palavras, as relações se invertem secretamente: aquele recebe mais do que dá.

PROPOSTAS DIDÁTICAS

Cf. textos – pp. 64-65: "Sentido da vida" (Timothy Radcliffe) e questionário; a) Descartes, b) Hume, pp. 70-71.

Caso n. 6: "Suzana", p. 153.

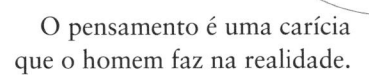

CAPÍTULO III

A pergunta sobre as coisas

> O pensamento é uma carícia
> que o homem faz na realidade.
>
> ORTEGA Y GASSET

1. PENSAMENTO E REALIDADE: O QUE SE DEVE APRENDER E SABER

Sócrates tinha presente que toda comunicação tem um limite: aquele que os outros nos impõem. Na comunicação as palavras não entram nuas, mas revestidas de pareceres e sentimentos, esse vestido sentimental verdadeiro ou falso da linguagem e, portanto, do pensamento. O que não quer dizer que demos crédito àquela revolução filosófico-lingüística que no século passado desacreditou o significado das palavras; impõem-se um mínimo respeito, uma pequena dose de humildade.[1] "As palavras dizem o que dizem, o que sugerem e o que calam, dando lugar a espaços de silêncio, para que neles habite quem lê ou escuta. São espaços do foro íntimo, e é lá onde se percebem as palavras verdadeiras"[2] que às vezes não se baseiam em conhecimento de opinião nem de razão, mas de situação e intuição. Quando a captação da realidade dilata o conhecimento, alarga-se a verdade. Mas há mentes tão tênues e diminutas que só vivem das avaliações coletivas aprendidas e recebidas, e que depois, inseridas no caráter, se tornam difíceis de ser mudadas. São mentes que mesmo na solidão continuam se alimentando de puros lugares-comuns onde se torna escasso o senso comum, como sem juramento declara e inicia Cervantes seu *D. Quixote*:

---

[1] Cf. um breve mas completo e importante estudo sobre a linguagem e suas conseqüências na filosofia contemporânea em: MACEIRAS FAFIÁN, Manuel. *Para comprender la filosofía como reflexión hoy*. Estella, EVD, 1994, pp. 75-104.

[2] JIMÉNEZ LOZANO, José. Cuando admiramos. *ABC*, Madrid, 5 maio 2001.

O que podia engendrar o meu estéril e mal cultivado gênio, senão a história de um filho seco, avelanado, caprichoso e cheio de pensamentos vários e nunca imaginados de outro alguém, como quem se gerou num cárcere, onde toda incomodidade tem seu lugar e onde todo ruído triste faz sua morada?.[3]

Com efeito, há três graus de conhecimento. Primeiro,

conhecimento de opinião ou de imaginação, cujas idéias são produzidas pelo contato entre o corpo humano e outros corpos sem que sejam derivados por dedução de outras idéias: neste grau ou gênero, digo expressamente que a mente não tem um conhecimento adequado de si mesma, mas somente confuso.[4]

A falsidade costuma se alimentar desse gênero de conhecimento.

O segundo grau compreende idéias adequadas; é um nível da razão, é necessariamente verdadeiro uma vez que está alveolado em idéias apropriadas, que são as consideradas sem relação com o objeto e têm todas as propriedades ou sinais intrínsecos de uma idéia verdadeira.

Embora seja conhecimento científico, está ao alcance de homens e mulheres capazes de compreender de forma abstrata algumas verdades fundamentais e evidentes por si mesmas. "O terceiro grau de conhecimento é o que chamo ciência intuitiva"; exige passar pelos dois graus anteriores. A mente não capta os fenômenos individuais de maneira isolada, mas em relação com Deus: "Como todas as coisas são em Deus e são concebidas através de Deus", conclui-se que o conhecimento do primeiro gênero passa pelos sentidos e pelos sentimentos, e se caracteriza por sua subjetividade de caráter fortuito e imediatista; ao conhecimento do segundo gênero correspondem as ciências e a técnica: é superficial.[5]

Porém, embora a realidade exista sem nosso conhecimento e a verdade não exista sem ele, não deve ser o sujeito quem impõe a realidade, mas se adapta a ela reconhecendo-a como é, de forma parecida à luva que se ajusta à mão. Impera o subjetivismo quando a inteligência prefere poupar o esforço, ou o desgosto, de ver as coisas como são, e decide colorir a reali-

---

[3] Cervantes, Miguel de. Prólogo. In: *D. Quixote*.
[4] Spinoza, Baruch. *Ética*, parte II, prop. 29, nota. Cf. também parte V, frase 3.
[5] Tournier, Michel. *Le vent paraclet*. Paris, Gallimard, 1977, pp. 226ss.

dade segundo seus próprios caprichos: então a verdade já não é descoberta nas coisas, mas é inventada interesseiramente a partir delas. Mas aquele que vive segundo seus interesses exclusivos costuma carecer da fortaleza necessária para enfrentar o compromisso da verdade. E quem apostou em rechaçar a verdade porque, segundo alardeia, "não se deve ser dogmático", acaba sendo um dogmático do "vale tudo"; ou, o que é a mesma coisa, "eu sou a verdade", isto é, "viva eu e pereça o mundo". O pensamento, ao se encontrar com a circunstância do pensador, tinge a realidade: daí, nossa responsabilidade. Não se trata de nosso pensamento que raciocina produzir a realidade ou a inventar, o que seria vão idealismo kantiano: "Só conhecemos *a priori* das coisas o que nós mesmos colocamos nelas";[6] ou, como ele diz em outro lugar, "a razão só reconhece o que ela mesma produz, segundo seu esboço". Trata-se de forjarmos os significados que damos à vida pessoal. Por isso, filosofia, ética e psicologia são ao mesmo tempo tarefa filosófica e serviço à humanidade. Costuma-se dizer que o louco e o santo se parecem como duas gotas de água. Mas enquanto o primeiro diz a verdade para seu proveito, o segundo a enuncia remetendo-a a seu destinatário, como se lhe enviasse um envelope com um endereço dentro: "Eu digo a verdade, portanto não estou louco", diz o louco; "eu digo a verdade, mas não sou verdadeiro", acrescenta o santo.

Tomás de Aquino disse que

> [...] o entendimento prático causa as coisas, pelo qual é medida das coisas que por ele são feitas; mas o entendimento teórico [...] é movido [...] pelas mesmas coisas, e assim, estas são sua medida. Por aí se vê que as coisas naturais [...] são medida de nosso entendimento. Este é medida e não tem medida; a coisa natural mede e é medida; o entendimento tem medida e não é medida das coisas naturais, mas somente das artificiais.[7]

Fixar e esclarecer o pensamento não é fazê-lo real: "O homem imagina uma figura ou modo de ser a realidade; supõe que é tal ou qual, inventa o mundo ou um pedaço dele. Nem mais nem menos que um romancista no que diz respeito ao caráter imaginário de sua criação".[8] Ninguém pode mudar o mundo com seu pensamento, exceto o pensa-

---

6 KANT, Immanuel. *Crítica da razão pura*, Prólogo à segunda edição, B. XVIII.
7 SANTO TOMÁS DE AQUINO. *De veritate*, a. 2.2.
8 ORTEGA Y GASSET. *Ideas y creencias*. Madrid, Espasa Calpe, 1976.

mento mesmo. Assim, a filosofia e a psicoterapia devem fixar sempre a posição do aluno diante da realidade e sua relação com ela e conseguir a mudança da pessoa, não do mundo, pois a saúde mental consiste numa mudança pessoal diante da realidade:

> O pensar bem consiste ou em conhecer a verdade ou em dirigir o entendimento pelo caminho que conduz a ela. A verdade é a realidade das coisas. Quando as conhecemos como são em si, alcançamos a verdade; de outro modo, caímos no erro. [...] Se desejamos pensar bem, temos que procurar conhecer a verdade, isto é, a realidade das coisas.[9]

Como nosso pensamento busca contatos com a realidade física e pessoal, é necessário que as perguntas sejam colocadas em comum, não tanto para fazer um consenso entre metade de perguntantes e respondentes, mas porque apenas sabemos por definições essenciais de toda a criação. Que o professor mantenha sempre o frescor de tal consideração é um bem para os seus alunos. A filosofia coopera por mérito próprio no trabalho psicoterapêutico: propõe-se a técnica de "anulação fictícia do caráter de realidade" ou de "colocar entre parênteses" a fim de saber em que consiste propriamente a realidade. E só o realizamos por meio do pensamento. Quando nossa tarefa docente consegue impregnar essas idéias nos alunos, assimilamdo-as, então se transformam em crenças e o processo educativo está garantido, pois a crença não é somente passiva, mas ativa, isto é, criação.

2. O ÂMBITO DO PENSAMENTO

Só o *pensar que raciocina* pode resolver ou fazer-nos olhar os problemas que se nos apresentam. E isso, apesar de que "nada o homem teme tanto", disse Kant, "como achar-se diante de seu próprio exame desprezível e repugnante". O pensamento é como uma balança e crisol da vida pessoal, porque considera e reflete quanto precisamos para saber o que fazer.

A missão do pensamento é refletir o mundo das coisas, acomodar-se a elas de um ou outro modo; em suma, pensar é pensar a verdade.

---

[9] BALMES, Jaime. El criterio. In: *Obras completas*. Madrid, La Editorial Católica, 1948, p. 553, tomo III.

Por um lado, nasce o pensamento como necessidade vital do indivíduo e está regido pela lei da utilidade subjetiva; e, por outro, consiste precisamente em uma adequação às coisas, imperando a lei objetiva da verdade. Porque pensar é colocar diante de nossa individualidade as coisas como elas são.[10]

Distinguir, separar, relacionar, definir pensamento e realidade, pensamento e sentimento, realidade pensada e realidade sentida: eis toda uma trama que responde o quanto a filosofia contribuiu ao longo da história. E é tudo o que interessa ao aluno.

Chama sempre a atenção tanta beleza do texto bíblico: "Observei a tarefa que Deus impôs aos homens, para que nela se ocupassem. As coisas que ele fez são todas boas a seu tempo" (Ecl 3,10-11); deu-lhes o mundo para que pensassem. E santo Agostinho comenta: "Nada há mais veloz que o pensamento; tem asas incríveis; se desapega do coração e sobe para a língua; o mal, antes de ser dito, é pensado. Não te detenhas aí. Insinuou-se o pensamento: fuja, saia daí, não fique aí".[11] "Grandíssimo combate são os pensamentos. [...] Receber os golpes dos muitos pensamentos. [...] Não assustar os pensamentos": eis toda uma experiência confiável, de esforço e de remédio.[12]

Todo exercício filosófico que não proporcione colocar em ordem o âmbito do pensamento é inútil. Ensinar a pensar não é somente ensinar a deduzir,[13] mas também a suscitar atitudes, pois está claro que não basta pensar a própria vida se não está em relação com a realidade total, que é mais que a vida pessoal. Pois bem, o pensamento trabalha sobre a vida pessoal e a realidade total.

---

[10] ORTEGA Y GASSET. *El tema de nuestro tiempo*. Madrid, Espasa Calpe, 1980, tomo IV.

[11] SANTO AGOSTINHO. *Sermão 77*, 3.

[12] SANTA TERESA DE JESUS. *Livro da vida*, caps. 21; 5; 13; 9; 39.

[13] Muitos conceitos e juízos não são contraditórios, mas contrários, por exemplo, otimismo/pessimismo, branco/preto, que se colocam nos extremos de uma escala na qual há muitas posições intermediárias. O mesmo pode-se dizer do binômio autoridade/liberdade. Posto que se trata de contrários, não se pode decidir de uma vez por todas que uma educação tenha que ser regida pelo princípio de autoridade ou pela liberdade absoluta. Devemos sim examinar, em cada situação, em que grau se torna operante um princípio ou outro, o que não quer dizer que se opte por um justo meio ou caricatura da verdade: não, a verdade é ela mesma, não se define como combinação dos extremos, mas são estes os que se definem como um deslocamento da verdade. Cf. BOMBACI, Nuzio. *Emanuel Mounier: una vida, un testimonio*. Madrid, Fundación Emmanuel Mounier, 2002, p. 41.

a) O que é pensar?

Pensar é captar no ar uma idéia, fazer alguma coisa com a circunstância que me aparece: viver. Pensar é pesar — do latim *pensare* —, justificar ou dar razão de quanto se faz, se diz ou se silencia: seja para tomar uma decisão, seja por simples contemplação de uma idéia, lembrança e projeto. E embora a razão não se encerre na arte de raciocinar, ela "é a faculdade de ordenar convenientemente todas as capacidades de nossa alma para a natureza das coisas e suas relações conosco. O raciocínio é a arte de comparar as verdades conhecidas para construir outras verdades que se ignoravam e que esta arte nos faz descobrir".[14] Assim, pois,

> O que é pensamento? Como entra em conexão com o seu objeto, como se subordina a ele? E por que meios se transforma em criativo, por que tipo de busca penetra no íntimo das coisas? Parece-me que um verdadeiro pedagogo nunca deve se separar de um filósofo. Fatalmente, ao estudar o método para pensar bem, alguém encontrará novamente o mistério do pensamento, e é assim que a pedagogia reencontra a filosofia. O caráter relativo de nossos juízos é a origem do trabalho de pensar.[15]

Ou então:

> Entender, compreender a vida mesma como realidade radical não é possível senão passando da lógica abstrata, da lógica da identidade, fundada na idéia do ser, para uma lógica do pensamento concreto, órgão da relação pensante com a realidade, com uma teoria das "formas de situação" [...], uma teoria das "formas de conexão" e, portanto, das possibilidades [...] de fundamentação.[16]

Já podemos ver que o pensamento é responsabilidade e, precisamente por isso, esforço e tensão: "O pensar é como o percurso de uma

---

[14] ROUSSEAU, Jean-Jacques. *Cartas a Sofia*. Ed. de M. Villar. Madrid, Aliança, 1999, p. 97.

[15] GUITTON, Jean. *Nueva arte de pensar*. Madrid, Encuentro, 2001, pp. 18; 26. Segundo Manuel Bartolomé Cossío, "de acordo com a tradição mais autêntica, aquela que parte de Sócrates e Platão, a pedagogia se confunde com a filosofia, e toda filosofia autêntica é [...] pedagogia". *La educación en España*. El Colegio de Méjico, 1945, pp. 697ss.

[16] MARÍAS, Julián. Idea de la metafísica (1954). In: *Obras completas*. Madrid, Alianza, 1982.

flecha: sua meta, a visão ou adivinhação da meta, condiciona já o fato de dispará-la e seu trajeto no espaço. O que importa é apontar, atingir o alvo, aproximar-nos dele o mais e melhor que pudermos".[17]

Se o homem funciona como um todo, seus desejos serão controlados e dirigidos por seu pensamento. A virtude moral consiste fundamentalmente no controle da dimensão volitiva do ser humano pela dimensão pensante do mesmo. Trata-se, portanto, de adquirir o hábito de encontrar um meio-termo, não abstrato, mas pessoal: "Parece próprio do homem prudente o poder discorrer bem sobre o que é bom e conveniente para ele mesmo, não num sentido parcial, por exemplo, para sua saúde e força, mas para viver bem em geral".[18]

Porém, todo pensamento, conduzido bem ou mal, é ativo por natureza. E se há dificuldade para *pensar,* haverá problemas para *dizer* e será necessário o perguntar. A ausência de perguntas revela uma ignorância militante, imobilista; o que circulariam, então, seriam as frases feitas, os pensamentos estigmatizados. Estamos tão invadidos de informação icônica, de mensagens óticas, táteis e auditivas que um pensamento pessoal, livre, é uma bravura. Construir e ordenar conceitos, proposições e problemas são exemplos de pensamentos. Nosso pensamento pode ser visual (utiliza imagens), verbal (utiliza palavras) e abstrato (utiliza fórmulas), caótico ou ordenado, criativo ou rotineiro. Por isso, porque cria pensando e perguntando, é como um mendigo.

O exercício ordenado do *pensamento* se chama razão. Aristóteles considerava o pensamento uma marcha progressiva do homem para si mesmo. Quando alguém fecha os olhos tem a impressão de retroceder para o interior de si, onde são guardados o passado (a memória), o presente (a realidade) e o futuro (a ilusão*). Nada mais pessoal no homem que o pensamento, inteligência interiorizada, muralha protetora, "dois em um", "calado diálogo interior da alma consigo mesma e com os outros em busca da verdade",[19] revisão das próprias crenças, berço que embala nosso sonho, exercício que pode submeter-se à prova e reconsiderar as opiniões para cerceá-las e transformá-las em horizonte de possibilida-

---

[17] ECHEVERRÍA, José. *Aprender a filosofar preguntando com Platón, Epicuro, Descartes.* Barcelona, Anthropos, 1997, p. 77.
[18] ARISTÓTELES. *Ética a Nicômaco,* VI, 1140a.
[19] PLATÃO. *Sofista,* 263e; *Teeteto,* 189e – 190a.

des. Pensar é titubear para sair da dúvida e voltar ao certo; é responder à realidade que sentimos, que nos afeta, que cortejamos ou rejeitamos. Como afirmou Einstein:

> O homem tenta criar para si, do modo que mais lhe convém, uma representação simplificada e inteligível do mundo: depois procura, até certo ponto, substituir este universo pessoal pelo mundo da experiência e, desse modo, vencê-lo. [...] Cada um faz desse cosmos e de sua construção o eixo de sua vida emocional, para encontrar dessa forma a paz e a segurança que não encontram no estreito redemoinho de sua experiência pessoal.[20]

Ou, como disse Bertrand Russel: "O fato de as leis do universo se expressarem em forma de equações matemáticas não prova absolutamente que o mundo seja harmônico; a única coisa que prova é a habilidade dos físicos" (*O espírito científico*). Ou resumidamente, a ciência somos nós. Assim, o acervo de perguntas abasteceria de humildade a ciência, pois faz progredir mais o mundo do homem que o homem do mundo, e produz mais quantidade que qualidade de vida.

Porém, o pensamento, cujo primeiro fruto é um conhecimento impresso na mente, tem que sair fora de si, porque nenhum saber se alimenta de si mesmo; tem que irmanar idéia e realidade. Descartes afirma: "Nas ciências, efetivamente, não há talvez uma pergunta sobre a qual os sábios não estivessem freqüentemente em desacordo. [...] Quando não há lugar mais que para opiniões prováveis, é impossível adquirir um conhecimento perfeito, porque não podemos sem presunção esperar de nós mesmos mais do que os outros conseguiram".[21] O que quer dizer que precisamos dos outros para determinar nossa opinião, para nos aproximarmos da certeza, mas sem que ela possa constituir critério de verdade, pois do fato de que algo não é certo não se deduz necessariamente que seja falso. Por que estranho? "Pois, em coisa que enquanto é má ou boa/ enquanto a fabrica o pensamento,/ será bom que funde glória ou pena?"[22]

---

[20] EINSTEIN, Albert. *Mi credo humanista*. Buenos Aires, Leviatán, 1991.
[21] DESCARTES, René. *Regras para orientação do Espírito*.
[22] Rey de Artieda (1549-1613).

b) Kant se sentia tão inseguro quanto desesperado diante da ciência. Seu texto nos dará o que pensar e dialogar (atenção ao itálico)

A metafísica, conhecimento especulativo da razão, completamente isolado, que se levanta inteiramente acima do que ensina a experiência, com meros conceitos (não os aplicando à intuição, como faz a matemática) onde, portanto, a *razão deve ser discípula de si mesma*, não houve até agora a sorte de poder *tomar o caminho seguro da ciência*. E isso apesar de ser mais antiga que todas as outras. [...] efetivamente, na metafísica, *a razão se atola continuamente*, inclusive quando, achando-se diante de leis que a experiência mais ordinária conforma, ela se empenha em conhecê-las *a priori*. Incontáveis vezes deve voltar atrás na metafísica, uma vez que percebe que o caminho não conduz para onde se quer ir. E pelo que cabe à unanimidade do que seus partidários afirmam, está ainda tão longe de ser um fato, que mais é um campo de batalha que parece destinado a exercer as próprias forças numa luta onde nenhum dos combatentes conseguiu jamais conquistar o menor terreno nem fundar sobre sua vitória uma possessão duradoura. Não há, pois, dúvida de que seu modo de proceder consistiu, até agora, em um mero andar às apalpadelas e, o que é pior, à base de simples conceitos.[23]

E as perguntas vêm ao nosso encontro na aula:

- Por que "a razão é discípula de si mesma"?
- Por que "a ciência é o caminho seguro"?
- Por que "a razão se atola continuamente, como num campo de batalha"?
- Por que a razão "se move às apalpadelas", sendo que o homem necessita das idéias as quais ela "postula"?

Como podemos ver, Kant relega a razão a um segundo plano, mas por imperativo de seu entendimento pensador! Apesar disso, não deve desanimar nem nos conduzir a caminhos de desconfiança em nosso pensamento. Novamente a modéstia se apresenta: é nosso destino e não o marco de nossa impotência. Por isso, o pensamento é interrogador: "Apaixonado pelos interrogantes", como disse Sócrates, que censurava a

---

[23] KANT. *Crítica da razão pura*, prólogo à 2. ed., B. XI.

si mesmo, em *Menon*, por haver deixado escapar, durante o processo de investigação sobre a virtude, que "não é só com a guia do conhecimento que os homens realizam suas ações corretamente e bem" (96e), uma vez que, se alguém tem uma opinião verdadeira sobre alguma coisa, será útil para os outros como aquele que tivesse verdadeiro conhecimento. "A opinião verdadeira, em relação com a retidão do agir, não será pior guia que o discernimento; e é isto, precisamente, o que antes omitíamos ao investigar como era a virtude, quando afirmávamos que somente o discernimento guiava corretamente o agir. Com efeito, também pode fazê-lo uma opinião que é verdadeira" (97c). O fato de a ciência ser, no entanto, mais valorizada que a opinião verdadeira é devido a que aquela é um conhecimento mais fundamentado, menos fragmentário, mais estável, qualidades que faltam à opinião verdadeira.

O *pensamento* é quanto fazemos para nos orientar na vida: "É maneira de amor, que vive de palavra, de sociedade, de companhia entre homens";[24] é a representação de uma idéia e seu modo em forma de juízo ou de raciocínio; é, finalmente, garantia da felicidade enquanto conformidade do que cada um é com o que pretende ser, do ser com o dever ser, com o bom desejar ou com a excelência do caráter que, como afirmou Aristóteles: "alcança até onde chega a faculdade de pensar, e quanto maior for a faculdade de pensar de uma pessoa, maior será sua felicidade; não como alguma coisa acidental, mas em virtude de seu pensamento, pois este é nobre por definição. Por isso, a felicidade tem que ser uma forma de contemplação". Assim, "racional" e "irracional" não se contrapõem de forma insolúvel (são conceitos contraditórios, não contrários), mas que indicam dois caminhos distintos de investigação da experiência humana: "Se o irracional está inserido no coração mesmo de nosso pensamento, é impossível abster-se deles"; "a irracionalidade é um chamado que incita constantemente a levar em conta o ser e a superarnos a nós mesmos". Há coisas que escapam à nossa razão porque são mistérios, mas não vão contra a razão. De fato, não há irracionais, mas *irracionáveis*, irredutíveis entre si.

Porém, *o que, como, por que, para que pensamos?* Porque temos problemas, isto é, coisas que precisamos resolver para continuar viven-

---

[24] D'Ors, Eugeni. *De la amistad y del diálogo*. Madrid, Residencia de estudiantes, 1919, pp. 43; 46.

do. Compreender uma questão problematizada é alcançar assuntos que resistem a ser captados por nossa inteligência. A consciência do "problema" representa o começo do pensar, essa atividade que, lembremos novamente Ortega, o homem faz por alguma coisa e para alguma coisa; pensar é, raras vezes, um jogo de entretenimento e, quase sempre, uma necessidade. Assim, o desenvolvimento do pensamento não é o resultado de um processo meramente cognitivo, mas também um assunto prático. Por isso, os alunos têm direito de saber que se nosso pensamento segue caprichosamente uma regra particular sem concordar com as leis da experiência, então caímos na mania; precisamente o enfermo psíquico é aquele que pensa com necessidades criadas pelo assédio de seu pensamento perturbado.

A possibilidade que a psicologia tem de julgar o transtorno da mente é equiparável à que a filosofia possui quando põe limites a algumas pretensões metafísicas. Em ambos os casos, a questão é que podemos dizer e conhecer que não é um mero sonhar acordado. Kant não pretendia fazer psicologia, mas buscar os critérios universais que nos permitissem distinguir e escolher qual era o conhecimento válido. Assim, a atonia mental, a desmotivação, a depressão — e, não digamos, a loucura — têm um fundo epistemológico, em especial, e filosófico, em geral; quando faz seu aparecimento não fica sem trazer o pensamento, relacionando nossas perguntas pensadas e a realidade dada, porque o pensamento sem a realidade trabalha em vão. Verdadeiramente, "o ofício de pensar é dos mais graves e perigosos sobre a face da terra, sob a abóbada do céu. É como o do aeronauta, o do marinheiro e o do mineiro. Ir muito longe explorando, muito acima ou muito abaixo: conserva ao redor a contínua ameaça da vertigem, do naufrágio ou do esmagamento".[25]

Como pensamos. Essa capacidade que nos foi dada, que temos, colocamo-la em marcha, isto é, pensamos usando o entendimento ou a razão que pensa para reconhecer evidências, analisar (definir, distinguir, separar, distanciar), sintetizar, enumerar os termos e as circunstâncias em que aparece um problema. Finalmente, quando o pensamento entende ou raciocina, resulta o único meio para submeter em seguida, com a vontade, nossas paixões à realidade, se esta pudesse ser mudada e, se não, aceita: quando não podemos mudar a realidade, somente nos resta

---

[25] Darío, Rubén. *Cabezas*. Madrid, Aguilar, 1958, p. 346.

mudar nossa maneira de vê-la. Quando não podemos mudar as coisas que produzem um problema, somente nos resta mudar nossa ótica e nossa atitude diante do problema.

3. O ÂMBITO DA REALIDADE

Há, porém, uma maneira especial de pensar que se chama conhecer, que supõe uma realidade que tem suas exigências, por exemplo, a pergunta sobre as coisas. Porque há um limite: "Até o ponto de não poder pensar sobre a realidade mais do que se percebe através dos sentidos".[26] Assim, junto com a necessária clareza de pensamento, os alunos devem se habituar a compreender as possíveis arestas da realidade. E sabemos distinguir a realidade de nossa interpretação da realidade? Não é a mesma coisa dizer "eu sou empregada doméstica" e "eu sou somente empregada doméstica", ou "sou varredor" e "sou somente varredor"?

A realidade do paciente, a maneira como ele e seu cérebro constroem seu próprio mundo, não se compreende com a mera observação de seu comportamento exterior. Além do enfoque objetivo do cientista, devemos empregar também um enfoque intersubjetivo e saltar "para o interior da consciência mórbida, tentando ver o mundo patológico com os olhos do próprio paciente".[27]

A interpretação, necessária, mas perigosa, é a morte do amor (entre esposos, amigos, companheiros, vizinhos) e a vida do romance. Neste caso, a interpretação é representação, teatro, espetáculo, réplica, mas não comunicação. A interpretação pode romper todas as relações: as do homem com Deus, as de Deus com o homem e as dos homens entre si. Se cada vida é uma interpretação particular da realidade, impõe-se um bom uso do pensamento.

---

[26] Santo Agostinho. *Confissões* (escrito em Milão no ano 386).

[27] Foucault, Michel. *An Anthropologist on Mars*. New York, Harper Perennial, 1987, p. VIII; Horgan, John. *La mente por descubrir*; como el cerebro humano se resiste a la replicación, la medicación y la explicación. Barcelona, Paidós, 2001, p. 363. Cf. Ortega Campos, Pedro. Es posible una comunicación objetiva en las ciencias sociales? *Boletín Informativo de la Sociedad Española de Profesores de Filosofía*, Madrid, out./dez. 1983.

a) Porém, o que é a realidade?

A realidade é o conjunto de seres, relações, propriedades e energias que estão aí independentemente de nosso pensamento e interesse. Nosso viver, pensar, e agir só podem estar fundamentados no real. Assim, a realidade é nosso fundamento definitivo: por ser última, fundamentam-se nela todas as demais características que podem ser ditas das coisas; em segundo lugar, é facilitadora, isto é, torna possível a eficácia, a capacidade da inteligência, ou seja, é efetiva; e, em terceiro lugar, é consistente, isto é, mantém as coisas em seu ser e em sua operação.[28]

E não acontece que freqüentemente a realidade vai por um lado e o pensamento por outro? Não me empenho em pensar ou interpretar minha vida e a dos outros como se minha interpretação fosse "a vida"? No entanto, a vida não existe; somente existem "minha vida" e a "vida de cada um". E a realidade é tudo aquilo com o que me encontro: distinto, distante ou próximo de cada um de nós. Não deve ser confundido o que se pensa com a realidade pensada, o que se vê com o que se deseja ver: "Quando você diz uma coisa que imaginou, e os outros lhe dizem que é precisamente assim, você acaba acreditando nisso também".[29] E a filosofia na aula tentará mudar a pessoa, não a realidade, e isto, quando se aprende com esforço e interesse, termina por se saborear. A pedagogia cartesiana guarda todo seu valor e porte: "Meus desígnios não foram nunca outros a não ser procurar reformar meus próprios pensamentos e edificar sobre um terreno que seja inteiramente meu. [...] Conduzir ordenadamente todos os seus pensamentos [...] (mas no bem percebido de) que nem todos os que pensam de modo contrário ao nosso são por isso bárbaros e selvagens".[30] A realidade se amplia quando o pensamento aumenta suas capacidades de conhecer, compreender, aceitar possibilidades e fazer-se responsável por escolher ou por rejeitar. É claro, poderia parecer que a clareza é mais um vício da razão humana que sua virtude, no entanto, uma idéia clara é uma idéia limitada e ninguém mostrou que nossa razão finita é medida exata da realidade.

Toda a preocupação das diversas culturas consiste em fundamentar a realidade, justificá-la, enriquecê-la. E embora o fim da vida seja a

---

[28] MARINA, José Antonio. *Dictamen sobre Dios*. Barcelona, Anagrama, 2001, pp. 149ss.

[29] Eco, Umberto. *Baudolino*. Barcelona, Lumen, 2000, p. 35.

[30] DESCARTES, René. *Discurso sobre o método*, II.

interpretação da realidade, a cultura que respiramos se orienta no sentido de dissimulá-la: tudo é interpretação, aparência, espetáculo, jogo de sentimentos, busca a qualquer preço de sensações fortes, pois, como diz a publicidade, "o que não se vende não existe". Os adolescentes, também os adultos, consideram um sucesso "aparecer na televisão", ainda que somente como público ou claque. Assim, se a televisão desaparecesse, muita gente iria se suicidar. Com efeito, a realidade é agora insuportável sem o traje do espetáculo; e não é insuportável porque é dura, mas porque não é objetiva. O caso é que toda evasão por meio do consolo de um pensamento desvinculado da realidade (New Age, gnosticismo, magia, práticas psicodélicas etc.), tem garantido um amplo mercado.

b) Arrogância diante da realidade

Se o espírito pós-moderno cometeu alguma desfaçatez, é a de sua arrogância diante da realidade, soberana e mestra absoluta, diante do real tal como acontece e nos é dado. Para o homem moderno, o fato de aparecer já não é o modo segundo o qual acontece a verdade do real. E assim, rejeitando a realidade tal como se apresenta diante dos nossos olhos, não se tenta formar uma razão modelada sobre a imagem do mundo, mas construir um mundo sobre a imagem da razão. Fica abolida a experiência, submisso o real e, em vez de escutar a natureza, obriga-se a natureza a responder às experiências do homem, amoldando-se aos seus desejos. O homem moderno, dono da ciência, celebra seu reencontro com a realidade no momento em que rompe com ela: fala com orgulho ou com tristeza de um *Deus escondido*, quando na realidade deveria falar de um *mundo escondido*, porque está se propagando uma desmaterialização do mundo sensível. Nessa conjuntura, o que surpreende é a pretensão do mundo moderno de ter abolido Deus. Na realidade, Deus não desapareceu, mas foi substituído por um homem que ocupa seu lugar. Daí, quem se confessa *a-teu*, não o é de modo algum; é *auto-teo*. O homem se constituiu Deus, construiu literalmente seu próprio deus, e este "deus autoconstruído" é o alimento de uma crença que tem, mas não o sustenta aparentemente. Não quer ter fé em Deus, mas demonstrá-lo, ou encontrá-lo sem buscá-lo, esquecendo que, como disse Pascal, a fé em Deus é assunto de sua graça e não do raciocínio.

c) Não basta ver, é preciso "saber" ver

O primeiro contato com a realidade é efetivo, isto é, interpretamos a realidade por meio de nossas necessidades e expectativas, porque a realidade é paisagem para contemplar e cenário de nossa atividade. Portanto, "não são as coisas mesmas que nos angustiam, mas nossa opinião sobre as coisas" (Epíteto). Santo Agostinho disse o mesmo em outros termos: "A falsidade não está nas coisas, mas no sentido; e não se engana aquele que não assente a coisas aparentes. Uma coisa somos nós, e outra, os sentidos: quando eles falham, podemos precaver-nos do erro".[31] A personalidade é um elenco de respostas (Wallace), um repertório básico de comportamentos (Staats). Muitas superstições e transtornos afetivos têm em sua origem uma crença falsa (Ellis, Beck), seja sobre as coisas ou sobre si mesmo. Eis algumas maneiras de raciocinar: "Se sou agradável, as coisas irão bem para mim. As coisas me vão mal, logo não sou agradável". Conclusão sentimental: depressão, culpabilidade. Outro silogismo: "Se sou agradável, as coisas irão bem para mim. Sou agradável, mas vão mal para mim. Logo, o mundo é injusto". Conclusão sentimental: cólera, indignação.[32] Mas atenção: porque, se minha forma de sentir costuma obedecer a minha forma de pensar, e, por outro lado, minha forma de pensar não corresponde à realidade, então sinto um vazio perigoso, onde os sofrimentos podem resultar tão irracionais quanto os pensamentos.

d) Manter distância...

Diante das coisas que aconteceram, que acontecem ou que acontecerão, temos que conservar distância do nosso pensamento para ver a realidade como ela é. Alguém se veria corretamente, colando seus olhos a um espelho? O sofrimento deixa de sê-lo tão logo formamos, seguindo a terminologia cartesiana, uma "idéia clara e distinta" do mesmo, tão logo aprendemos a distinguir desejo/ideal e realidade.[33] Nunca será demasia-

---

[31] Santo Agostinho. *Solilóquios*, II, 3.

[32] Marina, José Antonio. *El laberinto sentimental*. Barcelona, Anagrama, 1996.

[33] O luto, o sentimento de perda (falecimento de um ente querido, rompimento sentimental, fracasso de um negócio etc.) dificulta a distância necessária para o reconhecimento da realidade. Por exemplo, o acadêmico Gregório Salvador disse, depois da morte de seu colega de academia, Domingo Ynduráin (28 mar. 2003): "Não posso manter a distância necessária. Todo o espaço do sentimento me é inundado e a dor me atropela as palavras".

do o esforço do professor, do tutor, do pai para fazer o aluno entender e compreender.

4º *caso: Mário* (atenção ao itálico)

Mário, de 18 anos, havia terminado o ensino médio quando começou a ter dores freqüentes no abdômen, febres altas, a dormir pouco e comer menos ainda... Foi ao médico da família e, depois de uma minuciosa análise, chegou-se a um diagnóstico fatal: leucemia. Iniciou então um longo período de tratamentos possíveis com as previstas rejeições e novas provas... Essa caminhada é difícil de ser suportada no plano emotivo. A imagem que Mário faz de si mesmo mudou com a doença... Mas, depois das primeiras semanas do choque inicial, começou a *viver com realismo e lucidez. A seus olhos*, doença e morte fazem parte desse ciclo da vida do qual ninguém escapará. Para ele, que não é crente, a morte não é senão o fim da vida biológica e da consciência individual. *De nada serve rejeitar e negar a realidade*. Deve-se recorrer aos melhores recursos da medicina e continuar vivendo com a melhor qualidade possível o dia-a-dia, *comprometer-se ao máximo com a vida* que se tem à disposição para sugar dela as alegrias que ainda restam. *A serenidade que manifesta* não vem de uma indiferença emocional, mas de sua *maneira de ver* a vida e de *conceber* o ser humano. Por isso, matriculou-se no primeiro ano da universidade...

Algumas perguntas que levam o diálogo à aula:

- Se Mário fosse um de seus amigos, que atitude(s) você adotaria diante da notícia?
- Com qual (quais) das afirmações seguintes você concorda ou discorda?
  a) É injusto morrer tão jovem, não há outro remédio senão revoltar-se e, talvez, suicidar-se.
  b) Tenho que aceitar a doença e a morte porque são parte do processo normal da vida.
  c) Não se trata de negar a doença, mas de viver se dando conta dos limites do organismo.
  d) A felicidade se encontra nos prazeres físicos e intelectuais e na intensidade das relações humanas.

f) É inútil buscar esperança num mundo melhor: deve-se viver o presente.

g) A filosofia não é um viver para a morte, mas lembra que não se pode esquecê-la e deve ser encarada de frente.

h) A cultura moderna celebra a morte, outras vezes ri dela (*halloween*), mas não a espera nem a prepara.

- Para você, essas afirmações possuem o mesmo valor? Em que você baseia sua resposta?
- Em qual (quais) das expressões ou palavras de Mário se encontra a influência de um pensamento responsável?
- Você lembra algum momento do curso de ética, de FI ou FII, de literatura, biologia, história, arte etc., em que se tenha debatido o tema da morte? Que autores se destacaram? Isso lhe diz respeito ou o atinge de alguma maneira? Explique-se.
- Desde o começo, a filosofia fez eco do tema da morte: filosofar é aprender a viver bem ou a bem morrer?
- Você pode explicar se o ser humano é um "ser para a morte" ou um ser para a eternidade? Temos que ver na morte a primeira verdade ou o supremo mistério insondável? Em FI e II, com enfoque diferente, falamos de "metafísicas materialistas e espiritualistas". A concepção naturalista do ser humano o faz natureza física (desde os átomos de Demócrito, passando por boa parte do Iluminismo e até a "seleção natural" de Darwin): você poderia organizar brevemente os pontos de vista que tem em mente e verificar ou confrontar com o seu próprio?
- Você ainda não vê claramente, não está convencido?

4. RESULTADO DA RELAÇÃO "PENSAMENTO/REALIDADE": CULPA E PERDÃO

Não é suficiente pensar algo para que seja verdadeiro. No fundo, toda filosofia é prosaica. O adolescente tem sua maneira particular de viver as relações com a realidade, com a culpa e com o perdão. Quando não sabemos perdoar nem nos perdoar, então sofremos sem medida: "Como queres que tenham fim meus choros, quando não o tem minha miséria?".[34] Dizemos "perdão, mas não esquecimento". A culpabilidade que pressiona é rancor que corrói. A culpa é o sentimento mais negativo

---

[34] Santo Agostinho, *Confissões*, I, 14, 25, 26.

de todos: esclerosa o entendimento, resseca os outros sentimentos. Enquanto é sentimento secreto, a culpa, como interiorização da vergonha, é pretexto para evitar responsabilidades. Um e outro transcorrem pelo rio de nossa vida deixando traços de melancolia, que "é uma emanação da consciência de inferioridade".[35] O que o culpado precisa é de uma capacidade de pensar: embora seus atos sejam imorais, ele se apresenta como uma pessoa normal.

A culpa não é somente auto-agressão e assento de roda-gigante, que roda incessantemente sobre si mesmo, mas agressão a outros. Todo sentimento de culpa é putrefação e bloqueio, segrega dúvida e caminha junto com os sentimentos de impotência, inferioridade, perda, distância do ideal. O culpado é um complexado que entregou sua imagem sinistra, ficando entregue à intempérie.[36] Como sabemos, o homem é um ser capaz de ofensa e de remorso. Poucas coisas são tão anuladoras da personalidade como o sentimento de culpa. Mas onde age a culpa? No trabalho, no estudo, na família, no casal, nas relações afetivas, nas férias, no dinheiro, nas viagens, na maneira de conduzir, nas compras que fazemos, no fumo ou no vinho, nos desejos e *hobbies*, no passado. A culpa olha sempre para um passado tinto de tristeza, para o impossível de mudar. "Quando não há alegria, a alma se retira para um canto de nosso corpo e faz dele seu covil. [...] A vida nos oferece um panorama de escravidão universal."[37] Mas a culpabilidade é boa quando nos faz perceber que precisamos de perdão, e o pedimos, e o aceitamos: o perdão recebido, dado e autoconcedido. O perdão é a força que devolve ao homem a vida, fazendo-o sair de sua solidão. Mudar o sentimento de culpa pelo de responsabilidade é assunto principal no trabalho educativo.

5. COMO NOS COMPORTAMOS COM A REALIDADE

Os alunos deveriam saber que os erros — os seus, os dos professores, os dos pais, os da sociedade — têm origem quase sempre nas más

---

[35] Ortega y Gasset. *Meditaciones del Quijote*. Madrid, El Arquero, 1970, p. 18. Cf. Castilla del Pino, Carlos. *La culpa*. Madrid, Alianza, 1992.

[36] Nouwen, Henri. *El regreso del hijo pródigo*. 30. ed. Madrid, PPC, 2005; Améry, Jean. *Más allá de la culpa y la expiación*; tentativas de superación de una victima de la violencia. Valencia, Pre-textos, 2001, com resenha de: Narbona, R. *Paideia*, revista de Filosofía y Didáctica Filosófica, Madrid, n. 58, out./dez. 2001, p. 567.

[37] Ortega y Gasset. *Obras completas*. Madrid, Revista de Occidente, 1983, p. 32, tomo II.

aprendizagens. Queremos mudar a realidade porque não nos decidimos mudar a nós mesmos. Há como um pensamento, à maneira de coágulo (negativo, persistente, algo assim como o espelho mágico consultado pela madrasta de Branca de Neve), que invade nosso pensar, sentir e agir. Acontecem os seguintes casos:

a) Do pessimista (invasão): aquele que se recusa a lutar; pensa, mas não luta; já julgou tudo negativamente; sempre está generalizando. Em psiquiatria, seria tachado de depressivo.

b) Do otimista gratuito (distância): vai pela vida, presumindo que "eu passo": tudo lhe vai bem, tudo são direitos e nenhum dever*; renuncia a pensar; luta, mas não pensa; pensamento e realidade jamais estão de acordo. Em psiquiatria seria tachado de esquizóide.

c) Do realista moderado: pensamento e realidade se tocam, mas marcam uma diferença ou uma distância suficiente; sabe que há alguma coisa positiva em sua vida, mas reconhece que tem falhas, que há dias cinzentos e claros, sem que um tenha que se transformar em "ser atmosférico", ou dependente da parte meteorológica. Em psiquiatria seria tachado de "normal".

Observemos como funcionamos: por exemplo, um fato qualquer chega a nosso *conhecimento*, depois o *interpretamos* ("que desgraça", "agora o que vai me acontecer?", "se eu sou o que tenho e perco tudo", aparece uma *emoção** (ira, desprezo, medo, tristeza, ciúme, ressentimento etc.) que, passado algum tempo, se transforma em *sentimento* ou, como disse Ortega y Gasset, em uma "fauna sentimental" (o acontecimento já passou, mas suas conseqüências não), porque damos voltas e *recordamos* (é um pensamento insistente, à maneira de um coágulo que interferiria no coração)[38] até se transformar em *estados de alma*, que são variáveis: obsessão, melancolia, nostalgia, vingança, autodesprezo, ansiedade, aborrecimento, estresse, decepção, ciúme etc.

Os *componentes* de nossa afetividade costumam ter diferentes procedências: a) a situação real do *que* está acontecendo e nossa interpretação peculiar dos fatos; b) as possíveis frustrações inerentes a nossos desejos e projetos; c) o sistema de crenças que temos sobre como se ma-

---

[38] A etimologia da palavra "recordar" é significativa: *re* (muito) *cordar* (*cor-cordis*, que significa *coração*).

nifesta o mundo dos outros; d) a idéia que cada um tem de si mesmo e de sua capacidade de resolver problemas.

Quem é responsável sabe controlar pensamento, afetividade e comportamento para ver melhor. Sim, somente se vê bem com o coração. Se não houvesse sentimentos, não haveria valores. Os sentimentos são avisos de como as coisas estão indo para nós. Porém, avisos intermitentes, porque os estados de alma são variáveis. Os sentimentos, pois, não são perturbadores, mas avisadores. Os estilos afetivos ou modos de viver os sentimentos são aprendidos. E para educar os sentimentos é preciso:

a) Mudar, eventualmente, a situação real: fisiológica (eventual ajuda da medicação) e/ou social (família, trabalho, amizades etc.).
b) Mudar, se possível, o sistema de desejos (salvo os genéticos, por exemplo, o rapaz que deseja a moça) e de projetos (que é o que faz com que as coisas sejam significativas ou tenham sentido).
c) Mudar o sistema de crenças ou seguranças que nos sustentam (por exemplo, crenças sobre como funciona a realidade ou o que posso esperar dela); crenças sobre nós mesmos, sobre capacidades para enfrentarmos nossos problemas ou sobre a idéia que temos em relação a nossas capacidades.

6. EU SOU EU, E... QUEM SOU EU?

A adolescência é caracterizada como idade da identidade: não a conseguida, mas a buscada. Em nenhum assunto a filosofia e a psicologia tiveram que se olhar tanto no rosto como na busca de identidade do *eu*. De um lado, a psicologia — praticamente desde seu amanhecer, com exceção de Descartes, até sua formalização acadêmica (século XIX) — definiu o *eu* como uma trama de realidades inconscientes que o homem produz, entre as quais se encontra a linguagem (Wundt, Freud, Chomsky). De outro, a filosofia definiu o *eu* como alma que pode captar as essências (Platão); capa de contemplação (Aristóteles); autoconhecimento (santo Agostinho); fim de toda dúvida e certeza absoluta (Descartes); ramalhete de percepções ou sentimento moral (Hume, Rousseau); consciência ou unidade de representações pelas quais nos fazemos pessoas e temos acesso à consciência (Kant) e, o *eu* como retorno do pensamento sobre si mesmo (Hegel, Alain, Sartre), inclusive, como algo supérfluo (Nietzsche).

O paradoxo existencial mais forte de Dom Quixote é que seu estado de demência lhe permite dizer "Eu sei quem sou" (Parte I, cap. 5), e assim poder perceber Sancho no seu âmbito de responsabilidade: "Tu mesmo forjaste tua ventura".[39] Somente a proximidade da morte ("Verdadeiramente morre e verdadeiramente está lúcido", diz o padre depois da confissão de Dom Quixote [Parte II, cap. 74]) o traz de volta a si ("Eu fui louco e agora estou lúcido"); enquanto Sancho se afasta de si, apesar do perdão de seu amo ("Perdoa-me, amigo, pela ocasião que te dei de parecer louco como eu, fazendo-te cair no erro em que eu caí de que houve e há cavaleiros andantes no mundo").[40] Já o vemos em seu epitáfio: "Teve todo o mundo em pouco;/ foi o espantalho e o coco/ do mundo, em tal conjectura,/ que acreditou sua ventura,/ morrer lúcido e viver louco": todo um empório de identidades cambiantes.

Quem é, afinal, o *ser humano*? Um corpo que pensa, uma matéria que foi adquirindo aos poucos a faculdade de produzir idéias? Não. O ser humano não é o corpo capaz de se reproduzir, nem as mãos que fabricam equipamentos que transformam a natureza em mundo com sentido e significação: "Terra obscura plantada de esperança,/ pobre terra que pensa".[41] A biologia e o trabalho técnico nunca poderão nos revelar a essência do ser humano. É claro, nossa inserção no mundo acontece através do corpo como condição para conhecer. As idéias são como as mãos do cérebro e nos modelam como humanos. E os objetos se impregnam de sentido à medida que emerge um ser humano que o outorga. E, embora estejamos misturados com as coisas — não submissos ao fatalismo das leis físicas —, podemos neutralizar as forças naturais em virtude de nossa capacidade de modelar contratos, pactos ou consensos, elaborar projetos e, enfim, manter distância da realidade. Hannah Arendt disse belamente: "Nada atira alguém à maneira mais radical do mundo que a exclusiva concentração na vida do corpo, concentração obrigatória na escravidão ou na dor insuportável".[42] Por isso, o ser humano deve ser

[39] Cervantes, Miguel de. *Viaje del Parnaso*, cap IV.
[40] Id. *D. Quixote*, II, 74.
[41] Alcántara, M. Oración. In: *Mansión de silencio*. Málaga, Diputación Provincial, 1929.
[42] Arendt, Hannah. *La condición humana*. Barcelona, Paidós, 1998, p. 123 [Ed. bras.: *A condição humana*. Trad. de Roberto Raposo. Rio de Janeiro, Forense Universitária, 1981]. Cf. Narbona, R. Elogio de la técnica (Reflexiones sobre el porvenir de la filosofía). *Paideia*, revista de Filosofía y Didáctica Filosófica, Madrid, n. 59, jan./mar. 2002, pp. 127-128.

entendido não somente como sujeito capaz de conhecer e de perceber que conhece, mas também como realidade que sente e se comunica com os outros, vinculado tanto a uma subjetividade livre quanto à opacidade involuntária do corpo.

Há três graves ameaças que invadem nosso tempo: o terrorismo, a droga e o aborto. Todos supõem uma renúncia à razão, à lucidez e a querer ver claramente para saber a que se apegar. Das três, a questão do aborto parece a mais grave, porque é defendida com o pretexto de progressismo ou de ser mais liberal no sentido de "estar liberado de". Neste terreno, confunde-se o religioso com o antropológico e a moral natural ou de sobrevivência. Mas não, não estamos diante de uma questão religiosa, e sim antropológica, porque se trata da vida humana. Trata-se de ver clara a distinção entre "coisa" e "pessoa". A pessoa do não-nascido, mas que nasceria se lhe fosse permitido, é um "quem", não um "que" ou "punhado de células", como se diz interesseiramente, é alguém que, se não o abortamos, matando no caminho, chegará à vida plena, à plena consciência.

Porém, não somos somente consciência, nem somente "uma coisa que pensa, que duvida, entende, concebe, afirma, nega, quer, não quer, imagina, sente".[43] Assim, "não posso duvidar que há em mim uma certa faculdade passiva de sentir e [...] outra faculdade ativa capaz de formar e produzir essas idéias... Que se apresentaram muitas vezes em mim sem que eu contribuísse em nada para isso, e às vezes contra meu desejo".[44] O "outro" ao qual se dirige o desejo não é outro sujeito, mas outro lugar do *eu*, onde o desejo se articula e tem origem. Mas existe uma perda de ser nesse lugar do "outro" no qual se produz uma não-identificação do sujeito. Penso onde não sou, portanto, sou onde não penso, isto é, não sou lá onde sou brinquedo do meu pensamento: penso no que sou ali, onde não penso pensar. É a distância sonora e muitas vezes dolorosa entre ser e ideal. Enquanto Descartes faz coincidir o "penso" e o "sou", a experiência psicanalítica os separa. Constata-se, pois, "a diferença que há entre pensar e sentir",[45] e por isso não posso ficar reduzido a um "feixe ou coleção de percepções diferentes".[46] O *eu* não é "náusea" que se esmaga e não se suporta", como diz Sartre, ou que "estaria de mais para

[43] DESCARTES, René. *Meditações metafísicas*, II.
[44] Ibid., VI.
[45] HUME, David. *Tratado da natureza humana*. Parte I, seção 1.
[46] Ibid., Parte IV, seção 6.

toda a eternidade", mas que, ao não poder ficar enclausurado, deve sair em busca do mundo e viver em perene relação.

O adolescente costuma desconhecer que a linguagem é um componente da dupla mente/corpo, e que nossos corpos falam. A mesma atenção do aluno é quantificável a partir de sua postura corporal: observação que o professor não deveria minimizar. Nosso *eu* é, antes de tudo, corporal. Nosso corpo é como um traje de Arlequim. "Tu eu tem duas partes: uma imagina que se conhece a si mesma, e a outra, que as pessoas o conhecem".[47]

O *corpo* é freqüentemente mais uma imagem que uma realidade. E uma imagem que não é nossa, mas que os outros injetaram em nós. O *olhar* dos outros transforma nosso corpo em objeto. E isso nós também fazemos com os outros. Há uma profunda união entre a imagem do próprio corpo e a do corpo dos outros, e nos sentimos menos valorizados se percebemos que nossas ações não são retribuídas, mas simplesmente observadas. O *corpo* do tímido se pensa observado: acredita que a outra pessoa o vê tal como é. A perturbação neurótica fundamental não reside nos conflitos da libido, mas nos transtornos de uma capacidade de contato corporal que facilite o amor.[48] O tímido sente que é olhado e se ruboriza. O medo de ficar vermelho e de suar não é mais que a submissão ao juízo dos outros. O tímido tem medo de seu medo e isso é o que compromete suas relações sociais, o que o impede de participar num grupo ou dificulta a comunicação.

Em resumo: Eu sou diferente do corpo e mais que somente corpo, mais que um ramalhete de percepções, mais que uma alma sozinha, cuja essência é pensar: o homem é pessoa e, em virtude da unidade da consciência no meio de todas as mudanças que possam afetá-lo, é um e a mesma pessoa, isto é, um ser distinto, por categoria e dignidade.[49] Por isso, pode-se dizer "eu sou eu", distinto, distante ou próximo dos outros

---

[47] GIBRAN, Khalil. *Máximas espirituales*. Madrid, Aguilar, 1965, p. 144.

[48] SPEER, W. apud CARBALLO, Rof. *Entre el silencio y la palabra*. Madrid, Espasa Calpe, 1990, p. 253. Cf. ROJAS, E. *¿Quién soy yo?* Madrid, Espasa, 2001 (obra de caráter psicológico); SCHNALL, Maxine & STEINBERG, Marlene. *¿Quién soy realmente?*; La disociación, un trastorno tan frecuente como la ansiedad y la depresión. Barcelona, Vergara, 2002 (obra de caráter psicopatológico); SHAPIRO, Debbie. *Cuerpo-mente, la conexión curativa*. Barcelona, Robin Book, 2002 (obra de caráter psicoterapêutico).

[49] KANT, Immanuel. *Antropologia em sentido pragmático*, 1798.

seres: não é um construtor da verdade, mas um descobridor que a pronuncia, a compartilha dialogando e a vive compartilhando.

7. ITINERÁRIO CONCEITUAL DO CAPÍTULO III: A PERGUNTA SOBRE AS COISAS

a) Pensamento e realidade: o que se deve aprender e saber

- Sócrates tinha presente que toda comunicação tem um limite: aquele que os outros nos impõem. Na comunicação não entram palavras nuas, mas revestidas de pareceres e sentimentos.
- Quando a captação da realidade dilata o conhecimento, então se amplia a verdade.
- Porém, há mentes tão diminutas que somente vivem das avaliações coletivas recebidas e que, depois, inseridas no caráter, ficam difíceis de ser mudadas.
- Lembre-se de que há três graus de conhecimento: de opinião ou de imaginação, de idéias e de ciência intuitiva.
- Porém, embora a realidade exista sem nosso conhecimento, a verdade não existe sem ele;
- O pensamento, ao se deparar com a circunstância, tinge a realidade; daí, nossa responsabilidade, pois só conhecemos das coisas o que nós mesmos colocamos nelas.
- Como nosso pensamento busca contatos com a realidade física e pessoal, é preciso que as perguntas sejam postas em comum, não tanto para haver um consenso entre a metade de perguntantes e respondentes, mas porque apenas sabemos duas definições essenciais de toda a criação.

b) O âmbito do pensamento

- Só o *pensar que raciocina* pode nos fazer olhar de frente os problemas que se nos apresentam.
- Distinguir, separar, relacionar, definir pensamento e realidade, pensamento e sentimento, realidade pensada e realidade sentida: eis toda uma trama educativa à qual a filosofia tenta responder. E é tudo o que interessa ao aluno.
- Todo exercício filosófico que não proporcione essa organização do pensamento é inútil.

- Ensinar a pensar não é somente ensinar a deduzir, mas também a suscitar atitudes, pois não basta pensar a própria vida, se não está em relação com a realidade total, que é mais que a vida pessoal.
- Pois bem, o pensamento trabalha sobre a vida pessoal e a realidade total.
- E o que é *pensar*? Pensar é captar no ar uma idéia, fazer alguma coisa com a circunstância que me aparece: viver. Pensar é pesar — do latim *pensare* —, justificar ou dar razão de quanto se faz, se diz ou se silencia, seja para tomar uma decisão, seja por simples contemplação de uma idéia, lembrança e projeto.
- O homem funciona como um todo, mas seus desejos serão dirigidos por seu pensamento.
- A virtude moral consiste fundamentalmente no controle da dimensão volitiva do ser humano por parte de sua dimensão pensante.
- Porém, todo pensamento, bem ou mal conduzido, é ativo por natureza. E se há dificuldade para *pensar,* haverá problemas para *dizer* e será necessário o perguntar. A ausência de perguntas revela uma ignorância militante.
- O exercício ordenado do pensamento se chama "razão".
- Porém, o pensamento tem que sair fora de si, porque nenhum saber se alimenta de si mesmo: tem que irmanar idéia e realidade.
- Assim, o pensamento é tudo o que fazemos para nos orientar na vida.
- Verdadeiramente, o ofício de pensar é dos mais graves sobre a terra.

c) O âmbito da realidade

- Junto com a necessária clareza do pensamento, os alunos devem se habituar a compreender as possíveis arestas da *realidade.*
- E a realidade é tudo aquilo com o que me encontro: distinto, distante ou próximo de cada um de nós.
- E sabemos distinguir a realidade de nossa interpretação da realidade?
- A interpretação, necessária, mas perigosa, é a morte do amor e a vida do romance.
- Se cada vida é uma interpretação particular da realidade, impõe-se um bom uso do pensamento.
- Porém, o que é realidade? Conjunto de seres, relações, propriedades e energias que estão aí independentemente de nosso pensamento e interesse.

- Arrogância diante da realidade: o espírito pós-moderno não tenta formar para si uma razão modelada sobre a imagem do mundo, mas sim construir um mundo sobre a imagem de "sua" razão.
- Fica abolida a experiência, subjugado o real e, em vez de escutar a natureza, é obrigada a responder às exigências do homem amoldando-se aos seus desejos.
- Fica desalojado o mistério.
- Não basta ver, é preciso "saber" ver.
- Pois, o primeiro contato com a realidade é afetivo, isto é, interpretamos a realidade por meio de nossas necessidades e expectativas.
- Por isso, deve-se manter distância: diante das coisas que aconteceram, que acontecem ou que acontecerão, devemos manter distância de nosso pensamento para ver a realidade como ela é.
- Mas não se esqueça: a suma perfeição que conhecemos, quanto à realidade, é a pessoa.

d) Resultado da relação "pensamento/realidade": culpa e perdão

- O adolescente tem sua maneira particular de viver as relações com a realidade, com a culpa e com o perdão.
- A culpabilidade que pressiona é rancor que corrói; é o sentimento mais negativo de todos, porque esclerosa o entendimento, resseca os demais sentimentos, interioriza a vergonha, é pretexto para evitar responsabilidades.
- O culpável é um complexado que entregou sua imagem sinistra ficando exposto à intempérie.
- A culpa olha sempre para o passado tingido de tristeza, para o impossível de ser mudado.
- Porém, a culpabilidade é boa quando nos faz perceber que precisamos de perdão, e o pedimos e o aceitamos: o perdão recebido, dado e autoconcedido é a força que devolve a pessoa à vida, fazendo-a sair de sua solidão.
- Mudar o sentimento de culpa pelo de responsabilidade é assunto principal no trabalho educativo.

e) Como nos comportamos com a realidade

- Os alunos deveriam saber que os erros — os seus, os dos professores, os dos pais, os da sociedade — têm origem quase sempre nas más aprendizagens.

- Acontecem os seguintes casos: a) do pessimista (invasão); b) do otimista gratuito (distância); e c) do realista moderado.
- Porém, quem é responsável sabe controlar pensamento, afetividade e comportamento para ver e viver melhor.

f) Eu sou eu e... quem sou eu?

- A adolescência é caracterizada como idade da identidade, não a conseguida, mas a buscada.
- O paradoxo existencial mais forte de Dom Quixote é que seu estado de demência lhe permite dizer "Eu sei quem sou", e assim poder advertir Sancho no seu âmbito de responsabilidade: "Tu mesmo forjaste tua ventura".
- A biologia e o trabalho técnico nunca poderão nos revelar a essência do humano.
- Por isso, o ser humano deve ser entendido não somente como sujeito capaz de conhecer, mas também como realidade que sente e se comunica com os outros.
- Há três ameaças graves que invadem nosso tempo: o terrorismo, a droga e o aborto. Todos supõem uma renúncia à razão, à lucidez e a querer ver claro para saber a que se apegar.
- Pois se trata de ver claramente a distinção entre "coisa" e "pessoa".
- O *corpo* é freqüentemente mais uma imagem que uma realidade, uma imagem que não é nossa, mas que os outros injetaram em nós. O olhar dos outros transforma nosso corpo em objeto. E isso nós também fazemos com os outros.
- Em resumo: eu sou diferente do corpo e mais que só corpo: o homem é pessoa; por isso, pode dizer "eu sou eu", distinto, distante ou próximo dos outros, e das coisas e acontecimentos.

PROPOSTAS DIDÁTICAS

Cf. texto de Kant, na p. 113.

Cf. casos n. 5: "Carlos", p. 149; e n. 7: "Laura", pp. 156-157.

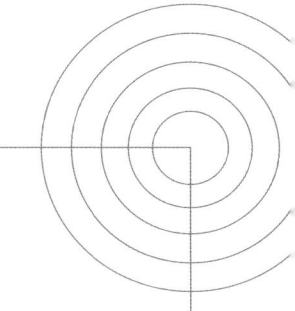

CAPÍTULO IV

Comunicar bem
para viver melhor

> Não havendo meio melhor
> para investigar a verdade que
> o perguntar e responder [...],
> pareceu-me bem investigar.
>
> SANTO AGOSTINHO

1. DO DIÁLOGO À COMUNICAÇÃO E AO SILÊNCIO

O homem é um ser comunicante por natureza e precisa de intercâmbios sociais que estabeleçam um diálogo por meio de sinais naturais ou convencionais. O mérito do diálogo socrático não está do lado da eficácia social e política, embora esta destile sem pretendê-lo, mas de uma busca que vá mais além da utilidade (Platão, *Teeteto*, 172b). Entendemos o diálogo como palavra compartilhada, viva, porque gera novas palavras, justificada por ter que dar razão; trata-se de palavras reflexivas que discorrem entre perguntas e respostas: "Se alguém pensa que está só, em seguida, caminhando ao seu redor, busca alguém a quem demonstrá-lo e a quem garanti-lo, até encontrá-lo" (Platão, *Protágoras*, 350d). O diálogo elimina a linguagem dogmática, descobre a verdade, não no império do sacerdote ou do rei, mas na coincidência dos homens, no enfrentamento de suas opiniões.[1]

Vemos, pois, que a linguagem sustenta o calhamaço da comunicação e é a instalação numa forma de vida. Falante e ouvinte aceitam implicitamente alguns padrões de coerência, estabelecendo uma situação ideal de fala que facilita argumentos para um acordo razoável. Porém,

---

[1]   LLEDÓ IÑIGUEZ, Emilio. Introducción. In: PLATÃO. *Diálogos*. Madrid, Gredos, 1981, pp. 13-14.

não podemos nos esquecer dos riscos da linguagem, porque tem sua magia: na linguagem, discurso e poder político estão ligados (Rousseau); é instrumento de poder (Bourdieu); é o pensamento mesmo e envolve as mesmas exigências rigorosas (Merleau-Ponty); é espelho do espírito (Chomsky); contém todas as idéias (Alain); é um sistema simbólico muito econômico (Benveniste); é arbitrária e convencional (Saussure); corta a vida psíquica (Nietzsche); e, finalmente, freqüentemente nos afasta das coisas (Bergson).

Porém, não nos referimos aqui à linguagem como palavra transformada em química verbal através do *chat* de alguns internautas solitários, complexados, namoradiços, fugitivos do compromisso ou irrefletidamente comprometidos. Quando precisamos falar, a palavra é uma terapia contra o esquecimento. Precisamos falar e ser ouvidos, ver e olhar. Palavra e olhar que são luz, visão e mundo. Graças à linguagem, vivemos como em um espelho interior da memória, onde transparece a vida pessoal organizada em projetos.[2]

Falar significa manifestar livremente aspectos pessoais por meio do sinal sensível dos sentidos ou fonemas, e isso comporta três elementos: *primeiro*, posse de si de uma pessoa espiritual, que compreende sua própria verdade; *segundo*, ser dono de si significa liberdade; *terceiro*, pela verdade e pela liberdade, a pessoa é um universal necessário que ultrapassa a subjetividade para um "outro" — a pessoa não existe mais que numa relação aberta para o amor. Assim, *falar* não é um epifenômeno do homem, mas parte integrante de seu ser. O momento chega quando a palavra não basta e é exigido o testemunho inteiro da pessoa: assim, por exemplo, no amor entre homem e mulher, na atividade política, em todo tipo de militância.

Na *comunicação*, particularmente na família e na aula, teremos presentes os elementos da linguagem: o *cognitivo*, o *afetivo* e o *verbal*. Em primeiro lugar, conhecemos a mensagem, posteriormente, afeto e palavra são respostas ao mesmo. Mas, se o afetivo nos é dado imediatamente depois de nascer, demoramos para nos apropriar do verbal, por-

---

[2] Id. Las palabras en el espejo. Discurso de abertura na RAE, 27 nov. 1994. Cf. ORTEGA CAMPOS, Pedro. Un cours de philosophie: communication et langage. Europa Forum Philosophicum, Minden (Alemanha). *Boletín Informativo de la Sociedad Española de Profesores de Filosofia*, Madrid, 28 abr. 1993.

que oferece informação abstrata da realidade. Se o elemento verbal se presta a interpretações inexatas, quanto mais o elemento afetivo, por estar tingido de ambigüidade. Porque o afetivo pode nos oferecer segurança, mas também dependência, a qual, se não cortamos logo, nos impede de chegar a uma independência madura. Qualquer mensagem verbal impregnada de emoção costuma ser inexata. Por exemplo, em estados de cólera, pranto ou júbilo, nossa informação está freqüentemente tergiversada, cheia de rodeios. O professor deve tê-lo presente cada vez que entra na sala de aula.

a) Todo cuidado é pouco

Como as palavras deslizam entre os assuntos humanos, temos que tomar todo cuidado, porque freqüentemente nos induzem a erro sobre nossas vivências, deformando os dados da consciência. Nossos sentimentos se descolorem quando os expressamos em palavras; também a utilidade e a ação nos arrastam para uma linguagem impessoal. "Quando estamos perguntando por alguém, dizemos sobre nós muito mais do que se poderia imaginar; o que nos salva é que as pessoas perguntadas, em sua maioria, não têm o ouvido preparado para compreender o que se oculta atrás das palavras aparentemente inocentes".[3] A filosofia não deve fomentar o verbalismo nem sacrificar o diálogo, mas deixar passagem diáfana para o acordo de mentes e corações: "A discussão crítica é um fim que se recusa a enredar no obscurantismo dos conceitos e procura julgar as teorias propostas segundo seu valor intelectual ou racional na hora de solucionar os problemas e também de acordo com sua verdade ou, melhor, sua aproximação à verdade".[4] Não se deve esquecer que os conceitos são como macas para andar entre as coisas; e a filosofia é assunto de conceitos, ou seja, de idéias que o entendimento concebe e expressa em palavras, mas insistindo para não ficar em meras palavras: "Os olhos e os ouvidos são más testemunhas para os homens quando se tem almas bárbaras".[5]

O perigo que paira sobre toda tentativa de comunicação, tanto na família como na aula, se estriba na tendência que temos para generalizar

[3] SARAMAGO, José. *La caverna*. Trad. de Xavier Pàmies. Madrid, Alfaguara, 2000, p. 441. [Ed. bras.: *A caverna*. São Paulo, Companhia das Letras, 2000.]
[4] MUÑOZ, Amparo. El diálogo crítico popperiano: reflexiones para una educación intercultural. *Aprender a pensar*, n. 16, 1977.
[5] HERÁCLITO, DK 22 11 107, S. E. Adv. Man. VII 126. Eggers, p. 392.

ou julgar rapidamente as afirmações dos outros, sobretudo em situações que envolvem um compromisso emocional. Assim, quanto mais intensos forem nossos sentimentos, mas se reduzem as possibilidades de comunicação. "Pois, embora esteja considerando isto (que me engane) em minha intimidade e em falar, contudo, tropeço com palavras, e os termos da linguagem corrente estão a fim de me enganar",[6] pois "as palavras manifestam a incapacidade de sentir. [...] Temos palavras de mais, temos sentimentos de menos".[7] E "as palavras tentam dizer o que pensamos ou sentimos, mas há motivos para suspeitar que, por muito que busquem, não chegarão a enunciar nunca essa coisa estranha, rara e misteriosa que é um sentimento". Às vezes nos perguntamos se por detrás de um discurso há algum pensamento real ou somente uma espécie de "logorréia" que discorre sobre o vazio. Temos mais palavras que sentimentos, e isto fica patente em que cada vez mais somos indiferentes ao que acontece ao nosso redor, como se nada existisse da pessoa que somos. No entanto, sentimos necessidade de nos comunicarmos e de comunicar. Inclusive tanto faz não possuir um auditório. Por isso, "é necessário que mudemos nossa maneira de ver, para chegar finalmente, talvez demasiado tarde, a renovar nossa maneira de sentir".[8]

Ouvimos as palavras, mas temos que aprender a escutar o silêncio, uma grande ferramenta das palavras. Também o silêncio pode ser uma via de diálogo. A comunicação entre os homens não fica totalmente rompida: no afastamento, no virar as costas e na fala muda habita o silêncio que molda à sua maneira retalhos de comunicação. Às vezes um silêncio diz mais que uma palavra, é o lado oculto das palavras, isso que se quer dizer quando não nos decidimos a falar. Tanto a força interior como a dor se expressam em silêncios. Ouvimos as palavras, mas nos resta aprender a escutar o silêncio, intérprete da linguagem do coração. O conhecimento mais profundo da realidade não termina quando formulado em palavras, e daí o silêncio razoável é um modo de sabedoria. Tagore aponta: "A pequena verdade tem palavras claras; a grande verdade pede grandes silêncios". Porque:

6   DESCARTES, René. *Meditações metafísicas*, II.
7   SARAMAGO, José. *Ensaio sobre a cegueira*. 23. ed. São Paulo. Companhia das Letras, 1995.
8   NIETZSCHE, Friedrich. *La voluntad de poder*. Madrid, Edad, 1994, p. 124. [Ed. bras.: *A vontade de poder*. Rio de Janeiro, Contraponto, 2008.]

- O silêncio reina, fala, grita, clama e passa.

- O silêncio se faz, se guarda, se pede, se rompe, se ouve, se rasga, se interrompe, se perturba, se altera, se louva, se escuta, se sente, se passa e se impõe.

- O silêncio é ouro, eterno, mudo, duro, longo, quente, sagrado, profundo, admirado, soberano, plácido, piedoso, melancólico, perpétuo, monacal, interior, sublime, sepulcral, íntimo e até administrativo.

- Pode ser o silêncio da noite, da casa, do bosque, do castelo, dos cemitérios, da classe política, dos namorados, dos anciãos tomando sol, das autoridades e até dos genes.[9]

A verdade não está somente naquilo que se manifesta, mas no que se pode manifestar e, se quisermos entendê-la, não basta escutar aquele que diz, porém temos que escutar aquele que cala. Zenão de Eléia (século V a.C.) disse que "nos foram dadas duas orelhas, contudo, em contrapartida somente uma boca para que pudéssemos ouvir mais e falar menos"; e no século II santo Inácio de Antioquia afirmou: "Quanto mais te calas, mais serás ouvido". Expressando adequadamente: "Unicamente quando falta a segurança definitiva nas objetividades impessoais, na autoridade de um Estado e de uma Igreja, numa metafísica objetiva, numa ordem moral vigente de vida, num conhecimento ontológico do ser, somente então a comunicação é origem e começo decisivos para o homem".[10] Quando tudo isso não for possível, então o silêncio fica à espera de outro momento favorável. Quando a comunicação é realizada pelo diálogo, então a educação chegou à sua meta e a condição humana foi engrandecida.

O seguinte texto literário valeria como amostra de um bom diálogo, mas o que falta ainda para chegar à comunicação dos espíritos?[11] (Meu itálico visa apontar a riqueza do pensamento em relação à crença, à lógica, à verdade... A pergunta é vivida no diálogo de duas consciências inquietas.)

Depois disse: foi a melhor aquisição de minha vida, te garanto (está se referindo à sua escrava). E ela também saiu ganhando: dispus que, com minha morte, seja alforriada, e, de fato, já lhe concedi considerá-

---

[9] Martín Municio, Ángel. RAE, 13 mar. 2001.

[10] Jaspers, Karl. *Filosofía*. Madrid, Revista de Occidente, 1958, p. 509.

[11] Somoza, José Carlos. *La caverna de las ideas*. Madrid, Alfaguara, 2000.

vel liberdade; inclusive me pede permissão de vez em quando para ir a Elêusis, pois é devota dos Sagrados Mistérios, e eu lho permito sem problemas — concluiu sorridente. — *Ambos vivemos felizes.*

— *Como sabes?* — disse Crantor. — Perguntaste-lhe alguma vez?

Héracles o olhou por cima da borda curva da taça.

— *Não me faz falta* — disse. — *Eu o deduzo.*

Crantor cerrou os olhos e disse, depois de uma pausa:

— *Tudo deduzes* [...] — arrancava os bigodes e a barba com a mão irritada. — *Sempre deduzindo*, Héracles. [...] *As coisas se mostram diante de ti mascaradas e mudas, mas tu continuas deduzindo...* — moveu a cabeça e seu semblante adquiriu uma expressão curiosa, como se admirasse a obstinação dedutiva de seu amigo. — És incrivelmente ateniense, Héracles. Pelo menos os platônicos, como esse teu parente de outro dia, crêem em *verdades absolutas e imutáveis* que não podem ver. [...] *E tu?... Em que crês? Em que deduzes?*

— *Eu só creio naquilo que posso ver* — disse Héracles com enorme simplicidade. — *A dedução é outra forma de ver as coisas.*

— Imagino um mundo cheio de pessoas como tu.

Crantor fez uma pausa e sorriu, como se realmente o estivesse imaginando.

— Que triste seria!

— Seria eficiente e silencioso — rebateu Héracles. — *Triste seria um mundo de pessoas platônicas: caminhariam pelas ruas como se voassem, com os olhos fechados e o pensamento fixo no invisível... De fato, assim acontece a cada dia* em todos os mundos. O peixe que me serviste hoje, por exemplo, foi mutilado por nossos dentes afiados. *Os platônicos crêem no que não vêem, tu crês no que vês...* Mas todos vós mutilais carnes e peixes nas refeições. Ou figos doces.

Héracles, sem fazer uso da zombaria, engoliu o figo que havia levado à boca. Crantor prosseguiu:

— *E pensais, e raciocinais, e credes, e tendes fé... Mas a Verdade... Onde está a Verdade?* — e soltou uma gargalhada enorme que fez tremer seu peito...

Depois de uma pausa, as negras pupilas de Crantor contemplaram fixamente Héracles.

— Notei que não deixas de observar as cicatrizes de minha mão direita — disse. — Também te distraem? Oh! Héracles, quanto me alegro pelo que fiz naquela tarde em Eubéia, quando discutíamos sobre um tema parecido com este! Lembras-te? Estávamos sentados, tu e eu sozinhos, junto a uma pequena fogueira, no interior de minha cabana. Eu te disse: "Se agora sentisse o impulso de me queimar a mão direita e a queimasse, demonstrar-te-ia que há coisas que não podem ser raciocinadas". Tu replicaste: "Não, Crantor, *porque seria fácil raciocinar que o fizeste para me demonstrar que há coisas que não podem ser raciocinadas*". Então estendi o braço e pus a mão sobre as chamas — imitou o movimento, colocando o braço direito paralelo à mesa.

Prosseguiu:

— Tu, assombrado, te levantaste de um salto e exclamaste: "Crantor, por Zeus, o que fazes?". Por que te surpreendes tanto, Héracles? Não será que, *apesar de teu raciocínio, estou queimando minha* mão? Não será que, *apesar de todas as explicações lógicas que tua mente te oferece sobre o motivo de eu fazer isto, o certo é, a realidade é, Héracles Pontor, que estou me queimando?* — e soltou outra sonora gargalhada. — De que te serve o raciocínio, quando vês que a Realidade te queima as mãos? [...]

— *Minha lógica me diz: "Héracles tem razão", mas...* Pode ser que teu amigo soubesse explicar melhor que eu. Na noite passada, na Academia, discutimos muito sobre isso. Se eu te dissesse agora alguma coisa absurda, como por exemplo: "Há uma vaca pastando em tua horta, Héracles", considerar-me-ias louco. Mas não poderia acontecer que, para alguém que não somos nem tu nem eu, tal afirmação fosse verdade?

Diágoras interrompeu a réplica de Héracles.

— *... Mas por que a verdade tem que ser racional*, Héracles? *Não existe a possibilidade de existirem... verdades irracionais?*

— Foi isto que Crantor lhes contou ontem? — Héracles reprimia sua cólera a duras penas. — *A filosofia acabará por deixar-te louco, Diágoras!* Eu te falo de coisas coerentes e lógicas, e tu... O enigma de teu discípulo não é uma teoria filosófica, é uma cadeia de sucessos racionais que...

Interrompeu ao perceber que Diágoras voltava a menear a cabeça, sem olhá-lo, contemplando ainda a horta vazia.

Diágoras disse:

— Lembro-me de uma frase tua: "Há lugares estranhos nesta vida que nem tu nem eu jamais visitamos". É certo... *Vivemos num mundo estranho, Héracles. Um mundo onde nada pode ser raciocinado nem compreendido totalmente. Um mundo que, às vezes, não segue as leis* da lógica, mas as do sonho ou da literatura... Sócrates, que era um grande raciocinador, costumava afirmar que um "demon", um espírito, lhe inspirava as verdades mais profundas. E Platão opina que a loucura, de certo modo, é uma forma misteriosa de ter acesso ao conhecimento. Isso é o que me acontece agora: meu "demon", ou minha loucura, me diz que tua explicação é falsa.

— *Minha explicação é lógica!*

— *Mas falsa.*

— *Se minha explicação é falsa, então tudo é falso!*

— *É possível* — admitiu Diágoras com amargura.

Para fomentar o diálogo:

- Como se depreende do texto anterior, são abundantes os verbos do diálogo entre dois interlocutores que se indagam, no qual prevalece o diálogo em vez da discussão: saber, ver, pensar, deduzir, raciocinar, crer, ter fé; e também os substantivos: coisa, verdades absolutas como objeto de propriedade privada, parecer, opinião, certeza, busca da verdade, conhecimento, lógica, explicação como argumento, mundo, eu, *demon*. Você pode explicar alguns deles em sua relação com o diálogo e a comunicação?
- Repare nos verbos sublinhados no texto: "*E pensais, e raciocinais, e credes, e tendes fé... Mas a Verdade... Onde está a Verdade?* — e soltou uma gargalhada enorme que fez tremer seu peito...". A que se deve essa gargalhada? Pense sua resposta relacionando-a com o que diz depois: "A Realidade te queima as mãos".
- "Por que a verdade deve ser racional? Não existe a possibilidade de existirem verdades irracionais?"
- Como você interpretaria o destacado: "Vivemos num mundo estranho [...]. Um mundo onde nada pode ser raciocinado nem compreendido totalmente. Um mundo que, às vezes, não segue as leis da lógica, mas as do sonho ou da literatura"? Repare bem no "às vezes" e tire suas próprias conclusões.
- Você crê que basta ser sincero para ser acreditado?
- Toda comunicação se produz a partir de duas necessidades fundamentais. Você saberia enumerá-las?
- Requisitos ou condições da comunicação: Você se lembra de alguns?
- Para que o diálogo produza comunicação, o que faz falta?

2. PARA A REALIZAÇÃO DO DIÁLOGO E DA COMUNICAÇÃO

Vamos percebendo que a linguagem é um grande tesouro, centro e baluarte de nossas vivências. É claro que não nos referimos às linguagens formais da matemática e da lógica, mas à linguagem do mundo da realidade que construímos e nos sustenta: mundo da vida (*Lebenswelt*), e que é mais um pressuposto que uma realidade sobre a qual se assenta toda certeza. Cabe à filosofia transformar os fatos em vivências.[12]

Um texto que ajuda a entrar em diálogo, se repararmos em suas dificuldades (atenção ao itálico):

> Sócrates: *Imagino, Górgias, que tu tens passado, como eu, através de um bom número de conversações. E no transcurso das mesmas, terias notado coisas como as seguintes: os interlocutores têm dificuldade na hora de definir os assuntos objeto de discussão, assim como para concluir essa discussão depois de haverem se instruído mutuamente. Pelo contrário, se acontece estarem em desacordo sobre qualquer coisa, se um manifesta que o outro se equivoca ou fala de maneira confusa, então se irritam um contra o outro, e cada um considera que seu interlocutor se expressa com má-fé, a fim de ter a última palavra, sem indagar sobre o que há no fundo da discussão. Acontece assim mesmo que às vezes se separam de maneira lamentável, injuriando-se, lançando os mesmos insultos que recebem. [...] Por que falo sobre isso, me perguntas? Porque tenho a impressão de que o que tu acabas de dizer não é de todo coerente, nem em perfeito acordo com o que dizias no princípio a propósito da retórica. E dado que tenho medo de te refutar, temo também que penses que o ardor que me invade se dirige, não para deixar claro o assunto de nossa discussão, mas para criticar-te. Assim, escuta, se és como eu, gostaria de propor-te algumas perguntas, senão, renuncio ao meu desejo.*[13] Assim, pois, és mais conforme ao espírito do diálogo não tanto inclinar-se por uma resposta verdadeira, quanto não introduzir na conversação assuntos nos quais o interrogado reconhece que não está informado.[14]

---

[12] Cf. Maceiras Fafián, Manuel. Lenguaje y comunicación. In: *Metamorfosis del lenguaje*. Madrid, Síntesis, 2002.

[13] Platão. *Górgias*, 457d, 458a.

[14] Idem. *Menon*, 75d.

A seguir, algumas perguntas que facilitam o diálogo:

- Podem ser detectadas no texto algumas condições ou regras do diálogo filosófico?
- O diálogo filosófico é a mesma coisa que uma conversa espontânea?
- O diálogo filosófico não seria mais uma análise de idéias que fazem avançar uma reflexão do que algumas regras de jogo para manter a conversação?
- Por que é necessário *definir* o assunto objeto de discussão?
- O que é a comunicação filosófica: comunicação, consenso, simples contribuição, simples transmissão de idéias? Tudo isso? Nada disso?
- Refutar as idéias de alguém é comunicar com ele?
- Ser coerente é a mesma coisa que ser sincero?
- Por que as perguntas são necessárias, inclusive esta?

3. COMUNICAR ATRAVÉS DAS PALAVRAS: A URDIDURA DO DIÁLOGO

Toda experiência se expressa mediante uma linguagem. Já aprendemos que a linguagem é uma aptidão para inventar ou utilizar intencionalmente sinais, símbolos e metáforas, e quase como uma matriz de nosso comportamento. O acerto da linguagem está na correspondência deliberada entre idéias e símbolos. Pela linguagem os homens se separam em nações ou territórios e constitui o berço convencional do entendimento, sabendo que o que mais une é a linguagem natural dos afetos e dos sentimentos e, menos, a convencional das palavras. Demócrito disse: "Oh, amigos, sei que a verdade está presente nas palavras que eu pronunciarei; mas é muito difícil para os homens e irritante o impacto da convicção sobre seu ânimo".[15] E, em outro lugar:

> Sua voz (a dos homens) era carente de significado e confusa, mas gradualmente foi se articulando a linguagem, e como foram estabelecendo entre eles sons convencionais para designar cada coisa, acabaram construindo, para todas as coisas, uma expressão que todos eles podiam reconhecer. Mas dado que esses grupos humanos se formaram por toda a terra habitada, nem todos tinham o mesmo idioma, uma vez

---

[15] Demócrito, DK 31 B 114. Clemente, Strom. V 9. Eggers II, p. 28.

que cada grupo foi construindo sua linguagem fortuitamente. É por isso que foram diversas as peculiaridades de cada idioma e os grupos que primeiro se formaram foram os progenitores de todas as raças.[16]

Assim, os homens são convencionais, instáveis, como se sabe pelos quatro argumentos de polissemia, equivalência, metonímia e anonímia. Por isso, o diálogo — dentro e fora da aula — representa uma urdidura de almas que pensam e convivem, e é um método, um caminho para a realidade, mais que um gênero literário; caminho que leva a colocar em comum as palavras, os gestos e os silêncios, assim como as idéias que aninham o pensamento dos interlocutores. E isso, desde Sócrates até hoje. O diálogo, etimologicamente palavra itinerante entre perguntas e respostas, nunca é discussão ou ruptura, nem afirmação cortante, nem decisão unilateral. Por isso, precisa da pergunta de quem não sabe, mas precisa saber. Observe-se que uma pergunta bem formulada — sem preconceitos, não inquisidora — fica amplamente respondida. E melhor respondida ainda quando se responde com outra pergunta! O fim do diálogo é chegar a um colocar em comum os corações, as palavras cordialmente perguntadas e escutadas.

O homem se faz racional porque pode falar e enquanto fala. O modo por excelência do pensamento é o que procura a língua, meio supremo de compreensão de si e dos outros. A vontade de se abrir ao outro é já propriamente moral: "Santo diálogo, filho das núpcias da inteligência com a cordialidade".[17] Educar filosofando e filosofar educando é ajudar o aluno a olhar o rosto do outro, a interpretar-lhe desde a responsabilidade, a compaixão e compreensão de uma biografia pessoal. Daí, o lado empático e compassivo da solidariedade ser tão importante como o lado racional: é a maneira de a filosofia e a ética serem "produtivas", estimuladoras de convivência. Por tudo isso, a única armação sólida da paz individual e da convivência social é o diálogo.

4. O DIÁLOGO FAZ CRESCER NOSSAS POSSIBILIDADES

Trata-se, porém, de um diálogo ou conversação que é palavra compartilhada (*com-versar* é voltar-se para o outro); vivo, porque gera novas

---

[16] Id., DK 68 B 5. Diod., I 8, 3. Eggers, III, p. 353.
[17] D'ORS, Eugeni. *De la amistad y del diálogo*. Madrid, Residencia de estudiantes, 1919, p. 52.

palavras; reflexivo e justificado, por dar conta e razão das coisas e das vivências. E enquanto palavra reflexiva, constrói-se por meio de perguntas e respostas: quem se põe a dialogar se situa mais além do dogmatismo e do ceticismo, transforma a tensão dos opostos em um caminho de descoberta e de encontro. É assim que podemos conhecer uma espécie de pensamento terapêutico: em forma de "pode ser que sim" ou de "como você sabe", isto é, a oferta em diálogo de uma janela aberta para a realidade: fatos e acontecimentos. O "pode ser que sim" ou simplesmente "você pode" e "como você sabe", ou "em que se baseia sua opinião", deixam aberta a porta para a autonomia, para a responsabilidade pelo que se diz ou se faz: você pode não estudar, não obedecer, não amar, ou falar baseado em generalidades *daquilo que se diz* etc. Estudar, obedecer, amar não se impõem: quando há demasiada indiferença ou violência, não é possível o trabalho, a obediência, a colaboração.

Nas aulas de filosofia, ética e psicologia, os professores-educadores podem ajudar no crescimento pessoal do adolescente, mas também no conselho, no conselho escolar, na reunião de coordenadores e no conselho de orientação. Num primeiro momento, pode ser desconcertante para o adolescente. Por exemplo: "Pode ser que seu pai, seu amigo, seu professor etc. tenham razão [...], e também pode ser que estejam equivocados", "pode ser que sua decisão seja acertada, ou talvez mal tomada", "pode ser que a tese desse autor ofereça lados obscuros para poder defendê-la" etc. Mas, quando o adolescente se preparou nesse exercício, essa tarefa cria uma boa dose de modéstia, de aproximação à objetividade e de segurança.

a) O diálogo amplia também as consciências

O adolescente precisa se habituar ao diálogo, que é possível quando dele surge uma informação que os participantes ignoram. O risco do diálogo é que se expõe a trazer ao nosso pensamento alguma coisa que não queríamos, a expressar alguma coisa que não gostaríamos que fosse expressa. Pelo contrário, não é a ruptura do diálogo o predomínio dos preconceitos que fazem dele um espelho quebrado em vez de uma janela?

O diálogo é autêntica *paidéia* (Platão, *Górgias*, 485a), foro de esforço e modéstia que deixa valer o outro contra mim mesmo, inclusive quando me resiste. Como afirmou santo Agostinho, "não havendo melhor meio de investigar a verdade que o perguntar e responder, e não se encontrando apenas quem não se envergonhe de ser vencido na disputa, e por isso mesmo quase sempre aconteça que discussões realizadas são rejeitadas pelo aplauso confuso da obstinação..., pareceu-me bem investigar a verdade".[18]

Porque a filosofia não é pura atividade intelectual, mas maneira de existir numa comunidade de fato, que se institui mercê de um diálogo de contraste livre e respeitoso de pareceres. Deve-se, pois, mostrar aos alunos que em uma comunidade de filósofos entram eles com o professor. O acervo terapêutico da filosofia — diálogo[19] para um encontro de acomodação ou superação, "carícia", segundo Ortega, da realidade — volta sempre depois de menções e séculos de ocultação.[20] Sem esquecer, é claro, que o diálogo exige renúncia aos preconceitos instalados no caráter: se estamos cheios de preconceitos não podemos escutar os outros. Porque o diálogo exige a maior assepsia, embora contando com a "circunstância", que é seu maior risco para o esclarecimento da realidade: "Quem não se perde na vida — adverte Ortega —, esse é de verdade uma cabeça esclarecida".

Portanto, o diálogo é um espaço epistemológico entre dois interlocutores, e, além disso, eminentemente terapêutico, pois é abertura da inteligência que transforma a palavra impositiva em propositiva: os interlocutores se concedem igual benefício de racionalidade, evitam o hermetismo e a auto-suficiência da própria argumentação. O diálogo não é uma dialética no sentido de que duas teses opostas são reabsorvidas numa síntese, mas no sentido de que duas opiniões assomam para criar uma tensão de razoável preferência: consiste em que "toda tese é uma idealização, que o Ser não é feito de idealização ou de coisas sabidas, como acreditava a velha lógica, mas de conjuntos enlaçados em que o significado é somente uma tendência",[21] a qual provoca o alargamento da consciência.

---

[18] Santo Agostinho. *Solilóquios*, II, pp. 7; 14.
[19] O diálogo aparece cinco vezes como função e objetivo da filosofia. Cf. *BOE*, n. 214, p. 1861, 16 jan. 2001. RE 3474/2000 sobre "Reforma del Bachillerato".
[20] A palavra "realidade" aparece até sete vezes, e é objeto de um conjunto didático com três unidades didáticas específicas. *BOE*, n. 214, p. 1862, 16 jan. 2001. RD 3474/2000 sobre "Reforma del Bachillerato".
[21] Merleau-Ponty, Maurice. *Le visible et l'invisible*. Paris, Gallimard, 1964, p. 175,

b) O diálogo enriquece as diferenças

Nós, professores e educadores, não podemos evitar a riqueza da diferença: em posições éticas, religiosas, políticas, culturais. Por quê? Porque

> a reflexão filosófica própria da ética se centra na dialética conceitual de noções contrapostas como liberdade-determinismo, direito-dever, bem-mal, valores-contravalores, normatividade-irresponsabilidade, legalidade-ilegalidade etc. Além disso, a filosofia moral ajuda de modo específico a situar os problemas ético-políticos e ético-jurídicos num nível de universalidade e de abstração racional muito maior que as ciências sociais, que, normalmente, se limitam à mera descrição e explicação de fatos e de conflitos. A tudo isso se acrescenta que a ética costuma apresentar em forma de dilemas os problemas morais gerados no mundo atual [...].[22]

Toda forma de renúncia à crítica, qualquer que seja a forma de doutrinação ou de dogmatismo, nos leva ao fanatismo daqueles que acreditam ter tudo claro, mas não se esclarecem (dissonância cognitiva), ou mandam, mas não cumprem, pois levam uma vida dupla, jogam com consciência dupla.

Recorde-se que o diálogo socrático-platônico não é um luxo, mas uma necessidade que procede de dois pressupostos. Primeiro: nenhuma aprendizagem é mera transmissão de conteúdos nem simples informação, mas um caminho da alma e alma de um íngreme caminho que deve ser subido (no mito da caverna pulula o sentido do esforço por todos os lados); uma aprendizagem é significativa se o aprendido é compreendido, se incorpora um novo material à estrutura cognitiva do aluno, relacionando-o com o já sabido, ampliando-o ou modificando-o. O fator mais influente na aprendizagem é o já conhecido pelo aluno. No entanto, a posse de etiquetas conceituais está na raiz da incomunicação. Os problemas se resolvem aplicando o sabido ou aprendido a situações novas e distintas de aprendizagem. O fato de os alunos chegarem a captar os atributos definidores é um passo elementar de conceituação. Mas não basta. Um

---

apud OUAKNIN, Marc-Alain. *La plus belle histoire de Dieu*. Paris, France Loisirs, 1997, pp. 94-96 (tradução nossa).

[22] *BOE*, p. 1852, 16 jan. 2001. RD 3473/2000.

conceito global é constituído por uma trama de conceitos parciais que, inter-relacionados, determinam a natureza de uma idéia. Pense-se que os conceitos filosóficos se expressam numa linguagem natural cujos termos remetem a outros novos. Segundo: toda linguagem é insuficiente para expressar algo da realidade; é pensamento formulado, mas não um lacre da realidade. Por isso, será sempre um problema a resolver e se torna tão difícil a comunicação. A metáfora virá como valiosa ajuda conceitual, transformando-se em elo de novos horizontes de interpretação.

Quando acreditamos pensar e ajudamos os alunos a pensar, em nossa mente brincam as palavras, que não são nossas, mas nós delas: impõem-se ao pensamento. A disposição interior da alma determina o juízo sobre as coisas, ou seja, pensamos dos outros segundo o que somos: as grandes palavras que Platão e os outros filósofos inventaram, e que nos chegaram através da prosa, da poesia ou do lugar-comum, são feitos de um eu íntimo que não pára de perguntar. Porque uma pergunta bem formulada, bem intencionada, se não depara com a contestação definitiva, conduz a posteriores perguntas: aquele é já um início de resposta quase satisfatória. O adolescente, ao responder, se encontra com a possibilidade de sua resposta se tornar um problema, mas indaga, interpreta; assim vai forjando a cultura pela qual vive.

c) A interpretação é uma riqueza do pensamento, mas também um jogo perigoso

Viver é interpretar, e *interpretação* é recreação, o que não pode acontecer sem uma ruptura ou perda prévia do já sabido. Com efeito, o diálogo seria, num primeiro momento, ruptura de preconceitos ou de juízos (idéias e crenças) inservíveis porque incompletas e, num segundo passo, construção de outras novas mais adequadas à realidade. A verdadeira interpretação faz com que a palavra única que nos chega possa ser compreendida de maneira plural. E a essa pluralidade concita a liberdade de homens que dialogam. "A realidade aparece sempre coberta por uma pátina de interpretações, e a primeira missão da teoria é a remoção de todas elas, para deixar patente, em sua verdade, a nua realidade que as provocou e as fez, por sua vez, necessárias e possíveis."[23] E para inter-

---

[23] MARÍAS, Julián. Ensayos de teoría (1954). In: *Obras completas*. Madrid, Alianza, 1982.

pretar bem devem ser dadas as chaves de interpretação. Nenhum texto — muito menos o gesto, a palavra e os sentimentos — esgota as imensas possibilidades de interpretação, porque um e outros permanecem inesgotáveis, abertos até a "impertinência semântica".

Palavra falada e palavra escrita são como o martelo que bate a pedra fazendo saltar feixes de faíscas. A interpretação não consiste em repetir um sentido, mas em colocá-lo em movimento; mostra que, contrariamente às pretensões da ideologia, o sentido se constrói pacientemente, não se identifica com uma verdade feita para sempre, nem com a pretensão de impô-la aos outros. Se há interpretação é para nos lembrar que nenhuma palavra pode se transformar em imposição, dogma ou verdade completa, ou para que o texto ou o professor-educador não se transformem em ídolos. Enfim, a interpretação é como uma longa viagem que convida a renunciar à necessidade de tirar conclusões rápidas, de forjar uma opinião ou um juízo definitivos.[24] Por isso, toda leitura, toda palavra é um diálogo com o texto ou com o interlocutor, e daí "o mundo foi feito infinito para nós no sentido que não podemos rejeitar a possibilidade de uma infinidade de interpretações".[25]

Sabe-se que uma situação real, um texto, pode oferecer incontáveis interpretações, pois não comporta nenhuma interpretação "verdadeira", mas somente interpretações "justas", que são possibilidades do mundo, não o mundo mesmo. Saímos assim da lógica binária — verdadeiro-falso — para entrar na lógica do sentido. Com nostalgia, Nietzsche declarava: há uma multidão de olhos e conseqüentemente toda classe de verdades, e, portanto, não há nenhuma Verdade. Por isso, o diálogo se impõe ao mesmo tempo como caminho de conhecimento e de virtude. A virtude é o equilíbrio do conhecimento, platéia de humildade que deixa o outro valer contra mim mesmo embora resista. Se no monólogo predomina o desdobramento, no diálogo predomina a integração.[26] Por exemplo, se "a criança trata a resposta do outro como uma resposta de si mesma, o adulto (o professor) tratará a resposta de si mesmo com a do outro".[27]

[24] OUAKNIN, Marc-Alain. *Invitation au Talmud*. Paris, Dominos-Flammarion, 2001, pp. 72; 75; 89. Cf. RICOEUR, Paul. *Le conflit des interprétations*; essai d'hermenéutique. Paris, Seuil, 1970.
[25] NIETZSCHE, Friedrich. *O alegre saber*, 1881-1882.
[26] CASSIRER, Ernst. *Las ciencias de la cultura*. México, FCE, 1955, p. 85.
[27] MARCEL, Gabriel. *Diario metafísico*. Buenos Aires, Losada, 1957, pp. 145-146.

O que se descobre no espaço do diálogo não é o sentido último, mas seu caminho; nem sempre há no diálogo princípio ou fim, mas também jogo e humor: como um dédalo de efeitos de espelho produzidos por acontecimentos ou por textos passados sem que atinemos em alcançar sua origem. A mesma obra literária, sobretudo o romance — quando suscita diálogo, desperta interesse, adquire valor e êxito —, o é em virtude de sua aproximação à realidade, enquanto o romance de ficção científica só serve para sonhar, imaginar e ampliar o futuro.

5º caso: Carlos (atenção ao itálico)

Os adolescentes nos escapam das mãos, despedem-se das escolas, dos centros de formação profissional, das faculdades, das universidades, e não é garantido que tenhamos lhes dado o meio de lidar com a realidade, de usar um pensamento inevitável, de acomodar comportamentos positivos, de suscitar uma relação favorável.

Carlos, vinte anos, terminou a faculdade aos trancos e barrancos. Apesar de seus *professores* reconhecerem suas capacidades, ele *resistia* em acreditar. Sentindo-se pouco apoiado por *sua família*, *abandonou a idéia de fazer carreira profissional*, apesar *de isso o isolar* de seu grupo de amigos. Assim, *viu seu futuro* de maneira *pessimista. Saiu de casa* e, com apenas alguns trocados, foi para Barcelona. *Decidiu* virar *skinhead*, raspar o cabelo e vestir a roupa distintiva de sua tribo: calças, suspensórios, botas e algumas correntes. Não somente *aceitou* os costumes, mas também *as idéias do grupo*: a "raça branca", "Europa branca". *Eles consideram os imigrantes* negros, árabes ou judeus *inferiores, culpáveis* de todos os problemas sociais, da criminalidade e do desemprego. Além disso, *reprimem* a homossexualidade, que, segundo eles, perverte as relações tradicionais homem-mulher, ameaçando a integridade dos valores masculinos. *Ordem e disciplina devem ser impostas pela força* e inclusive pelo sangue. Carlos *participa nas idéias* e agressões do grupo sem se questionar, *não sabe o que pensar...*

Resolver um problema não é só conhecê-lo, mas praticar colocando em jogo as habilidades do conhecimento. Assim, um dependente de drogas, por exemplo, conhece seu problema, mas não busca remédio, não pratica seu conhecimento do problema. É claro que no caso de Carlos há três componentes em seu diagnóstico. Primeiro, o cognitivo, como a predisposição contra um objeto específico: os negros, os homossexuais etc.; segundo, o afetivo, como rejeição, desprezo, agressividade contra eles; e, terceiro, o de conduta, como violência verbal e física. Carlos não se preocupa em *justificar* suas teses racistas ou sexualistas, nem se existe uma hierarquia de valores. Ele não coloca nada em dúvida, nem se pergunta sobre o *fundamento* de "suas" idéias. Ele sabe *o que pensar*, mas *não sabe pensar*. Por isso, a idéia que Carlos faz do ser humano se situa no nível da opinião, resultado de uma atitude passiva e desconfiada (a mesma que teve durante o ensino médio), que utiliza como *crença subjetiva* e *sem argumentação*, é aceita como preconceito, sem o menor exame crítico. Uma atitude, pois, oposta à *racional*, que consiste em fazer da razão pedra angular, fonte e guia das idéias aceitas e dos comportamentos adotados, extraindo dela regras universais de conhecimento e comportamento. Finalmente, faria falta a Carlos um *saber* sobre o ser humano subjacente ao racismo e, a partir daí, ser capaz de *criticar* o projeto da ideologia racista.

Perguntas para o diálogo:
- No caso de Carlos, há vários elementos de "crença" em si mesmo e em outros que não são objetivos, nem morais. Você saberia detectá-los?
- É mais objetiva e sólida uma crença pelo fato de ser compartilhada por um grupo?
- Você se lembra do estudado no *Discurso sobre o método* (parte II), de Descartes, sobre "crenças" e "multidão de leis" e da vontade aloucada de "reformar o Estado mudando tudo nele desde os fundamentos e destruindo-o para voltar a construí-lo"?
- O fracasso escolar é assunto somente de adolescentes e jovens?
- Por que a adolescência e a primeira juventude são idades de risco moral e espiritual?
- Quais são as escapatórias mais freqüentes em adolescentes ou jovens fracassados?
- É muito fácil para um adolescente adotar as idéias do grupo sem reclamar? Por quê?
- Um adolescente que entra no caminho do crime pensa raciocinando?
- Você conhece alguém como Carlos, a quem você poderia ajudar?
- Que alternativas você tem para um rapaz como Carlos?

5. ESCUTA E "VISÃO" SÃO OBJETIVOS DE PALAVRAS QUE TRAMAM O DIÁLOGO

Se o professor-educador não aprende a ficar tranqüilo escutando o outro, permanecerá fechado em seu pequeno universo. No silêncio, descobrimos logo que não somos deuses, mas criaturas, não curandeiros, mas cooperadores, não superiores, mas ajudantes. Porém, toda pergunta reclama uma capacidade de escuta da possível resposta em palavras, em gestos ou em silêncios, porque "a formação da capacidade de escuta é o verdadeiro objetivo e quase único interesse do estudo".[28] Se os semitas foram o povo da escuta (*semá*), os gregos foram o povo da visão (*nous*). Qual é o órgão principal do conhecimento: a escuta ou a visão? Na realidade, esta é a plenitude daquela. Que a visão seja superior à audição é assunto muito defendido por Filão de Alexandria: "Aquele que vê é sábio; os loucos, ao contrário, são cegos e míopes. Por isso, os profetas eram chamados antigamente 'videntes' (1Sm 9,9), e o asceta teve muito cuidado em mudar o ouvido pela vista para ver o que antes ouvia, conseguindo assim a herança na qual reina a vista e superando a da audição".[29] No entanto, o povo semita entendeu a primazia da escuta. O profeta Elias entendeu-o claramente: estava ele sentado no monte esperando encontrar-se com Javé, e diante dele passou um vento forte e poderoso que destruía os montes e quebrava as rochas, mas Javé não estava no vento. E veio depois do vento um terremoto, mas Javé não estava no terremoto; veio depois do terremoto um fogo, mas Javé não estava no fogo; depois do fogo veio um leve e suave sussurro. Quando o ouviu, Elias cobriu o rosto com seu manto porque sabia que Javé estava presente. Na ternura de Deus, a voz era como um sussurro que era também a voz (cf. 1Rs 19,11-13).

O que pretendemos na aula é uma síntese de escuta e visão que, entendida ao modo kantiano, é "o ato de acrescentar uma a outra diversas representações e de abranger sua diversidade em um conhecimento".[30] Escuta e visão são inseparáveis e capazes de promover o diálogo. Acima do mito consolador, o diálogo, matriz da filosofia grega — que havia

---

[28] WEIL, Simone. *Attente de Dieu*. Paris, Gallimard, 1950, p. 114. [Ed. bras.: *Espera de Deus*. São Paulo, ECE, 1987.]

[29] FILÃO DE ALEXANDRIA. *De migratione Abrahami*. Paris, Cerf, 1965, p. 118. Cf. LELOUP, Jean-Yves. *El Evangelio de María. Myriam de Magdala*. Barcelona, Herder, 1997, p. 132. [Ed. bras.: *O evangelho de Maria. Míriam de Magdala*. São Paulo, Vozes, 1998.]

[30] KANT, Immanuel. Conceitos puros do entendimento. In: *Crítica da razão pura*.

dado à luz a democracia como acordo de opiniões —, agiu como bálsamo na ferida de toda dispersão mental, individual e social — a que feriu de morte a democracia como discussão de opiniões.

A capacidade de escuta entre professor e aluno é eficaz, e também a de compreender o que ela sugere. E será gostoso falar aos ouvidos que sabem escutar, porque saber escutar é entender. Escutar não é um processo espontâneo, nem se restringe a esperar que o outro termine de falar, nem é o mesmo que ouvir, nem se resume a entender as palavras, nem é assunto somente da boa vontade. Escutar é ter uma atitude pessoal, livre, de sintonia com o que a outra pessoa me diz, como o diz e quanto deixa transparecer no que silencia. A escuta não é um dom, mas uma aprendizagem com esforço. Não é um dom, porque nascemos e crescemos no berço da cultura que nos é imposta (lugares-comuns, convicções, costumes, reações lentas). É uma aprendizagem, porque escutar o outro significa sair desse berço e caminhar pelo atalho do próximo, de suas vivências particulares que não são as nossas, mas podemos nos colocar em seu lugar, tornando-nos audíveis. Do fato de não nos empenharmos, torna-se impossível o encontro: o "já o vejo", o "agora compreendo" da empatia, a colaboração, o respeito e a confiança. Aquele que escuta tem seu rosto voltado para o futuro para fecundar o presente; acaba enlaçando o próximo ao distante, o humano ao divino, o vivo ao vivo. Finalmente, uma escuta inundada de inteligência e afetividade pode ser ensinada e aprendida: uma e outra reforçam a congruência; não se trata somente de introduzir os sentimentos na inteligência, mas também de integrar a inteligência na afetividade.

Certamente, não somos inteligência pura, mas necessitada; temos nela nosso salva-vidas, mas uma inteligência emocional que comporta uma educação emocional: o novo paradigma da inteligência é a inteligência sentimental.[31] Na verdade, a prática da inteligência afetiva não se reduz ao mero conhecimento dos valores nem ao aperfeiçoamento do juízo moral, mas, sobretudo, à formação do caráter. Pensamos, sentimos, tememos, desejamos, tudo ao mesmo tempo. O autor, a teoria, o sistema, explicados pelo professor diante de um grupo de alunos, propiciam o clímax que satisfaz os conteúdos temáticos e as necessidades vitais daqueles que estão presentes na sala de aula. Quem escuta, vê e dialoga é uma

---

[31] FERNÁNDEZ BERROCAL, Pablo & RAMOS DÍAZ, Natalia. *Corazones inteligentes*. Barcelona, Paidós, 2002.

pessoa acumulada que será curada pela razão e salva pela fé. Porque a escuta, como a beleza das coisas, das pessoas e dos acontecimentos, vem do amor, não o contrário. E isso não é assunto somente de família, de casal ou de grupo de amigos, mas também de aula.

Tanto o departamento de orientação[32] como o consultório psicológico são apoios da aula, lugares privilegiados para refletir e chegar a um acordo sobre as respostas emocionais dos alunos diante dos problemas: é o ponto de partida. Mas a contribuição filosófica é uma maneira de estudar e chegar a um acordo sobre o problema em si: é o ponto de chegada. A força do diálogo consiste em devolver ao aluno a relevância dessa introspecção filosófica que possibilita a convivência. O que acontece, infelizmente, é que preocupa e ocupa mais um problema informático que um problema humano. Com o primeiro, o aluno se sente orgulhoso pelas horas dedicadas à sua eventual resolução; com o segundo, se sente diagnosticado pelo orientador ou, talvez, menosprezado pela sociedade.

6º *caso: Suzana* (atenção ao itálico)

Definir o problema que incomoda, detectar as emoções, analisar um e outras, manter a distância precisa da realidade quando ela nos é adversa, educa e leva (sair de e ir com) todo adolescente a um equilíbrio mínimo para viver melhor.

Suzana tem vinte anos e faz o curso de auxiliar de enfermagem. Diz: "*Ando perdida*, sem vontade de viver; cheguei a pegar os comprimidos [...], *acredito que estou estorvando, sinto-me vazia, sozinha, meus pais se separaram, odeio minha mãe* porque me faz muito mal, fui obrigada a viver com meu pai alcoólatra e estou muito unida à minha avó paterna. Quando pequena, *na escola me chamavam* "la Gordi" e meu avô paterno "la Ramona", porque estava gorda. Não tenho amigos: faltaram-me. Gosto de ler. Há seis meses durmo mal. *Tenho religião, porque alguma coisa tem que haver, mas não a pratico*".

---

[32] Cada vez se solicita mais e com maior insistência a criação desses departamentos em todas as escolas, uma vez que "permitirão esboçar planos de prevenção e de atenção aos alunos com necessidades educativas, assim como o seguimento pessoal e a orientação psicopedagógica, acadêmica e profissional dos alunos" (ANPE. Cf. *ABC*, Madrid, 6 nov. 2001).

- Explique as palavras e orações em destaque: "acredito que estou estorvando", "sinto-me vazia, sozinha", "odeio minha mãe", "na escola me chamavam".
- Você saberia distinguir, se fosse possível, entre a crença, obra de um pensamento racional, e a crença, obra de um sentimento incontrolado? Ou entre consciência e crença?
- Pensamento e realidade coincidem sempre? Em que se baseia sua opinião?
- É assim, ou você pensa que é assim?
- Se você se lembra, na filosofia I e II fizemos a distinção entre "crença", "opinião", "perspectiva", "verdade" e "realidade". Você saberia aplicá-los à situação de Suzana?
- A verdade e a vida se apóiam mais no entendimento que no sentimento? Em casos-limite como o de Suzana, quem tem a última palavra?
- Você pode dar um exemplo de familiares, amigos, companheiros, aplicando a diferença explicada por você no segundo item acima?
- Que significado latente você encontra em "tenho religião, mas não a pratico"?

Assim, o diálogo busca o olhar novo sobre as coisas, os acontecimentos, as crenças e os compromissos, resultando, em primeiro lugar, uma correção de pontos de vista; em segundo lugar, uma corroboração; e, finalmente, uma transformação. Seja-nos permitido lançar mão de um texto evangélico, entre outros que nos serviria de amostra exemplar:

> Naquele tempo, um escriba se aproximou de Jesus e lhe perguntou: "Qual é o primeiro de todos os mandamentos?". Jesus respondeu: "O primeiro é este: 'Ouve, Israel! O senhor nosso Deus é um só. Amarás o Senhor, teu Deus, de todo o teu coração, com toda a tua alma, com todo o teu entendimento e com toda a tua força!' E o segundo mandamento é: 'Amarás teu próximo como a ti mesmo'! Não existe outro mandamento maior do que estes". O escriba disse a Jesus: "Muito bem, Mestre! Na verdade, é como disseste: 'Ele é único, e não existe outro além dele. Amar a Deus de todo o coração, com toda a mente e com toda a força, e amar o próximo como a si mesmo, isso supera todos os holocaustos e sacrifícios'". Percebendo Jesus que o escriba

tinha respondido com inteligência, disse-lhe: "Tu não estás longe do Reino de Deus". E ninguém mais tinha coragem de fazer-lhe perguntas (Mc 12,28b-34). Quem pergunta é um escriba ou perito na lei judaica; quem responde é Jesus. Ambos se escutam mutuamente, estão atentos às palavras mútuas, não se interpretam, não se prejulgam. Depois da pergunta e da resposta, o escriba felicita Jesus: "Muito bem, Mestre". O escriba repete, corrobora a mensagem ou lembrança da resposta de Jesus, que vendo que o escriba havia entendido ou compreendido a resposta, também o felicita. Nota-se uma mudança no perguntante escriba — "amar o próximo como a si mesmo, isso supera todos os holocaustos e sacrifícios" —, neste caso de confirmação de uma crença e conversão a ela. O escriba escutou e "viu" mais claro. Quando houve comunicação verdadeira, se impôs o silêncio. O escriba não precisou "fazer-lhe mais perguntas". O diálogo foi perfeito, a comunicação havia sido plena.

Efetivamente, Jesus de Nazaré tinha uma singular maestria no uso de perguntas que vão ao coração, que não toleram a curiosidade nem o espetáculo, que comprometem uma resposta clara na decisão a tomar: "Quando Herodes viu Jesus se alegrou muito, pois fazia muito tempo que desejava vê-lo, pelas coisas que ouvia sobre ele, e esperava que fizesse algum sinal em sua presença. Ele "interrogou-o com muitas perguntas. Jesus, porém, nada lhe respondia" (Lc 23,9). Em outro lugar: "Os sumos sacerdotes faziam muitas acusações contra ele. Pilatos perguntou de novo: 'Não respondes nada? Olha de quanta coisa te acusam!'. Jesus, porém, não respondeu nada, de modo que Pilatos ficou admirado" (Mc 15,3-5). Como podemos ver, toda pergunta que não se interessa pelo progresso da verdade, pela instalação no compromisso, é inútil, merece o silêncio como resposta.

a) O diálogo é impossível sem a escuta

Nos diálogos platônicos — dotados de uma técnica narrativa magistralmente empregada —, as palavras se tornam capazes de resolver dúvidas, de esclarecer formulações, de retocar definições prévias. Quando Platão apresenta de modo irônico sua concepção da filosofia, as idéias que compõem o fio de suas palavras serão parte do diálogo; a outra será a atuação de diversos personagens e a apresentação de seus temperamentos.[33] Muitos diálogos platônicos são propostos como exercícios dialéticos: daí, a especial dificuldade de algumas de suas partes para o leitor atual, alheio habitualmente a interesses lógicos. Também chama a atenção, como em alguns dos grandes diálogos, que parecem ter algo de escolástico; os interlocutores são jovens desejosos e necessitados de uma formação dialética, em que está presente uma ação dominante. Em *Eutidemo,* seria o desmascaramento de dois irmãos que são falsos filósofos; em *Cármides,* uma espécie de conversão do jovem protagonista; em *Fédon,* Sócrates conta que, num belo dia, ouviu falar sobre o livro de Anaxágoras, no qual afirmava que "é a mente que ordena tudo e é a causa de tudo" (98b); em *Menon* se condensa o comportamento de seu escravo, que descobriu que sua suposta segurança no que pensava não era mais que ausência de reflexão: "*Acreditas, por acaso* — pergunta Sócrates a Menon —, que o escravo tinha procurado buscar e aprender isso que acreditava saber, mas ignorava, antes de se ver problematizado e convencido de não saber, e de sentir o desejo de saber?" (*Menon,* 84c). Há, pois, duas dimensões: o não saber ainda e o já saber algo, como descreve o mito do nascimento de Eros (*Banquete,* 203-204). Por isso, o filósofo não é um sábio, mas um amante da sabedoria (*Fedro,* 278d; *Lísias,* 218a).[34]

O professor-educador terá percebido a essa altura que o diálogo precisa da escuta, da humildade de reconhecer que não se sabe tudo, de que os alunos podem ensiná-lo algo. Com efeito, encontrar respostas satisfatórias para todas as perguntas não é fácil, e Sócrates era consciente disso. Seu mérito foi o de haver proposto bem as perguntas sobre a natureza do homem, ou o sentido e o valor de sua existência, ao mesmo tempo que tentou ajudar outros a se propor as perguntas. De onde se deduz que o diálogo e a escuta ou visão devem partir de um "não saber" como fonte de possibilidades e, como não, ápice de sabedoria.

7º *caso: Laura* (atenção ao itálico)

Laura, 22 anos, obteve há dois anos seu diploma de ensino técnico, mas *não encontra* trabalho. Gostaria de aproveitar *para conti-*

---

[33] Pérez de Laborda, Miguel. *El más sabio de los atenienses*; vida y muerte de Sócrates. Madrid, Rialp, 2000. A tradução dos textos é retirada da edição de Madrid, Gredos, 1987, pp. 36-37.

[34] Ibid., pp. 71ss.

nuar seus estudos na universidade, *mas a situação de sua família não lho permite.* Seu pai está desempregado, sua mãe trabalha por hora, fazendo faxina. Apesar dos currículos que enviou para as empresas, e *embora sentindo-se objetivamente preparada para um trabalho de sua profissão, não recebe ofertas. Sente-se humilhada*: é difícil não poder ser independente, exercer suas aptidões, realizar suas aspirações. Porém, ainda lhe é mais *difícil se convencer de que não é culpa sua.* "Como Deus pode esperar tanto, se peço tanto a ele?" Laura sabe pela imprensa que a concorrência ou competitividade é a regra do jogo das empresas, que o mercado da oferta e da demanda é correlativo, que renegamos moralmente o consumismo como um contravalor, mas que, por outro lado, deve-se consumir se queremos trabalho para todos. Contudo, se a crise e a recessão econômica continuarem, vai haver cada vez mais pobres, menos ricos, mais desempregados, mais emprego precário. Laura percebe que *há alguma coisa estruturalmente injusta no mundo do trabalho*, e que o que *deve ser mudado* é o conjunto do sistema econômico; *a solução deve ser coletiva*, global. As mudanças precisam ser pensadas pelo povo e em seu benefício, e *não se pode cruzar os braços*; cada vez mais fala sobre o assunto com conhecidos e amigos.

Um comentário surge espontaneamente. Não somente uma legião de adultos, mas muitos adolescentes e jovens se sentem implicados no caso de Laura. Logicamente, a situação de Laura e seu sentimento de desvalorização a deixam indignada. É evidente que seu problema se repete cada vez mais entre aqueles que buscam o primeiro emprego ou vivem no limite da pobreza. Multidão de mães solteiras ou de casais com filhos precisam de recursos para a moradia, para o aluguel, para os gastos domésticos. Inclusive, jovens — sem que o saibam seus pais ou seu parceiro — se entregam à prostituição para escapar de suas miseráveis condições de vida. E isso sem contar a discriminação insistente que desfavorece a mulher. O trabalho não tem outra escapatória: ou socializa e desenvolve, ou aliena e rebaixa o indivíduo. Diante de tais situações, deve-se adotar uma postura individualista de "salve-se quem puder", ou uma postura solidária de consciência social. Sem esquecer que a realidade econômica não é uma fatalidade, mas que somos nós aqueles que a criamos. Portanto, mais além de gritos e manifestações, com reflexão crítica e deixando uma parte para Deus, como diz Laura, temos que empreender ações concretas: o desenvolvimento do ser humano depende do modo de organização da sociedade em que vive. Como disse Unamuno: "O tempo é irreversível: se você toma um caminho, você fecha os demais; se lhe oferecem vários caminhos: escolha. A pior escolha da vida é a de não escolher". De Sócrates até hoje, a filosofia não fez nada mais que perguntar.

Assim, surgem algumas perguntas para o diálogo:

- Como descrever em duas linhas a realidade de Laura, a social e a afetiva?
- Deve-se pensar, mas basta pensar? O pensamento é uma "superestrutura"?
- Se, como disse Marx, "a existência social determina a consciência, e não o contrário" (*Crítica da economia política*), que lugar resta para o pensamento, inclusive para aquele que, com boa intenção, sem dúvida, Marx defendia?
- "O modo como os indivíduos manifestam sua vida reflete exatamente o que são. O que são se identifica com sua produção, tanto com o que produzem como com a maneira de produzi-lo" (Marx, *Manuscritos*). Laura pode ficar reduzida ao que produz, a esse trabalho que tanto deseja, e se sentir livre ao mesmo tempo; é desejável neste caso encontrar um trabalho?
- Se, como disse Engels, "nossa consciência e nosso pensamento, por mais transcendentes que possam parecer, não são senão o produto de um órgão material, corporal, o cérebro" (*Ludwig Feuerbach e o fim da filosofia clássica alemã*), dever-se-á cuidar do cérebro em vez de cuidar da maneira de pensar? Seria livre nosso pensamento, nossa consciência, ou estaríamos determinados? É viável uma "estrutura da vida social" sem "superestrutura"? Justifique suas respostas.
- "A sociedade inteira não será mais que um só escritório e uma só oficina, com igualdade de trabalho e igualdade de salário" (Lenin, *O Estado e a revolução*). Seria resolvido assim o problema de Laura a respeito do "exército de desempregados"? Dever-se-á mudar uma "ideologia" por outra?
- O trabalho e a religião realizam e socializam o ser humano ou o alienam? De que maneira, segundo sua resposta?

- Marx disse: "A abolição da religião enquanto felicidade ilusória do povo é uma exigência de sua felicidade real" (*Crítica da filosofia hegeliana do direito*). De que outra maneira Laura pode obter uma felicidade mais real?
- O que pode acontecer — exceto quando se joga na loteria — quando se age sem pensar previamente?
- Se em sua família, entre seus amigos, ou para você mesmo acontecesse o caso de Laura, por onde e como você começaria?

6. ENSINAR A SE EXPRESSAR: O DIÁLOGO AJUDA A RETER CONTEÚDOS E A MUDAR COMPORTAMENTOS

Como disse Platão, à solução de muitos problemas só se pode chegar "depois de uma longa convivência com o problema e depois de haver se tornado íntimo dele" (*Carta sétima*, 341c). A visão completa de um problema exige que seja bifocalizada: racional e afetiva, de longe e de perto, masculina e feminina, adolescente e adulta. Embora nas obras maduras de Platão haja tendência crescente de reunir longos discursos, em seu diálogo *Timeu* aparecem perguntas e respostas breves. Em uma das raras ocasiões nas quais o vemos pronunciar esses discursos, o próprio Sócrates se espanta por haver sido arrastado por uma "enxurrada de eloqüência" e manifesta que tem a impressão de haver "experimentado uma espécie de embargo divino" (*Fedro*, 238c-d). "Perguntando algumas vezes e respondendo outras" (*Górgias*, 449b). Na verdade, os discursos belos e longos nem sempre são acompanhados de verdade.[35] Chama-nos a atenção que, nos diálogos, Sócrates não parece ter pressa: aguarda, indaga

> palavras com fundamento, capazes de ajudar a si mesmas e àqueles que as usam, que não são estéreis, mas portadoras de sementes das quais surgem outras palavras que, em outros caracteres, são canais por onde se transmite, em todo tempo, essa semente imortal, que dá a felicidade a quem a possui no grau mais alto possível para o homem.[36]

---

[35] Phillips, Christopher. *Sócrates café*; un soplo fresco de filosofía. Madrid, Temas de Hoy, 2002; Calvo, José María. *Hola, Carlos, soy Platón*; viaje apasionante a través de la historia de la filosofía. Madrid, Sophia, 2001. Cf. Castilla del Pino, Carlos. Artigo em *Ciencia y Sociedad*, pp. 9-29.

[36] *Fedro*, 276e-277a.

A tentativa dos diálogos socráticos, mais que refutar as teses de seus interlocutores, é deixar a descoberto suas almas, trazer à luz suas más disposições para tentar transformá-las. Gadamer dá alguns exemplos: "As crianças que se acreditam amigas, ignorando o que é a amizade" (*Lísis*), "os generais famosos que crêem encarnar em si a virtude do soldado" (*Laques*), "os políticos ambiciosos que presumem possuir um saber superior a qualquer outro" (*Cármides*) e Apolodoro, tão perturbado pela morte do mestre (*Fedon*, 59a-b), e um dos discípulos que mais amavam Sócrates, a quem devia muito, pois, desde que freqüentava sua companhia, a vida havia se transformado: "Antes dava voltas de um lugar para outro, ao acaso, e, apesar de acreditar que fazia alguma coisa importante, era mais infeliz que qualquer outro, não menos que tu agora, que pensas que és necessário fazer tudo menos filosofar" (*Banquete*, 172c-173a).[37]

De onde se depreende que o segredo do diálogo é a interiorização e a expressão comunicativa. Menon disse a Sócrates:

> Olha, eu já havia ouvido antes de te conhecer que não fazes outra coisa a não ser confundir-te tu e os outros; e agora, segundo me parece, me está enfeitiçando e embrulhando e encantando completamente, e com isso estou já cheio de confusão. E me parece totalmente, se se pode também gracejar um pouco, que é parecidíssimo [...] com o torpedo.

Mas não. Sócrates replicará a Menon: "Ao fazê-lo tropeçar com a dificuldade [refere-se ao escravo que aparece na obra citada] e entorpecer-se como o torpedo, nós lhe causamos algum prejuízo?". E Menon responde a Sócrates: "Parece-me que não. [...] Um benefício é o que fizemos, sem dúvida, no sentido de descobrir a realidade. Porque agora até investigará com gosto, não sabendo, enquanto então facilmente houvesse acreditado, inclusive diante de muita gente e muitas vezes, que estava certo". Assim, o diálogo nunca é inútil. Faz-nos sentir, como Homero afirmou de Tirésias, que "era entre os mortos o único que sente" (*Menon*). O diálogo tem em si mesmo uma virtude educadora. E, embora não encontrado o acordo, ele tem o mistério por entender e a acolhida escutadora por agradecer.

---

[37] PÉREZ DE LABORDA, op. cit., pp. 71ss.

O diálogo representa uma situação na qual cada um encontra sua palavra através da palavra do outro, um esforço contra toda *resistência* provocadora do sem-sentido. Sócrates e Freud, salvando todas as distâncias, gostam de fazer de seu trabalho uma ajuda para dar à luz como hábeis parteiras: o jogo do diálogo é o de fazer nascer ou renascer e recordar. E da mesma forma que a parteira não gera o filho, tampouco o professor-educador nem o psicoterapeuta determinarão, mas orientarão, o que será a nova personalidade. Na verdade, a rigor, Sócrates não é filósofo, e se ocupa um lugar na história da filosofia não é por ter filosofado, mas por haver despertado muitos — Platão e Aristóteles, entre outros — para a filosofia. O texto de *Teeteto* supõe que o mestre se coloque essencialmente a serviço do discípulo, disposto a *escutá-lo*; como Sócrates admirava o hino à *escuta* do poeta Píndaro!

a) Filosofia e psicoterapia

Com sua habitual beleza de estilo, María Zambrano ressalta de maneira categórica: "A psicologia é a filosofia da esperança, filosofia medicinal, filosofia salvadora da esperança de salvar o mundo pelo cerceamento das aparências, pelo cuidado do pensamento, pela distância e distinção entre pensamento e realidade".[38] Dir-se-á que filosofia e psicoterapia têm mais de monólogo que de diálogo, uma vez que aluno e paciente são aqueles que falam, enquanto aquelas não respondem totalmente, nem sempre. No entanto, especialmente a psicoterapia ignora propositadamente as demandas manifestas do paciente para remetê-lo ao sentido latente, isto é, ao mais profundo de si. De igual maneira, Sócrates — recordemo-lo outra vez — dirá a Cármides: "O importante não é o que eu penso, mas o que tu dizes" (163e). Dizer: seja perguntando o que não se sabe para fundamentar um saber, nisso consiste o diálogo; seja trazendo o que se sabe para fundamentar um viver, nisso consiste a comunicação. Enquanto Eutifron diria do diálogo que se abre por meio de uma inquietação de um respeito pela verdade (14e), Sócrates declara que "dialogar não é somente dizer a verdade, mas fundamentar sua resposta sobre o que o interlocutor reconhece saber" (*Menon*, 75d; *Eutifron*, 14e). No fundo, a maiêutica psicanalítica remete à maiêutica socrática, se bem que entre ambas há importantes diferenças. Por exemplo:

---

[38] ZAMBRANO, María. *Hacia un saber sobre el alma* (1950). Madrid, Alianza, 1987.

a) as que dizem respeito às condições exteriores e ao conteúdo da busca: o quadro espaço-temporal;
b) as condições econômicas;
c) a postura do divã;
d) a transferência: à maneira, no entanto, do psicanalista, Sócrates suscita aspirações que não satisfaz (como não recordar os sentimentos que desperta até o fim do diálogo *O banquete*, que ele mal chega a compreender e que aparecem tingidos de ambivalência sexual?);
e) as duas regras fundamentais opostas: Sócrates exige, antes de tudo, coerência na comunicação, enquanto na psicanálise deve-se falar de tudo, inclusive do incoerente, pois tudo tem sentido (ritmo, silêncios etc.), coisas que não ocupavam a atenção de Sócrates, isto é, a dimensão expressiva da linguagem.

Por aí, os diálogos claramente platônicos puderam ser denunciados como uma contramaneira didática de indagação ou descoberta (heurística) do diálogo socrático. Como se — para usar a comparação que tiramos de Kant — alguém ordenhasse uma cabra e colocasse embaixo uma peneira.[39] Assim, a única função que Sócrates se atribui é a maiêutica: esta não ensina nem cria nada. Sua habilidade consiste em ajudar o parto de outros, a que dêem à luz a verdade por meio de seus próprios pensamentos, permitindo declarar mais do que se sabia: "Por tua causa — garante Teeteto a Sócrates —, disse eu mais do que tinha em mim mesmo" (*Teeteto*, 210b4-d4).

Portanto, o que o diálogo pretende provocar é uma transformação da existência graças à escuta: a sabedoria socrática não busca somente conhecer, mas existir de maneira diferente. "Onde está a sabedoria que perdemos no conhecimento? Onde está o conhecimento que perdemos na informação?"[40] Eis onde poria o caráter militante — utilitário, se se preferir — da filosofia. A marca do *diálogo* apresenta pela primeira vez na filosofia ocidental a satisfação de uma análise (alguém quis ver a primeira psicanálise). Muitos elementos da psicanálise procedem da filosofia grega, porque a recordação (*anámnesis*), entre outros, continua conservando seu poder para revelar a verdade: tanto no âmbito individual, segundo

[39] Cf. VALLÉE, C. Dialogue socratique et dialogue psychanalytique. In: *L'Enseignement Philosophique*, Paris, v. 42, n. 4, pp. 11-20, mar./abr. 1992.
[40] ELIOT, T. S. *The rock* (1920). London, Peter & Chou, 1934.

a formulação de Freud, evidenciando os traumas da infância, como no âmbito coletivo, ao modo de Jung, ao reivindicar uma memória coletiva inconsciente. Resultado? Enquanto a heurística é uma forma de violência verbal em relação à verdade e seu interlocutor, inclusive uma imposição, o diálogo se abre por meio de um desejo de verdade e se define como um respeito por ela, uma exposição. O benefício do diálogo se situa, pois, no conhecimento de si e do outro, e numa mudança de comportamento de ambos.

b) Conseqüentemente...

Mediante os processos de transmissão realizados por boas estruturas de acolhida ou de escuta, o ser humano, em geral, e o adolescente, em particular, constroem sua biografia pessoal. Assim, professores e alunos deveríamos estar prontos a escutar, e isso não é obra de engenhocas nem de videntes, mas de um trabalho que parte de uma interioridade motivada por um elemento cognitivo e outro afetivo: aquele que, além de falar, é capaz de escutar, ouve toda resposta que por caso se escondeu no silêncio, porque nossa alma faz ruído sem cessar, mas há um ponto nela que é silêncio e não se ouve: "É tal que, mesmo de meu silêncio/ vivo, talvez temeroso;/ porque disseram que sabem/ com silêncio falar os olhos".[41]

Seria bom perceber que o ensino não é habitualmente idêntico ao diálogo, pois o percurso a seguir por aquele está controlado e determinado unilateralmente, enquanto o diálogo é bilateral. Nosso propósito é que se complementem: para o bem do aluno e, também, do professor. Se o diálogo socrático está mais próximo da dialética — arte da construção de conceitos a serviço da verdade —, o caminho platônico do diálogo representa o atalho que conduz da opinião ao conhecimento da idéia, encontrando saída na recordação ou reminiscência. Mas, em se tratando de um caminho ou método impessoal, se pretende que sirva para qualquer interlocutor que busca a verdade. Por essa generalização é que tem pouco a ver com a psicanálise. Daí, as reservas dos docentes em empregá-lo. E isso não é muito difícil de conseguir em aulas massificadas? Por isso, o caminho ficará mais rápido depois de um auto-exame sumário: meus atos expressam minha palavra? Minha palavra expressa meu pensamento? Meu pensamento expressa meu desejo? Meu desejo expressa a proxi-

---

[41] CALDERÓN DE LA BARCA. *Los cabellos de Absalón.*

midade da realidade? A realidade expressa meu ser? Meu ser expressa a possibilidade do Absoluto?[42]

8º caso: *Emílio* (atenção ao itálico)

O caudal terapêutico da filosofia passa pelo diálogo até um encontro — "carícia", como disse Ortega — com a realidade. O diálogo exige renúncia aos preconceitos instalados no caráter: quando estamos cheios de preconceitos, não podemos escutar os outros. A pergunta se impõe. Chega um momento em que já não se pode evitá-la (atenção ao itálico).

Emílio tem 18 anos, cursa o 2º ano de faculdade e é *órfão de pai, que morreu faz dois anos e com quem se dava bem*. Vive com a mãe viúva e com uma avó. "*Não quero viver em uma família sem pai. Faz algum tempo que sinto ódio de mim. Sonho coisas incomuns. Não sei o que quero fazer. Antes eu era muito alegre. Preciso de alguma coisa que me dê ilusão*. Faço pequenos serviços e ganho algum dinheirinho. *Eu não quero ficar assim*."

Questões para abrir o diálogo:
- O itálico marca fatos reais adversos e conseqüências emocionais: você saberia identificá-los?
- Emílio, como todo ser humano, é consciente de um estado emocional negativo ("não quero", "sinto ódio", "coisas incomuns", "não sei"), que ele percebe como "a" realidade. Porém, o que Emílio espera?
- A ilusão tem em nosso dicionário uma etimologia negativa e um significado positivo: você recorda a unidade didática de filosofia I em que se tratava sobre o assunto?
- Emílio enfrentou sua realidade fazendo alguns "pequenos serviços" e ganhando algum "dinheirinho". Explique-nos.
- Com quais coisas incomuns um rapaz pode sonhar em circunstâncias como as de Emílio?
- Um ser humano, um grupo, uma família, um povo, podem viver com ódio?
- Que parcela cabe à filosofia e à psicologia no "eu não quero ficar assim" de Emílio?

---

[42] LELOUP, op. cit., p. 68.

- Em que sentido poderiam servir para Emílio as seguintes sugestões de Descartes: "Procurar sempre vencer-me a mim mesmo [...] e alterar meus desejos antes que a ordem do mundo"; "Meus desígnios não foram outros senão tratar de reformar meus próprios pensamentos e edificar sobre um terreno que seja inteiramente meu".[43]
- Emílio seria ajudado aplicando as quatro regras (evidência, análise, síntese e enumeração) que Descartes propõe em seu *Discurso sobre o método*?
- Parece que seria bom para Emílio — e para quem não seria? — recordar o aprendido de Ortega: o que ele chamava de "minha vida" ele a marcava com estas cinco características: 1) "transparência" ou "perceber"; 2) "mundanalidade" ou análise do problema pessoal, a "circunstância" ou "perspectiva", que não é razão pura, mas história particular; assim se evitam os dogmatismos dos conselhos consoladores e os ceticismos dos abandonos desoladores; 3) "ocupação" ou uso da razão vital que liberta de automatismos prefixados, ou liberdade diante da fatalidade; 4) "escolha e decisão"; 5) "futurização" ou "projeto".
- Você acredita que conseguimos um resultado concreto através do diálogo?

7. SENTIDO DA DIALÉTICA

Diante da dificuldade de recordar o já aprendido numa existência anterior, entra em jogo o método socrático da maiêutica, que ajuda a alma a extrair de si os conhecimentos que já possui. Para isso contribui a *dialética*, ciência que permite ter acesso a um "caminho íngreme" até as idéias, método de divisão e técnica de busca cooperativa da verdade, servindo-se do procedimento socrático de pergunta e resposta: "o conhecimento que os seres humanos adquirem do mundo inteligível pela dialética é mais claro que o que se adquire por meio das artes, que se servem de certas hipóteses como princípios" (*República*, 509e-510b). A filosofia não é assunto individual, mas "obra de homens que discutem com boa vontade e vivem juntos"; atividade própria de uma comunidade de educação livre que não se rende no palco dos "espíritos bastardos, mas aos

---

[43] DESCARTES, René. *Discurso sobre o método*, II.

verdadeiros e legítimos talentos". Porém, como a dialética consiste em "dar razão a si mesmo e aos outros" (*República*, 534 b4-5), volta-se irremediavelmente à pergunta. Algumas reflexões do antigo aluno selam a relação filosofia e ciência.

No dia 15 de janeiro de 2001, João Paulo, um antigo aluno,[44] veio à escola para dissertar sobre "Outro olhar para a ciência". Confessava que a ciência lhe ensinou a "descrever", mas não a "dizer" o que as coisas são. Depois de sua brilhante dissertação, prendeu ainda mais os alunos com o seguinte diálogo entre o filósofo (F) e o cientista(C):

C: Todos os progressos científicos foram para o benefício e desenvolvimento da humanidade.

F: O que você entende por "desenvolvimento da humanidade"?

C: Que a qualidade de vida é maior.

F: E o que você entende por "qualidade de vida"? Até que ponto essa qualidade de vida é necessária?

C: Você não vai me negar que, graças à ciência e seus progressos, a espectativa de vida aumentou e se possui mais tempo livre.

F: Estaria de acordo com você se esse tempo que você proclama livre (e inclusive o que você não proclama como livre) fosse um tempo no qual alguém fizesse todas as suas vontades. Não é o tempo que deve ser aumentado, mas nossa capacidade de desfrutá-lo.

C: A ciência ajuda, proporciona facilidades para viver. A ciência não é culpada de que o tempo não é aproveitado ou de serem aqui potencializados alguns valores em vez de outros, mais dignos e humanos. E mais, ajuda a encontrar valores perdidos.

F: Eu não estou dizendo que a ciência é culpada ou deixa de sê-lo. Sim, a ciência sempre ajudou no sentido de que todos nós vivamos de modo mais ou menos cômodo e mais ou menos longo. Porém, nem sempre esses progressos tecnológicos estiveram acompanhados de um progresso moral ou ético ou de juízo de valores.

C: Creio que o entendo. Não é o objeto em si, mas como fazer uso do que pode nos prejudicar (a televisão e sua capacidade de formar opiniões e movimentar massas, o carro e seus acidentes e sinistros totais, as armas nucleares etc.).

---

[44] João Paulo Ramos estudou ciências físicas na Universidade Complutense de Madrid. Atualmente, trabalha como bolsista no laboratório Fermilab de Física de Altas energias, na Alemanha, através do Tevatrón.

F: Você acredita que me entende e eu acredito que você está me entendendo, querido amigo, e não há mais solução que a consciência individual, o avaliar se verdadeiramente este bem (geralmente material) que estamos adquirindo nos vai beneficiar em alguma coisa diferente do puramente material, ou se aquilo que realmente nos beneficia é o ser livre de toda necessidade.

C: Então, um cientista, segundo você, deveria considerar seu trabalho, pois todos os progressos são encaminhados para a construção de um mundo mais desenvolvido.

F: Um cientista e qualquer pessoa que saiba distinguir um mundo desenvolvido (no sentido de cômodo) de um mundo emancipado (rico em valores).

Pós-escrito: No final deste diálogo me perguntaram: "E quem ganha no final, o cientista ou o filósofo?". Ao que eu respondi: "Isso é um diálogo, não uma discussão. Não vai um ganhar e o outro perder. Ou ganham ambos ou perdem ambos".

Como podemos ver, a dialética está servida. Não se trata de ganhar ou perder, mas de falar deixando cair a pergunta na terra fecunda da boa consciência, onde a verdade se assenta: "Sou daqueles que aceitam com prazer ser refutado, quando não dizem a verdade, e daqueles que refutam com gosto seu interlocutor, quando erra" (Platão, *Górgias*, 458a). Platão é herdeiro da *dialética* socrática. Define o filósofo como um "dialético" que possui a arte de saber perguntar e responder. Pois bem, o aspecto socrático da dialética consiste em saber perguntar, e o saber responder é outro sentido que lhe dá Platão. Sócrates nos trouxe duas coisas, a definição e o método indutivo; uma e outro constituem a ciência que, por não ser precedida do método socrático, não seria positiva, não saberia responder, pois é preciso criar previamente uma situação de vazio cognitivo, libertando o indivíduo de suas idéias preconcebidas.

A partir de *A República*, Platão modifica sua forma de diálogo, perdendo essa força de imitação socrática para se tornar mais intelectual, mais acadêmica. O diálogo foi transportado da praça pública para a academia; há um enfraquecimento de sua fé civil no se entender com o outro: bastaria comparar *A República* e *As Leis*. Mais adiante, essa dialética socrático-platônica seria considerada negativamente por Aristóteles, para quem os dialéticos eram uns mistificadores sofistas. Em Aristóteles a razão se declina no plural; não se trata de uma única razão, mas das diversas razões segundo as disposições e hábitos da mente em relação com a verdade: o teórico, o prático e o poético.[45] Mesmo assim, o verdadeiro diálogo é para Aristóteles o que progride incessantemente e garante sua razão de ser. Daí, o triunfo amargo da dialética é que o diálogo está sempre renascendo, e até o possível fracasso do diálogo seria um segredo de sua sobrevivência.[46]

Não prestaríamos um grande serviço a nossos alunos servindo-nos do exercício dialético socrático, ou do esforço e da disciplina que inevitavelmente acompanham a condição do educando, como avisa Platão no começo do livro VII da *República*? Como poderiam progredir dos dados concretos para as idéias, ou de uma coisa bela para a beleza, ou de um ato virtuoso para a virtude, ou de algo bom para o Bem? Como fazer com que evitem as generalizações, sobretudo as negativas, sobre pessoas e acontecimentos, ou sobre si mesmos? Como lhes ensinar a valorizar a própria intimidade que se adentra na palavra feita pensamento e no pensamento feito palavra? Para que a terra, a casa, a comunidade, a escola e a aula sejam mais habitáveis, recorremos ao diálogo (etimologicamente, palavra que vai e vem, ponte que enlaça duas razões). E isso, embora por todo lado se note uma crise de palavras, seu abuso e intransigência geram gritos ou gestos violentos. Para exorcizar suas apreensões, muitos jovens se apressam em unir seus corpos à margem de todo intercâmbio de palavra, ignorando que esta é indispensável para dar ao gesto amoroso um sentido estável.

O racionalismo exagerado e interessado do homem ocidental é culpado da crise que a palavra sofre, restringindo-a somente a um sentido. Embora toda palavra contenha um significado, este não esgota seu conteúdo. Querer apropriar-se das palavras, de sua interpretação unilateral, é apropriar-se do significado reduzindo-o a um único sentido. Os grandes discursos, as palavras nutridas, os argumentos sólidos vencem, mas nem sempre convencem. O que vence e nos converte é o diálogo e o testemunho plasmado em fatos. Mesmo assim, "Sejamos agradecidos não somente àqueles cujas opiniões podemos compartilhar, mas também aos que se expressaram mais superficialmente, pois também estes contribuem com algo, uma vez que desenvolveram nossa faculdade de pensar".[47]

---

[45] Cerezo Galán, Pedro. Reivindicación del diálogo. Discurso de ingreso na Real Academia de Ciencias Morales y Políticas de Madrid. Madrid, 1997, pp. 55-56.

[46] Aubenque, Pierre. *Le problème de l'être chez Aristote*. Paris, PUF, 1962, p. 294.

[47] Aristóteles. *Metafísica*, II.1, 993b 12ss.

8. AS DISCIPLINAS FILOSÓFICAS, UM ÂMBITO PRIVILEGIADO DE COMUNICAÇÃO

A primeira referência explícita ao problema da *comunicação*, pelo menos na filosofia ocidental, foi obra de Górgias, que a propôs há 2.500 anos, centrando sua reflexão em três questões que subordinavam a comunicação ao problema do conhecimento do ser: primeira, nada existe; segunda, se algo existisse, não poderia ser conhecido; terceira, se fosse conhecido não poderia ser comunicado.[48] Porém, diante da comunicação do real, podem ser admitidas três possibilidades que, com diversos matizes, versam sobre conteúdos irreais: a comunicação daquilo que se sabe como falso, com intenção de enganar; a do que se acredita real e não o é; e a do fictício na arte. Fazer, pois, da aula um âmbito de comunicação não é transformá-la em um consultório psicoterapêutico, mas em um espaço de intercâmbio de idéias que nascem e sobrevivem. E como, se as possibilidades de incomunicação são infinitas? Realmente, muitos aprendemos a "incomunicar" e essa aprendizagem contaminou nossa capacidade de comunicação. E teremos que aprender o que por natureza não teria feito falta? Estamos diante de uma aprendizagem semeada de obstáculos.

Pois bem: não se trata de se conformar com valores que procedem da racionalidade de um diálogo entre opiniões, mas de uma busca de verdades, inclusive de opiniões provisoriamente seguras. Em primeiro lugar, o "dizer" significativo é mais que o simples "informar"; em segundo lugar, o ser humano tem obscuridades nas quais não podemos entrar, mas sim iluminar.

Na incompreensão aparece uma dupla armadilha: primeira, a acusação-desqualificação do outro; e, segunda, a acusação-desqualificação de si mesmo. Pelo contrário, na comunicação surge um diálogo que se fundamenta numa tríplice possibilidade: primeira, a de dizer com a maior liberdade possível e ser entendido sem preconceito ou rejeição prévia; segunda, a de permitir ao outro dizer com a maior liberdade possível e ser entendido também sem preconceitos; terceira, usando palavras, sinais, símbolos e metáforas para nos comunicarmos, pois é manifesto que sempre existe uma palavra mais apropriada para expressar o que queremos.

---

[48] UÑA JUÁREZ, Octavio. *Comunicación y libertad*; la comunicación en el pensamiento de Karl Jaspers. Madrid, Ed. Escurialenses, 1984, pp. 11ss.

Assim poderíamos *definir a comunicação* como o passar pensamentos e sentimentos (informação) para outra pessoa por meio da palavra falada ou escrita, por meio do gesto e do silêncio (canal), de maneira que os interprete como nós esperamos (interpretação), produzindo nela uma mudança de comportamento (aprendizagem). É, pois, todo um processo ao qual denominamos "comunicar-te-me". Ou seja, pôr em comum as idéias dos filósofos, dos escritores, dos cientistas etc., o quanto elas podem oferecer ao homem para construir sua personalidade. Dessa maneira, a aula se transforma em um espaço privilegiado de encontro de vidas pessoais.

9. A NECESSIDADE DA COMUNICAÇÃO

Um modelo de aula centrado na relação triangular aluno-professor, aluno-aluno, professor-aluno, suscita espontaneamente renovação individual e comunicação:

> Substituam ao redor do professor todos estes elementos clássicos (o estrado, a cátedra, o número de alunos, o degrau, o anfiteatro) por um círculo pouco numeroso de alunos ativos que pensam, que falam, que discutem, que se movimentam, que "estão vivos", em suma, e cuja fantasia se enobrece com a idéia de uma colaboração com a obra do professor. Vejam como se excitam por sua própria e espontânea iniciativa, pela consciência de si mesmos, porque já sentem que são alguma coisa no mundo e que não é pecado "ter individualidade e ser homens".[49]

Há, pois, que "suprimir essas salas de aula antigas. [...] Que tornam impossível toda comunicação. [...] Destruam essas massas de alunos constrangidos a ouvir passivamente uma lição ou a alternar com um interrogatório de memória, quando não a presenciar à distância exercícios e manipulações que apenas conseguem perceber".[50] Toda comunicação na sala de aula pode ser produzida a partir de duas *necessidades* fundamentais.

---

[49] Zapata, J. *Antologia pedagógica de Francisco Giner de los Ríos*. Madrid, Santillana, 1997.

[50] Giner de los Ríos, Francisco. Espíritu de la educación en la Institución Libre de Enseñanza. In: *Estudios sobre educación*. Madrid, Espasa Calpe, 1933, tomo VII.

Primeira, a de ser reconhecidos, inclusive salvaguardando a porção de privacidade que nos torna inacessíveis: porque há silêncios que doem, mas há silêncios que são respeitados.

Segunda, a de ser entendidos tal como nos expressamos, sabemos e sentimos: "É realmente difícil conversar quando faltam pontos coincidentes na história de duas pessoas".[51] Porque, quem dialoga, certamente afirma ao outro: todo punhado de razões implica convenção entre sujeitos, visão comum de um objeto ideal.

Mas não basta a razão sozinha para criar a convivência humana. É preciso também a comunicação cordial, a convergência de corações num mesmo objeto amoroso.[52] Porque "a razão humana não é filha, como alguns acreditam, das disputas entre os homens, mas do diálogo amoroso em que se busca a comunhão pelo intelecto em verdades — absolutas ou relativas —, mas que, na pior das hipóteses, são independentes do humor individual".[53] A razão que embala as idéias é nosso patrimônio, o que temos; porém, as crenças, o mais além das idéias, são nosso cajado, aquilo que nos ampara. A idéia é passiva, sobrevém, nela se está como num húmus que alimenta a seiva da árvore; a crença, no entanto, é ativa ("obséquio razoável", no caso da crença religiosa), se possui, é dinâmica, é a tradição em marcha que assume qualquer um que dê crédito ao visto ou ao ouvido por testemunhas diretas ou indiretas que nos legaram sua tradição, muito além do que expressa a canção popular: "Queria ver-te e não te ver. / queria falar-te e não te falar; / queria encontrar-te a sós / e não te queria encontrar".

Como obter resultados

Se nós professores não ajudarmos nossos alunos a tirar melhor proveito das disciplinas que ministramos e, sobretudo, da filosofia, ética e psicologia, nem nós nem eles teremos empregado bem o caminho (*método*), e a filosofia estaria de mais nos planos de estudo. Porque sempre entram em jogo a inteligência que se usa e a afetividade que a impregna, porque "os juízos morais têm um conteúdo cognitivo; não somente expressam as atitudes afetivas, as preferências ou as decisões contingentes

[51] DELIBES, Miguel. *La sombra del ciprés es alargada*. Barcelona, Destino, 1948.
[52] MACHADO, Antonio. *Juan de Mairena*. Tomo XV. Madrid, Espasa Calpe, 1986.
[53] Ibid., VI.

dos respectivos falantes ou atores".[54] Assim, pois, em primeiro lugar, ajudamos os alunos de ética, por exemplo, a refletir sobre a base das teorias que tenhamos confrontado (aristotélica, tomista, empirista, utilitarista, kantiana, rawlsiana, habermasiana etc.) a partir de sua própria experiência ou a de seus parentes e amigos. Em seguida, em pequenos grupos, explicarão e avaliarão as teorias à luz dessas experiências, sem esquivar a própria do professor como "ser moralmente condicionado". Num terceiro passo, sugerimos exercícios sobre esclarecimentos de valores, como o esforço, a justiça etc., e lhes propomos que esbocem uma lista de qualidades de uma pessoa que admiram, ou que digam as qualidades que são valorizadas pela sociedade, pelos meios de comunicação. Finalmente, que busquem em jornais ou revistas personagens para aplicar-lhes tudo o que refletimos em classe ou, eventualmente, analisar, num debate na câmara dos deputados, as declarações dos políticos, incluídas as descortesias e contradições, os vozerios de algumas manifestações etc.

De maneira que a escola pode instruir-nos, dar-nos abundância de regras, mas é preciso que o aluno possua a capacidade de se servir delas, o que é factível por meio de uma reflexão compartilhada. Assim, fazer demonstração de bom juízo é ter acesso à imparcialidade e à equidade. Recordemos que Peters censurava Kohlberg por não se ocupar dos aspectos afetivos do desenvolvimento moral:[55] se o objetivo do desenvolvimento e da educação moral é a ação moral, o mero desenvolvimento do raciocínio moral é importante, mas insuficiente. Para que a ação seja conseqüente com o juízo, exige-se não somente a correção do mesmo, mas, além disso, algum "apaixonamento" ou sentimento, sem que este perca seu caráter racional.

9º caso: *Xavier* (atenção ao itálico)

Xavier não terminou a faculdade. Cansado de repetir e desconfiado de suas capacidades, recusou se matricular no 2º ano, mesmo sabendo que *isso iria isolá-lo de seu grupo de companheiros de escola*. Assim,

---

[54] HABERMAS, Jürgen. *Consciência moral e agir comunicativo*. Rio de Janeiro, Tempo Brasileiro, 1989.

[55] FERNÁNDEZ HERRERO, B. El esquema de Kohlberg revisado. R. S. Peters y la educación moral temprana. *Paideia*, revista de Filosofía y Didáctica Filosófica, Madrid, n. 24, pp. 461-483, out./dez. 1993.

optou por matar aula... até que encontrou na saída do metrô um grupo de jovens marginais, concretamente *skinheads*, que o convidaram a passar com eles o fim do dia... Desse modo, acabou adotando *os costumes, a indumentária e as idéias do grupo*, por exemplo, sua militância em favor da supremacia da "raça branca". *Seu primeiro compromisso* foi pintar dizeres em cartazes, também nas paredes, e distribuir folhetos... Considera os imigrantes negros, judeus e árabes inferiores, e os culpa pelos problemas sociais, especialmente pela criminalidade e pelo desemprego. Ao mesmo tempo, Xavier e seu grupo preconizam a repressão da homossexualidade que, segundo eles, perverte as relações tradicionais entre homens e mulheres e ameaça a integridade dos valores masculinos. De maneira que *a ordem e a disciplina que postulam devem ser impostos* a todo mundo, até pela violência. A força do grupo impele Xavier a adotar suas idéias e a agir conseqüentemente [...].

O adolescente costuma fazer perguntas com requintes de ansiedade:

- O que significam as palavras "disciplina" e "compromisso"?
- Qual é sua reação espontânea diante do comportamento de Xavier?
- É fácil para um adolescente censurar o gregarismo de Xavier?
- Que relação você pode encontrar entre fracasso escolar e o envolvimento com turmas de desconhecidos?
- A partir de seus conhecimentos da vida social da juventude na Grécia antiga e na Roma imperial, podem ser comparadas sua conduta e diversões com a situação dos amigos improvisados de Xavier?
- As afirmações que vêm a seguir caracterizam a atitude ou as idéias de Xavier. Com quais você concorda e de quais você discorda?
  a) Todo mundo tem necessidade de um grupo de pertença.
  b) Os papéis sexuais tradicionais devem ser mantidos.
  c) A raça branca é superior às outras raças.
  d) Deve-se manter a ordem na sociedade.
  e) O desemprego e a criminalidade são causados pelos imigrantes.
  f) É normal usar a violência para defender nossas idéias.
  g) Todo mundo tem o direito de expressar suas opiniões.
  h) Estudamos e dialogamos suficientemente sobre direitos humanos nas aulas de ética, filosofia I e II.
  i) É bom saber para ser aprovado, mas, depois, a vida é outra coisa.

10. A CONDIÇÃO NATURAL DA COMUNICAÇÃO E SUAS SURPRESAS

A condição humana é chamada a ser comunicadora. Acreditamos que basta ser sincero para ser acreditado, mas logo descobrimos:

- Que as palavras, veículo das idéias, escondem intenções que nos escapam, e que os alunos são livres para interpretar.
- Que o entendido por quem nos escuta é diferente do dito por nós.
- Que cada um de nós tem filtros, referenciais, idéias fixas e zonas de intolerância instalados em nosso caráter.
- Que a reciprocidade é rara e, portanto, o diálogo é uma aventura, como a aula o manifesta diariamente.
- Que nosso corpo grava as tramas de conflitos pessoais que vêm de longe.
- Que o indizível grita com linguagem corporal e respostas corporalizadas (somatizações).
- Que na comunicação não se trata de introduzir os sentimentos na inteligência, mas de integrar a inteligência aos sentimentos. Quando Platão, santo Agostinho, Descartes, Rousseau, Kant, Ortega, por exemplo, escreveram, fizeram-no a partir de uma situação sentimental; suas idéias estavam impregnadas de afetividade, mas procuraram separar-se delas.
- Que aparecem obstáculos à inteligência: falta de motivação, medo do fracasso, complexo de culpa, dependência excessiva de outro.
- Que o dito por outros, suas idéias, nos são apresentados como fragmentos dogmáticos indiscutíveis e, por isso, objeto de avaliação de nossas aprendizagens acadêmicas: não se pode esquecer que os filósofos foram criativos a partir da confrontação de suas idéias.

Em resumo, toda relação humana, toda lição, qualquer que seja a disciplina que ministramos e, certamente, as de ética, filosofia e psicologia, trazem implícita uma mensagem que, se não é emitida de maneira clara, pode ser interpretada pelo receptor de modo unilateral, inclusive levando ao conflito: Você escuta o que *quero lhe dizer* (minha intenção mais profunda, que eventualmente não consigo expressá-la), não o que *lhe digo* (que freqüentemente é expresso sem exatidão) nem tampouco o que *você quer* que lhe diga (o que encaixa nos seus interesses mais superficiais)?

174

11. VALORES PARA SE COMUNICAR

Trata-se, pois, de criar na aula algumas relações capazes de compreender uma bateria mínima de valores que orientem o diálogo e facilitem a comunicação. Por exemplo:

- atrever-se a perguntar: sem acusar, sem censurar, sem culpar, sem se queixar;
- atrever-se a dar: levar ao outro o que lhe agrada, o que me é imposto pelo papel de professor;
- atrever-se a receber: muitos não gostam de doar e sua acolhida está manchada de receio;
- atrever-se a rejeitar: saber dizer não com coerência de vida, saindo da oposição sistemática para a afirmação construtiva como norma;
- atrever-se a criticar *construtivamente* as idéias e os comportamentos daqueles que se apresentam como mestres indiscutíveis.

12. REQUISITOS DA COMUNICAÇÃO

Para que o diálogo frutifique na comunicação se exigem, pelo menos, cinco requisitos, não únicos, mas necessários:

1º) Reconhecer o outro com suas idéias diferentes. Vale pouco dizer como norma: "Veja, eu também penso assim, isso acontece comigo!".

2º) Reconhecer-me com minhas diferenças: "Eu falo de mim, não sobre você, de quanto penso e sinto". Cada um pensa, fala e sente em sua situação ou circunstância: filho de uma cultura, de uma época.

3º) Reconhecer minhas resistências e as do outro: em vez de dizer "você nunca me diz nada, nada lhe interessa", "você sempre se aborrece em classe", proponho um convite ao outro para que compartilhe meus pontos de vista sobre uma tese.

4º) Empenhar-me em ser claro sobre a decisão em comum. Se pergunto o que você pensa sobre algo, devo aceitar o risco de uma resposta diferente da que eu esperava.

5º) Aguardar através da escuta as possibilidades latentes do interlocutor: cada um tem "sua" idéia, sua vida, seu saber, que contam em relação ao tema explicado. Diante do que nos contraria, não acontece como esperávamos, e diante daqueles que nos contradizem, sempre cabe um "pode ser que sim!".

13. CONDIÇÕES DA COMUNICAÇÃO

São exigidas, necessariamente, certas condições para um diálogo criador de comunicação. Exemplos:

Nem o *insulto* nem a *ameaça* poderão entrar no diálogo: "Ah, Sócrates! Parece-me que facilmente falas mal dos outros. Eu te aconselharia, se me permites, que te cuidasses; porque, do mesmo modo que em qualquer outra cidade é fácil fazer mal ou bem aos homens, nesta o é de modo muito especial. Creio que também tu o sabes" (Platão, *Menon*, 95a). Ou, de maneira mais diretamente agressiva: "Começaram a provocá-lo implacavelmente e fazê-lo falar sobre muitas coisas, buscando, com insídias, apanhá-lo em suas próprias palavras".[56]

Paciência com o interlocutor. Assim, diante da afirmação feita por Laques de que o que Nícias diz não são mais que tolices, Sócrates responde: "Então os orientemos, mas não os insultemos" (Platão, *Laques*, 195a). E paciência também na investigação, sem ir saltitando de um tema a outro, deixando todos sem concluir. Comportando-se assim, fariam como os glutões, que "engolem vorazmente cada novo manjar que lhes servem, antes de saborear adequadamente o anterior" (Platão, *República*, 354b). Sócrates costuma causar uma perplexidade que nem todos estão em condições de admitir e, portanto, se negam a participar no diálogo.

Saber quem é a pessoa com a qual se vai dialogar. Assim, ao iniciar uma conversa com Górgias, Sócrates lhe pergunta: "Se tu és do mesmo tipo de homem que eu sou, interrogar-te-ia com gosto; se não, deixá-lo-ei. Que classe de homem sou eu? Sou daqueles que aceitam com prazer ser refutado, quando não dizem a verdade, e daqueles que refutam com gosto o seu interlocutor, quando erra" (Platão, *Górgias*, 458a).

Do que foi dito, resultam duas atitudes contrapostas: de um lado, os que estão seguros de suas próprias opiniões, cheios de si, que escapam de Sócrates quando sentem próximo o perigo de ficar em evidência; de outro, os discípulos honestos, amantes da verdade. Por exemplo, Eutifron, que acaba o diálogo com palavras de desinteresse em continuar falando: "Em outra ocasião, Sócrates; agora tenho pressa e está na hora de ir-me

---

[56] Refere-se à perseguição a Jesus por parte dos escribas e fariseus (cf. Lc 11,53-54).

embora" (Platão, *Eutifron*, 15e), e Teeteto, que deseja continuar seu colóquio com Sócrates. Protágoras se comporta também como Eutifron:

> Eu, Sócrates, elogio teu interesse e tua perícia em conduzir os diálogos. Porque, embora tampouco nas outras coisas eu acredite ser má pessoa, sou o menos invejoso dos homens, e desde o início disse sobre ti, para muitos, que te admiro de maneira muito extraordinária entre todos aqueles com quem tratei, e mais ainda entre os que têm tua idade. E outra vez, se quiseres, nos ocuparemos disso. Agora é tempo de me dedicar a outros assuntos.[57]

É evidente que se professamos uma classe, ajustando-nos aos parâmetros da academia — "mestre fala, aluno boceja ou dorme" —, então os valores, requisitos e condições da comunicação ficam em cacos: o diálogo foi impossível.

14. ESTILOS DE INCOMUNICAÇÃO

Os estilos de incomunicação espalham-se por todo canto: na aula, no lar, no casal, no trabalho. Se Suzana e os outros casos aqui relatados denunciam alguma coisa é, por um lado, a incomunicação e, por outro, a necessidade inadiável de comunicar. Como fazer, então? Evitar quatro estilos que aprendemos mal, que adotamos, talvez, sem querer:

- Imperativos: "você deve", "deve-se", "você deveria", "você teria que" "estude e deixe de ser folgado" etc.
- Ameaças reais ou imaginárias: "Preste atenção, perigo", "você vai se machucar", "costumo ser duro, mas justo com os alunos", "quem trabalha comigo, no final, não fracassa" etc.
- Sanções: "Isso aconteceu porque você não me deu atenção", "inútil você me pedir uma nota melhor [...], depois do que você fez durante a avaliação", "foi-lhe muito bem empregado: a banca examinadora inteira o reprovou" etc.
- Atribuições de culpa: acusando ("seu pai não vai suportar a vergonha de vê-lo repetir de ano"), comparando ("se você fosse como seu irmão" etc.), lamentando-se ("depois do que fiz por você durante o

---

[57] PLATÃO. *Protágoras*, 361-362a.

ano" etc.), usando dupla linguagem ("você é um adolescente fantástico" ou "você já tem idade para perceber" etc.).

15. LIMITAÇÕES E OBSTÁCULOS DA COMUNICAÇÃO

A pergunta exige qualidade e calor. Não é freqüente formularmos acertadamente as perguntas. Por exemplo: encontramos uma pessoa que passou por uma grave operação e lhe perguntamos: "Como está? Vejo que está muito bem". Observemos que o perguntante responde antes que a pessoa interpelada tenha respondido. Certamente porque há medo na pergunta e sua possível resposta negativa; não queremos que o interrogado nos conte todo seu mal-estar. São perguntas fechadas e, logicamente, não deixam saída, pois não são definidoras da integridade de uma pessoa.

Às vezes acontecem *limitações* que tornam difícil ou impossível a comunicação. Podem provir da falta de interlocutor, uma vez que "nem todos encontram um amigo", ou então da impossibilidade de estabelecer comunicação com todas as pessoas, "como se cada um tivesse direito a tudo". Por outro lado, ninguém está a salvo de ser enganado ou abandonado por aquele com quem caminhou pela mesma estrada ou compartilhou suas mesmas intenções. Tampouco está livre das limitações da ciência e da técnica. De maneira que, apesar da situação ótima que poderia tornar mais fácil a comunicação, assistimos a um momento de crise de comunicação autêntica. Por quê? Porque a ciência produz a técnica, e esta "não deixa nada intacto na vida humana. [...] a revolução técnica produzida pela ciência e pelos inventos dos europeus não é mais que a causa material e a ocasião da catástrofe espiritual".[58] Enfim, há limitações que, tanto para o professor como para o aluno, vêm de fora (tempo, espaço, condições físicas) ou de dentro (caráter, temperamento, biografia). É o que nos diz o personagem Pirandello na obra dramática de Shaw:

> Quando era criança, estava firmemente convencido de minha capacidade de me fazer entender. Porém, com minha mulher era incapaz de me comunicar. Quanto mais tentava, tanto mais ela ia à loucura. Quanto mais tentava dissipar seus ciúmes, quanto mais razões lhe dava de minha fidelidade, tanto mais ela via argumentação, até o paroxismo (exaltação violenta), porém somente consegui fortalecer sua convicção

---

[58] JASPERS, Karl. *Origen y meta de la historia*. Madrid, Revista de Occidente, 1958, pp. 69; 72.

de que a enganava. Meus dramas se inspiram precisamente na experiência de que a tentativa desesperada de comunicar acaba impedindo a comunicação, na experiência de que cada um de nós está hermeticamente fechado em seu próprio mundo interior.

Nessa mesma dupla contextura, podem advir obstáculos para a comunicação: pensemos não somente na aula, mas no departamento de orientação, na relação bilateral professor/aluno, de alunos entre si, para não falar do casal.[59] Por exemplo:

1º) Resistir, dizendo: "Eu posso mudar já", "Devo ser aceito assim como sou", "O que foi dito, dito está".

2º) Recorrer deliberadamente à incerteza, cobrindo os vazios da ignorância: "Nem o diretor nem seu pai vão me dar lições de...".

3º) Entregar a realização pessoal ao frio laboratório do técnico (tutor, departamento de orientação, psicólogo, advogado, médico): "Veja se muda como se muda uma meia, senão, vou mandá-lo para lá, para o juizado de menores... você bem que merece".

4º) Quando alguém se agarra a si mesmo dizendo: "Nunca conseguirão dissuadir-me de minha opinião".

5º) Quando nos aproveitamos da indulgência e da abertura do outro: "Este professor é bom, meio bobo, não suspende ninguém, pode-se colar nas provas".

6º) Instalar-nos em uma objetividade petrificada: "Eu penso assim e ninguém me afasta de meu ponto de vista".

7º) Apegar-nos a uma moral racional já fixada, que age menos, mas julga e exige mais: "As coisas são como são, não há mais cera do que a que está queimando, pão pão, pedra pedra"; "Você foi reprovado na minha disciplina, é justo que você pague".

8º) Seguir o modelo de pessoa orgulhosa que não quer mais do que ser ela mesma e não tem outro desejo a não ser o de possuir o mundo.[60]

---

[59] Em situações conflituosas íntimas não costuma haver mais que choques comunicativos íntimos: "Sempre você me entende ao contrário"; "Não, sempre o entendo ao contrário"; "Olha aí, já está me entendendo ao contrário". Assim, a comunicação se transforma em alguma coisa interminável. O drama moderno tira daqui seu tema e sua forma, tornando-se paradoxal, contraditório, desconcertante e absurdo. Normalmente, forma e conteúdo já são inseparáveis (cf. SCHWANITZ, Dietrich. *La cultura: todo lo que hay que saber*. Madrid, Taurus, 2002).

[60] UÑA JUÁREZ, op. cit., pp. 217-219; 231.

9º) A própria imagem pode se transformar no mais grave obstáculo para o conhecimento do outro.

10º) Negar-se a aceitar as perguntas do outro: "Não faça perguntas!"; "Falemos sobre outro tema".[61]

11º) O silêncio incompreendido porque não explicado: há silêncios que devem ser respeitados e outros que causam prejuízo.

10º *caso: Leonardo e Miriam* (atenção ao itálico)

Sem dúvida, a filosofia orteguiana da vida tem muito que dizer à psicologia do comportamento. Disse M. Yela (1993): "Ortega e Zubiri oferecem não pouca ajuda para esclarecer nossos problemas". Lembremos, por exemplo, as experiências orteguianas: "O que fazer", "não fazer qualquer coisa", "eu", "mundo", "circunstância", "achar-se", "viver-se", "desviver-se", "pensar", "perspectiva". A doença da neurose, paranóica ou obsessiva, consiste em um sentimento fechado em si, um dar voltas sobre si como um pião. Toda doença do espírito vem de dar voltas sobre si e de não se entregar a uma causa nobre: ninguém constrói a generosidade sobre a instalação na dúvida. Vejamos, pois:

Leonardo, 22 anos, quatro de profissão, e Miriam, 21 anos, auxiliar de enfermagem, saem com alguns amigos.[62] Durante a noitada, Miriam se comporta com sua simpatia e vivacidade habituais. Mas Leonardo, normalmente satisfeito com os encantos de sua noiva, está incomodado, desde a discussão a favor ou contra a greve geral do dia 27 de janeiro: Miriam discordou da posição de seu noivo e se alinhou com a postura de Jorge, com quem se mostrou, por isso, especialmente afetuosa. Leonardo *pensa*: "Eu a amo muito. Queria que não fizesse coisas como esta. Pode ser que esteja perdendo o interesse por mim. Meu Deus, se me deixasse, não sei o que faria! Será que está se sentindo realmente atraída por Jorge?". Porém, *o que Leonardo diz realmente* é o seguinte: "Você procurou insistentemente conquistar Jorge durante a

[61] ROWLING, J. K. *Harry Potter y la piedra filosofal*. Barcelona, La Salamandra, 2001. "— Achamos que seria bom se você se mudasse para o segundo quarto de Duda. — Por quê? — perguntou Harry. — Não faça perguntas! — disse com rapidez o tio. — Leve essas coisas para cima agora" (p. 37). "Se havia uma coisa que os Dursley detestavam mais do que as suas perguntas [...]" (p. 27).

[62] Adaptação de um caso proposto por: SELLIN, Birger. *Quiero dejar de ser un dentro de mí*. Barcelona, Galáxia Gutenberg, 1995.

festa. Todos notaram. Você se colocou numa posição realmente ridícula". Miriam se preocupa muito com Leonardo. Ela acha que disse coisas muito brilhantes, em especial durante a discussão político-sindical, mas acredita que Leonardo, no entanto, *não reconheceu* suficientemente sua contribuição intelectual. Miriam *diz para si mesma*: "*Meu noivo pensa* que sou somente uma boa moça ingênua".

Este é um modelo daquilo que não é um diálogo, daquilo que é falar sem expressar o que se desejaria expressar, do aparecimento de sentimentos que revelam idéias falsas, de silêncios sem sentido... Assim:

- Miriam, desconcertada, diz a Leonardo: "*Não sei do que você está falando*. Você se coloca como um ignorante, e tudo porque *discordei de sua opinião* sobre a proposta do governo diante da dos sindicatos. Jorge viu o assunto como eu. Acredito que a razão está do meu lado".
- Leonardo: "Claro que *ele viu como você*! Está de brincadeira? Que outra coisa podia fazer? Você estava praticamente sentada nos seus joelhos. Os outros convidados estavam desconcertados" (é uma "perspectiva" ou um ataque de ciúme?).
- Miriam (brincando): "Pare com isso, Leonardo, *acho que* você está é com ciúme".
- Leonardo: "Não estou com ciúme! Não me interessa minimamente... Se quer agir como uma qualquer, é assunto seu".
- Miriam (irada): "*Cara, você é um antiquado. Pelo amor de Deus! Você fala como um puritano. Sempre se comporta da mesma forma*".
- Leonardo (frio): "Isso demonstra o quão pouco *você me conhece*. Outras pessoas acham que estou muito atualizado, até demais".
- Miriam (sarcástica): "É claro, *estou certa* de que você está muito bem afinado com algumas companheiras da faculdade!".
- Leonardo: "E agora, o que você está querendo *insinuar*?"
- Miriam cai num profundo *silêncio*. Leonardo faz várias tentativas para obter alguma resposta, mas não consegue. Enfurecendo-se, sai do quarto "batendo a porta".

Comentário do caso "Leonardo e Miriam"

O que está acontecendo? (Você vê a diferença entre "acontecer e acontecer-lhes"?). Estamos diante de duas pessoas que se amam. Como é que se envolvem em tais argumentos que ferem e trazem rancor? Atenção aos pontos de vista, às "perspectivas", às "circunstâncias"... A análise da discussão entre Leonardo e Miriam parece relativamente simples. Cada um sente ameaçado algum de seus objetivos. Nenhum pode ou quer expressar com clareza, de maneira direta, qual é esse interesse ("interessar-se", "inteirar-se" ou integrar-se).

Para Miriam, sua maior inquietação parece ser sua competência intelectual. Teme que Leonardo a ache inculta. Seu principal interesse na discussão é que Leonardo não reconheceu a adequação de seus argumentos durante o assunto sobre o 27 de janeiro e, além disso, ele parece sugerir que a única razão pela qual Jorge prestou atenção nela ou pareceu interessado em seus argumentos foi devido a um puro interesse erótico e sexual. Isso lhe faz mal, ameaça sua própria auto-estima e a chateia terrivelmente. Expressou seu descontentamento, mas não o mostrou diretamente. Passou à ofensiva e atacou Leonardo, sugerindo que é um chato sem o menor interesse (o "homem chato" quer ter sempre razão, fala sem saber, sem dizer, "devora o mundo", mas não o digere, isto é, não o expressa; discute, mas não dialoga).[63]

A principal preocupação de Leonardo parece vir de certo sentimento de insegurança (textos de Descartes, Hume, Kant nos recordaram isso anteriormente: capítulo II, 5.b). Embora lhe satisfaça a vitalidade de Miriam, teme a possibilidade de, com os anos, perder seu atrativo como homem. Portanto, supõe que o acordo que Miriam teve na conversa com Jorge está relacionado com uma tentativa de se colocar do lado deste, e atribui a isso conotações sexuais, devido à sua própria insegurança. Quando Miriam o chama de "antiquado", parece captar somente a idéia ("idéias e crenças") de "velho"; confunde idéias e coisas, rapidamente defende sua masculinidade e sua atração sexual, aspectos que Miriam, em sua calorosa discussão com Leonardo, ridiculariza. Em vez de dialogar aberta e honestamente, misturam os sentimentos que se transformam em hostilidade. Resultado? Feridas de insegurança (idealismo e empirismo padecem da mesma coisa). No fundo, está por trás um problema de comunicação (o diálogo, mérito da filosofia nascente na Grécia e que a filosofia moderna perdeu ao se fechar no *eu*...).

---

[63] É um problema crescente. Cf. ORTEGA Y GASSET. *La rebelión de las masas / El hombre y la gente* etc.

Talvez tivesse sido melhor se Miriam se expressasse assim: "Sinto-me insegura por minha pouca cultura sobre assuntos de política sindical. Como você é a pessoa mais importante para mim, seria gratificante se você reconhecesse meus argumentos, considerando-os inteligentes e dignos de consideração. Quando discordamos em um tema e você fala bruscamente, você me deixa insegura. Na noite passada, enquanto discutíamos sobre o 27 de janeiro, eu teria ficado muito satisfeita se você tivesse me elogiado por alguma de minhas idéias ou intuições".

E Leonardo poderia ter-se expressado desta outra maneira: "É difícil falar sobre isso, mas gostaria de tentar. Não sei o que me acontece ultimamente, e me senti um tanto ciumento naquela noite. Não é fácil dizer, mas [...] começo: Jorge e você pareciam estar muito próximos — intelectual e fisicamente — e me senti incomodado e isolado. Ultimamente estou preocupado com minha idade. Pode parecer uma tolice, mas me sinto cansado, fora de forma e estou criando barriga. Preciso de alguma reafirmação. Miriam, você encontra algum atrativo em mim? Gostaria que me olhasse da forma que olhou Jorge naquela noite".

A maior parte das pessoas seria receptiva e sensível a este tipo de conversa direta, isto é, se enunciassem diretamente sentimentos e preocupações, sem acusar, culpar, julgar precipitadamente, chantagear, ironizar ou ridicularizar os outros. A conversa direta capacita o receptor para escutar sem colocar-se na defensiva. Certamente, a sociedade competitiva não adota esses moldes, e impede de revelar seus pontos vulneráveis ou os distorce em vez de fazer coincidir pensamento, realidade e linguagem.

De uma situação semelhante à anterior — acontece diariamente (aula, família, amigos, empresa etc.) —, podem ser tiradas algumas perguntas que dão motivo para a revisão de conteúdos: "unidades" e/ou autores filosóficos. Por exemplo:

- Você pode resumir a situação Leonardo-Miriam em uma linha?
- Seria muito difícil para você explicar as palavras e orações destacadas?
- Significam a mesma coisa: "pensar", "dizer", "dizer realmente" e "dizer-se"?
- Querem dizer a mesma coisa: "idéia", "crença" e "convicção"?
- Você acha que há diálogo entre Leonardo e Miriam? Que elementos faltam para um diálogo?

- Você identificaria caminhos característicos entre o diálogo socrático e o platônico?
- Você poderia elaborar um cartaz com os "sentimentos" e "idéias" de Leonardo e de Miriam?
- Você acredita que Leonardo e Miriam se conhecem bem, ou o conhecer-se é uma tarefa interminável que se inicia no noivado?
- Por que os sentimentos de Leonardo se tornam tão destrutivos?
- Os sentimentos negativos são imorais? Você se lembra do que Hume disse sobre os *sentimentos*?
- "Ser" e "parecer" das coisas, "realidade" e "possibilidade afirmativa ou negativa" constituem o grito de alerta de uma inteligência que deseja se relacionar e amadurecer: você pode dar exemplos reais que lhe aconteceram, empregando os verbos e substantivos que estão entre aspas?

16. ITINERÁRIO CONCEITUAL DO CAPÍTULO IV: COMUNICAR BEM PARA VIVER MELHOR

a) Do diálogo à comunicação e ao silêncio

- O homem é um ser comunicante por natureza.
- Entendemos o *diálogo* como palavra compartilhada, vivente por criar novas palavras, justificada por ter que dar razão.
- *O diálogo elimina a linguagem dogmática, descobre a verdade, não no império do professor ou do pai, mas na coincidência dos homens, no enfrentamento de opiniões.*
- No entanto, graças à linguagem, vivemos como em um espelho interior da memória, onde transparece a vida pessoal organizada em projetos.
- Na *comunicação*, especialmente na família e na aula, teremos presentes os três elementos da linguagem: o *cognitivo*, o *afetivo* e o *verbal*.
- Todo cuidado é pouco, porque a linguagem nos leva com freqüência a expressar erroneamente nossas vivências, deformando os dados da consciência.
- Perigo à vista: temos mais palavras que sentimentos, e isso torna-se visível quando ficamos indiferentes ao que acontece ao nosso redor.

- Ouvimos palavras, mas também o silêncio: a pequena verdade tem palavras claras, a grande verdade pede grandes *silêncios*.
- A verdade não está somente naquilo que se manifesta, mas naquilo que pode se manifestar, e, se queremos entendê-la, não basta escutar o que se diz, mas também o que se cala.
- Quando a comunicação é feita pelo diálogo, então a educação chegou à sua meta e a condição humana ficou engrandecida.

b) Para a realização do diálogo e da comunicação

- Vamos percebendo que a linguagem é centro e baluarte de nossas vivências: o mundo da vida (*Lebenswelt*).

c) Comunicar através das palavras: a urdidura do diálogo

- O diálogo, etimologicamente palavra itinerante entre perguntas e respostas, nunca é discussão ou ruptura, nem afirmação cortante, nem decisão unilateral.
- Necessária, pois, a pergunta para quem não sabe, mas precisa saber.
- Educar-ensinar é ajudar o aluno a olhar o rosto do outro, a interpelá-lo a partir da responsabilidade, da compaixão e da compreensão da biografia pessoal.
- Daí, o lado compassivo da solidariedade ser tão importante quanto o lado racional: é a maneira pela qual a filosofia e a ética são "produtivas", estimuladoras da convivência.
- Por isso, a única armação sólida da paz individual e da convivência social é o diálogo.

d) O diálogo faz crescer nossas possibilidades

- Trata-se, porém, de um diálogo que é palavra *com-partilhada* (conversar é voltar-se para o outro); vivo, porque gera novas palavras; reflexivo e justificado, por dar conta e razão das coisas e das vivências.
- O diálogo faz crescer também as consciências.
- O risco do diálogo é que se expõe a trazer para nosso pensamento alguma coisa que não gostaríamos que fosse expressa.
- Pelo contrário, não é a ruptura do diálogo o predomínio dos preconceitos que fazem dele um espelho quebrado em vez de uma janela?

- O diálogo não é uma dialética no sentido de que duas teses opostas são reabsorvidas em uma síntese, mas que duas opiniões chegam para criar uma tensão de preferência razoável, o que provoca a expansão da consciência.
- A riqueza da diferença: nós, professores e educadores, não podemos evitar a riqueza da diferença: em posições éticas, religiosas, políticas, culturais.
- A *interpretação* é riqueza de pensamento, mas também um jogo perigoso.
- Viver é interpretar, e interpretação é recreação, e isso não pode acontecer sem uma ruptura ou perda prévia daquilo que já é sabido.
- Se no monólogo predomina o desdobramento, no diálogo predomina a integração: o que se descobre no espaço do diálogo não é o sentido último, mas seu caminho.

e) Escuta e "visão" são objetivos de palavras que tramam o diálogo

- Se um professor-educador não aprende a ficar tranqüilo escutando o outro, permanecerá fechado em seu pequeno universo.
- Toda pergunta reclama uma capacidade de *escuta* da possível resposta.
- A formação da capacidade de escuta é o objetivo e quase único interesse do estudo-aprendizagem.
- O que pretendemos na aula é uma síntese de escuta e de visão: abranger sua diversidade em um conhecimento.
- Escuta e visão são inseparáveis e capazes de promover o diálogo.
- *Porém, escutar não é um processo espontâneo nem se restringe a esperar que o outro termine de falar, mas sim uma atitude pessoal, livre, de sintonia com o que a outra pessoa me diz.*
- Tanto o departamento de orientação como o consultório psicológico são apoios da aula no terreno da escuta.
- O diálogo é impossível sem a escuta.
- O professor-educador terá percebido a essa altura que o diálogo precisa da escuta, da humildade de reconhecer que não se sabe tudo, de que os alunos podem ensinar algo.

f) Ensinar a se expressar: o diálogo ajuda a reter conteúdos e a mudar comportamentos

- Somente se pode chegar à solução de muitos problemas depois de uma longa convivência com o problema e de ter criado intimidade com ele.
- A tentativa dos diálogos socráticos, mais que refutar as teses de seus interlocutores, é deixar a descoberto suas almas, trazer à luz as más disposições e procurar transformá-las.
- O diálogo representa uma situação na qual cada um encontra sua palavra através da palavra do outro, um esforço contra toda *resistência* provocadora do sem-sentido.
- Filosofia e psicoterapia: ambas parecem ter, à primeira vista, mais de monólogo que de diálogo. No entanto, Sócrates adverte Cármides: "O importante não é o que eu penso, mas o que tu dizes".
- Dialogar não é somente dizer a verdade, mas fundamentar sua resposta sobre o que o interlocutor reconhece saber.
- Portanto, o que o diálogo pretende provocar é uma transformação da existência graças à escuta; não busca somente conhecer, mas existir de maneira diferente.
- Conseqüentemente, mediante os processos de transmissão realizados por boas estruturas de acolhida ou de escuta, o ser humano, em geral, e o adolescente, em especial, constroem sua biografia.
- E recordemos que o ensino também não é habitualmente idêntico ao diálogo, pois o percurso que deve ser seguido por ele é controlado e determinado unilateralmente, enquanto o diálogo é bilateral.
- Nosso propósito, pois, é que se complementem, para o bem do aluno e, também, do professor.

g) Sentido da dialética

- Arte de saber perguntar e responder.
- Diante da dificuldade para recordar aquilo que foi aprendido numa existência anterior, contribui a *dialética*, ciência que permite o acesso a um "caminho íngreme" até as idéias; método de divisão e técnica de busca cooperativa da verdade, servindo-se do procedimento socrático de pergunta e resposta.

- A filosofia não é assunto individual, mas "obra de homens que discutem com boa vontade e vivem juntos", não de "espíritos bastardos, mas dos verdadeiros e legítimos talentos".
- Porém, como a dialética consiste em "dar razão a si mesmo e aos outros", volta-se irremediavelmente à pergunta.
- Não se trata de ganhar ou perder: "Sou daqueles que aceitam com prazer ser refutado, quando não dizem a verdade, e daqueles que refutam com gosto seu interlocutor, quando erra". Pois bem, o aspecto socrático da dialética consiste em saber perguntar, e o saber responder é outro sentido que Platão lhe dá.
- Sócrates nos ofereceu duas coisas, a definição e o método indutivo: cria previamente uma situação de vazio cognitivo e liberta o indivíduo de suas idéias preconcebidas.
- Como ensinar os alunos a valorizar a própria intimidade que se adentra na palavra feita pensamento, no pensamento feito palavra e na palavra que é dirigida ao outro através da dialética?

h) As disciplinas filosóficas, um âmbito privilegiado de comunicação

- A primeira referência explícita ao problema da comunicação, pelo menos na filosofia ocidental, foi obra de Górgias.
- Diante da comunicação do real cabem três possibilidades que, com diversos matizes, versam sobre conteúdos irreais: a comunicação daquilo que se sabe como falso, com intenção de enganar; a do que se acredita real e não é; e a do fictício na arte.
- Fazer, pois, da aula um âmbito de comunicação não é transformá-la em um consultório psicoterapêutico, mas em um espaço de intercâmbio de idéias que nascem e sobrevivem.
- Pois bem, não se trata de se conformar com valores que procedem da racionalidade de um diálogo entre opiniões, mas de uma busca de verdades, inclusive de opiniões provisoriamente seguras.
- Por isso, devemos ter clara a definição de *comunicação*: "comunicar-te-me".

i) A necessidade da comunicação

- Um modelo de aula centrado na realização triangular aluno-professor, aluno-aluno, professor-aluno suscita espontaneamente renovação individual e comunicação.

- Toda comunicação na sala de aula pode acontecer a partir de duas necessidades fundamentais:
  - *primeira*, a de ser reconhecido, inclusive salvaguardando a porção de privacidade: porque há silêncios que doem, mas há silêncios que devem ser respeitados;
  - *segunda*, a de ser entendidos tal como nos expressamos, sabemos e sentimos: quem dialoga, certamente afirma ao outro. Todo punhado de razões implica convenção entre sujeitos, visão comum de um objeto ideal.
- A razão que embala as idéias é nosso patrimônio, o que temos; mas as crenças, o mais além das idéias, são nosso cajado, aquilo que nos ampara.
- Perceber todas as conseqüências.
- Se nós professores não ajudarmos nossos alunos a perceber todas as conseqüências das disciplinas que ministramos e, sobretudo, da filosofia, ética e psicologia, nem nós nem eles teremos empregado bem o caminho (método), e o ensino-educação ficaria desvirtuado.

j) A condição natural da comunicação e suas surpresas

A condição humana é chamada a ser comunicadora. Acreditamos que basta ser sincero para ser acreditado, mas logo descobrimos:

- que as palavras, veículo das idéias, ocultam intenções que nos escapam, e que os alunos são livres de interpretar;
- que o entendido por quem nos escuta é diferente do dito por nós;
- que cada um de nós tem filtros, referenciais, zonas de intolerância instalados em nosso caráter...

Em resumo, toda relação humana, toda lição, qualquer que seja a disciplina que ministramos e, certamente, as de ética, filosofia e psicologia, trazem implícita uma mensagem: você escuta o que eu quero lhe dizer (minha intenção mais profunda, que talvez não consiga expressar), não aquilo que lhe digo (que freqüentemente é expresso sem exatidão), nem tampouco o que você quer que lhe diga (o que se enquadra em seus interesses)?

k) Valores para se comunicar

É possível criar na aula algumas relações capazes de compreender uma bateria mínima de valores que orientem o diálogo e facilitem a comunicação. Por exemplo:

- Atrever-se a perguntar: sem acusar, sem censurar, sem culpar, sem se queixar.
- Atrever-se a dar: levar ao outro o que lhe agrada, o que me é imposto pelo papel de professor.
- Atrever-se a receber: muitos não gostam de doar e sua acolhida está manchada de receio.
- Atrever-se a rejeitar: saber dizer não com coerência de vida, saindo da oposição sistemática para a afirmação construtiva como norma.
- Atrever-se a criticar *construtivamente* as idéias e os comportamentos daqueles que se apresentam como mestres indiscutíveis.

l) Requisitos da comunicação

1º) Reconhecer o outro com suas idéias diferentes.
2º) Reconhecer-me com minhas diferenças: cada autor pensa, fala e sente em sua situação ou circunstância: filho de uma cultura, de uma época.
3º) Reconhecer minhas resistências e as do outro: em vez de dizer "você nunca me diz nada, nada lhe interessa", "você sempre se aborrece em classe", proponho um convite ao outro para que compartilhe meus pontos de vista sobre uma tese.
4º) Empenhar-me em ser claro sobre a decisão em comum.
5º) Aguardar através da escuta as possibilidades latentes do interlocutor: diante do que nos contraria, não acontece como esperávamos, e diante daqueles que nos contradizem, sempre cabe um "pode ser que sim!".

m) Condições da comunicação

São exigidas necessariamente certas *condições* para um diálogo criador de comunicação. Por exemplo:

- Nem o *insulto* nem a *ameaça* poderão entrar no diálogo.
- *Paciência* com o interlocutor.
- Saber *quem é a pessoa* com a qual se vai dialogar.

Do que foi dito, resultam *duas atitudes* contrapostas: por um lado, os que estão seguros de suas próprias opiniões, cheios de si, que escapam de Sócrates quando sentem próximo o perigo de ficar em evidência; por outro, os discípulos honestos, amantes da verdade.

n) Estilos de incomunicação

Evitar quatro *estilos* que aprendemos mal, talvez sem querer:

a) imperativos;
b) ameaças reais ou imaginárias;
c) sanções;
d) atribuições de culpa.

o) Limitações e obstáculos da comunicação

- A pergunta exige qualidade e calor.
- Às vezes acontecem *limitações*... inclusive as da ciência e da técnica; enfim, há limitações que, tanto para o professor como para o aluno, vêm de fora (tempo, espaço, condições físicas) ou de dentro (caráter, temperamento, biografia pessoal).
- Também *obstáculos*: pensemos não somente na aula, mas no departamento de orientação, na relação bilateral professor-aluno, de alunos entre si...

PROPOSTAS DIDÁTICAS

Cf. textos: fragmento do romance de José Carlos Somoza, pp. 137-138; texto platônico do diálogo *Górgias*, p. 141; do evangelho de São Marcos, pp. 154-155 ; do texto preparado por um antigo aluno, João Paulo, bolsista especializado em ciências físicas, que trabalha na Alemanha, pp. 166-167; do texto de Éric Weil, p. 194.

Cf. casos n. 9: "Xavier", pp. 172-173; e 10: "Leonardo e Miriam", pp. 180-181.

CONCLUSÃO

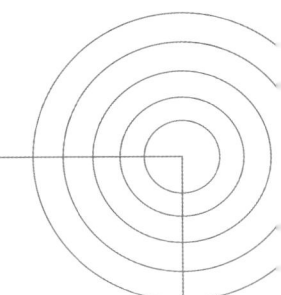

1. RESTA-NOS APROVEITAR A TRÍPLICE LIÇÃO DE SÓCRATES...

1ª) Atitude intelectual fundamentada na capacidade humana de conhecer ou saber para agir bem (intelectualismo moral). O diálogo *Menon* nos ensina como extrair a verdade tanto da alma de um cidadão como da alma de um escravo. O objetivo desse diálogo é nos ensinar que a *episteme*, esse saber baseado na coerência formal, não cobre todo o campo da experiência humana; mais ainda, não há uma episteme daquilo que realiza a perfeição da *areté* ou virtude como excelência. Não é que Menon não saiba o que diz, mas ele não sabe o que dizer a respeito da virtude, e menos ainda de virtude essencial ou virtude política, ou seja, aquela pela qual os homens se unem em uma sociedade para conviver pacificamente. A alma imortal pensa segundo a Idéia e, em vez de buscar a felicidade fora de sim mesma, busca em seus foros íntimos a própria harmonia, que é o que Platão chama "justiça".

2ª) Atitude de disponibilidade desinteressada para a abertura ao diálogo que facilita a comunicação: "Quem dialoga, certamente afirma para o seu vizinho, para o outro *eu*; todo um punhado de razões — verdades ou suposições — implica convenção entre sujeitos, ou visão comum de um objeto ideal.[1] Embora inimigo intelectual dos sofistas, Sócrates admite com eles que há virtudes ensináveis — não "a" virtude (daí a importância do diálogo) —, embora não admita que haja mestres de virtude, uma vez que seu conhecimento se encontra em nosso interior, chega a nós por favor divino.

3ª) O lema socrático "só sei que nada sei" revela essa grande honestidade e humildade que facilitam, se não a posse do saber, o seu caminho. Um lema que nos ensina o caminho mais que a chegada, o reconhecimento e a tolerância para com o adversário, segundo a primeira lição já indicada. As virtudes morais são formas de conhecimento prático: não se trata de saber somente, por exemplo, o que acontece, mas o que acontece comigo, nem o que é a justiça, mas o que é eu mesmo ser justo.

O texto a seguir resume o problema e sua solução. Não nos resta outra escapatória, se quisermos educar perguntando, senão a de viver a partir e pelo diálogo (atenção ao itálico).

Para elucidar o sentido das *palavras* e dos discursos, não existe mais que um único caminho [...] o *diálogo incessante*, a confrontação das *opiniões*: se o interlocutor acaba se contradizendo, é prova de sua ignorância, até de que ignora sua própria ignorância. Deve-se tratar constantemente de determinar o *sentido das palavras* com ajuda das *definições* das análises, buscar os conceitos de que se alimentam. [...] Somente a este preço os homens podem esperar conviver na cidade, *compreender-se e compreendendo-se*, por-se-ão *de acordo* sobre aquilo que querem, sobre sua moral, sobre *o que é* verdadeiramente a piedade, a justiça, o direito. E a razão é esta: saber de que se fala, saber em seguida o *que se quer*, o *que se pode querer* sem se contradizer. Sócrates não tem nada que ensinar fora desta *purificação do discurso, sobretudo dos discursos múltiplos e incoerentes entre si.*[2]

A partir do texto anterior, surgem questões que podem nos abrir ao diálogo:

- São a mesma coisa: palavra, diálogo, discurso e opinião, discussão e diálogo?

[1] MACHADO, Antonio. *Juan de Mairena*. Madrid, Espasa Calpe, 1986.
[2] WEIL, Éric. Raison. *Encyclopaedia Universalis*. Paris, France, 1989, p. 503, tomo 19.

- Pode-se suscitar um diálogo a partir de palavras sem sentido?
- Pode-se falar sem chegar a dialogar? Expresse seu ponto de vista.
- Pode-se falar sem emoções, embora estejam escondidas?
- Todas as opiniões são válidas?
- Você saberia explicar a etimologia de palavras como: diálogo, discurso, definição, conceito, idéia, crença, recordação, acordo?
- Essa explicação leva você a alguma conclusão vital?
- É a mesma coisa "ouvir" e "escutar"? Explique-se.
- Você pode citar obras de filósofos redigidas em forma de diálogo?
- Você conhece lugares, instituições, pessoas, ambientes, nos quais se deveria buscar sem demora e com constância a "purificação do discurso, sobretudo dos discursos múltiplos e incoerentes entre si"?
- Em que disciplina ensinaram você a dialogar?
- Você se considera uma pessoa que dialoga? Justifique sua resposta.

2. RESUMO

Em busca da verdade, o ser humano dá voltas com seu pensamento e sua linguagem, com suas perguntas e seu olhar ao mundo interior e exterior. Pensamento-realidade e dúvida-diálogo-comunicação da verdade constituem quase todo o acervo dos conteúdos das disciplinas que ministramos e da educação que propomos ao longo de todo o currículo escolar. Fazê-lo entender e compreender é tão possível quanto necessário para que os alunos, nossos filhos, comecem a elaborar seu projeto de vida. O diálogo — que é ciência, virtude e terapia — facilita a comunicação das consciências.

Corria pelos diálogos socráticos uma pretensa ambigüidade, seguramente com a intenção de confundir ou "torpedear" os interlocutores diante da inconsistência de suas opiniões. Com sua crítica às instituições atenienses do momento, deixa claro que os termos éticos utilizados com gentileza por seus concidadãos — as palavras atiradas como parva na eira — estavam longe de ser claros, e que seu sentido não deve depender do significado que o filósofo queira dar-lhes, ou o governante do momento, mas fruto de uma tarefa intelectual que se modela em *definição*. Assim, até em 86 ocasiões Sócrates formula no diálogo platônico *Menon* a pergunta essencial "o que é?". Sem a definição das coisas torna-se impossível o diálogo e o entendimento entre humanos. Por isso, o papel de Sócrates é de "inquietador", "chato", descobridor de problemas. O importante para ele não é a pergunta, mas o sentido da pergunta. A melhor pergunta não é a de mera curiosidade, mas a de admiração; não a que diz, mas a que penetra no que se quer dizer. A dúvida representada na pergunta adequadamente formulada nos proporciona o mínimo para saber a que nos atermos. Os casos analisados e os textos selecionados e sublinhados mostraram nossa pretensão.

Em poucas palavras: conhecer a realidade dentro da qual nos encontramos cria uma comunicação na qual nos damos, nos arraigamos e nos encorajamos responsável e livremente para aprender a viver em solidão ou convivência e para, desde nosso *eu* aberto a essa realidade, construir o sentido de nossa vida. Na comunicação, seja qual for a linguagem (palavras, escrita, gestos, afetos, silêncio), está a tarefa instrutiva-educativa do professorado na aula e, certamente, a luta de nossa existência.

Enfim, a pergunta diante da ignorância, a dúvida ou o dilema de uma decisão que deve ser tomada, a fim de encontrar sentido na vida pessoal, surgem no adolescente e no jovem como um grito. Gritam, logo esperam: serem escutados em suas perguntas, levados em conta em seus devaneios, queridos em suas ilusões. "Amo, sobretudo, a linguagem que serve de mediador entre os homens: uma linguagem que nos dá dignidade e individualidade. Uma palavra pronunciada ou escrita é como um monumento, uma biografia pessoal visível para todos os homens. Eu quero erigir esses monumentos, esculpi-los. As idéias e as crenças, 'minha vida', as circunstâncias são blocos sem lavrar que descansam em meu mundo".[3] E ao cerceá-las ou contrastá-las no diálogo adequado (pergunta-resposta; escuta-silêncio), tiramos de nós (*e-ducere*) as próprias capacidades. Por isso, não resta outra escapatória a não ser educar perguntando.

---

[3] SELLIN, op. cit., p. 76.

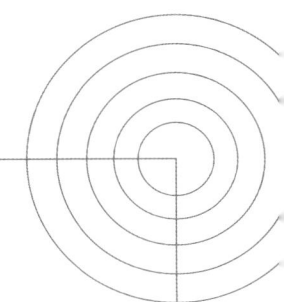

Alma – Pode ser entendida (Aristóteles, Escolástica e pensamento cristão em geral) como princípio vital ou primeiro princípio, em virtude do qual vivemos e entendemos. Além dos fenômenos próprios da alma, como sentir, pensar, querer etc., considera-se sujeito permanente (substancial) desses fenômenos. Também foi considerada uma substância pensante (Descartes).

Bem – Esta palavra pode ser usada como "o Bem" (alguma realidade ou valor), considerado absoluto, isto é, o Sumo Bem; ou para nomear uma coisa valiosa, boa; ou como uma ação realizada acertadamente, e com isso se distingue o sentido moral e o não-moral da palavra "bem" ou "bom". Assim, o bem pode ser uma realidade metafísica, física e moral. Há os que, padecendo de relativismo, consideram que "bom" é alguma coisa indefinível ou impossível de analisar.

Comunicação – Etimologicamente, colocar um assunto em comum. É a transposição de pensamentos e sentimentos (informação) para outra pessoa por meio de sua palavra falada ou escrita, por meio do gesto e do silêncio (canal), de maneira que ela nos interprete como nós esperamos (interpretação), e produza na mesma uma mudança de comportamento (aprendizagem). Não se trata, pois, de mera informação, mas de penetração no espírito de quem é capaz de nos escutar. É, pois, um processo que denominamos "comunicar-te-me".

Conhecimento – É a representação consciente da realidade. Nunca a ciência dará todas as chaves do conhecimento completo da realidade. Porque, o que é que observamos na realidade? Os físicos antigos supunham que observavam diretamente as coisas reais. A teoria da relatividade pretende ensinar que somente observamos "relações" e, certamente, entre conceitos físicos, que são subjetivos. Segundo a teoria quântica, somente observamos probabilidades.

Consciência – Para alguns, é um juízo, para outros, um sentimento. A consciência moral seria como a sede de nossas crenças, de nossas convicções, e julga nossas ações em função de valores, do bem e do mal. A consciência moral de cada indivíduo pressupõe sempre a existência de uma autoridade superior ou de uma sociedade que dá normas para conseguir a ordem na convivência.

Crença – A crença tem muito a ver com a razão. Primeiro, a crença me coloca já de posse, embora a crédito, da realidade e me exime, por conseguinte, do trabalho de captá-la. E segundo, como a crença é também realidade, preciso apreendê-la ou compreendê-la nela mesma, não tanto no seu objeto. As crenças são como nosso cajado, o mais além das idéias, como pele que protege nossos tecidos, como berço que embala nosso sono. A função efetiva da crença é tornar possível "minha vida".[1] A crença não me dá soluções, mas esperança que me sustenta. E a esperança é mais confiança que segurança: a vida de cada um está cheia de incertezas e também de insegurança.

Deus – Foi entendido como um Ser real, como uma idéia e como um fenômeno que surge da relação entre a inteligência humana e a realidade. Segundo a doutrina filosófica que se segue, Deus é entendido como substância pessoal, livre, eterna, fundamento, causa primeira e finalidade suprema da existência do mundo e horizonte permanente da vida humana; como sonho e ilusão da razão.

Dever – É a forma concreta da obrigação moral; expressão do mandato exercido sobre a consciência moral por certo número de valores (Scheler) e em relação com nossos semelhantes. "A obediência ao dever é uma resistência a si mesmo" (Bergson). O dever pode ser considerado conteúdo atual e conteúdo possível ou ideal (dever ser, o que tem que ser, respeitando a liberdade).

Emoção – É uma perturbação passageira ou estremecimento afetivo que são acompanhados de uma reação orgânica desmesurada. Mas, enquanto o sentimento tem uma função reguladora, a emoção tem uma função desreguladora. A emoção constitui uma experiência mais intensa que o sentimento.

Eu – Alma corporalizada e corpo animado; pessoa ou "substância individual de natureza racional" (Boécio). Eu sou não somente "uma coisa que pensa, que duvida, entende, concebe, afirma, nega, quer, não quer, imagina, sente" (Descartes). O *eu* não é "náusea" que esmaga e não se suporta, que "estaria de mais para toda a eternidade" (Sartre). Constata-se "a diferença que há entre pensar e sentir" (Hume). O fato de que o homem possa ter uma representação de seu *eu* o realça acima dos demais seres. Portanto, não pode ser reduzido a ser um "ramalhete de percepções". Pelo contrário, o *eu* é uma pessoa e, em virtude da unidade da consciên-

---

[1] Marías, Julián. *Introducción a la filosofía*. Madrid, Alianza, 1979, pp. 145-147. Cf. Maceiras Fafián, Manuel. *Para comprender la filosofía como reflexión hoy*. Estella, EVD, 1994, pp. 11-26.

cia em meio a todas as mudanças que possam afetá-lo, é uma e a mesma, um ser totalmente distinto, por sua categoria e dignidade (Kant), que, pelo mesmo motivo, pode dizer "eu sou eu"; distinto, distante ou próximo dos outros seres, não construtor da verdade, mas seu pregoeiro; a compartilha dialogicamente e a vive (Levinas; Ricoeur).

Filosofia – É o estudo atento da totalidade de quanto nos vem ao encontro, remetendo-o ao seu último significado; é uma tarefa com direção e significado da qual o ser humano não pode se dispensar; não é um luxo, mas uma necessidade, nem uma descoberta definitiva, mas uma pergunta ou busca incessante. O modo de fazer filosofia depende da concepção que possuímos a respeito do homem: do que é e do que pode chegar a ser.

Homem – O homem é o ser que mais definições recebeu através da história. Aristóteles o definiu como "o animal que possui a palavra", ou "animal racional". Responder à pergunta "o que é o homem?" é correr o risco de ser determinado como assunto de zoologia; a pergunta exata deveria ser "quem é o homem?".

Idéia – Representação da essência de alguma coisa. É o ato do entendimento pelo qual este forma uma imagem espiritual de um objeto externo. Pode representar objetos espirituais, mas também materiais, embora de maneira espiritual. A idéia se diferencia da representação sensível ou ato dos sentidos e da imaginação, que significam coisas concretas e materiais. Às vezes, foi identificada com o conceito (em sentido lógico ou em sentido psicológico), a noção e o pensamento como conteúdo do ato de pensar. "Tem muita idéia", "tem idéias", "não tem idéia nem remota", por exemplo, são expressões habituais que refletem a condição de essencialidade de "idéia".

Ilusão. A etimologia da palavra "ilusão" (vem do verbo latino *illudere*, que significa jogar, no sentido de abusar, enganar) a torna confusa. Na língua francesa costuma significar engano, e o que nós chamamos ilusão, aquela chama *songe*. Tanto no espanhol como no português nem sempre tem sentido pejorativo em expressões como "ser vítima de uma ilusão", "viver de ilusões", "construir ilusões". E é definida academicamente como "esperança acariciada, sem fundamento racional", ou como "conceito, imagem ou representação sem realidade verdadeira, sugeridos pela imaginação ou causados por engano dos sentidos".

Liberdade – O tratamento filosófico da liberdade parece interminável. A história é testemunha da tensão liberdade-determinismo: talvez, porque o determinismo seja uma posição cômoda, que exime de grande parte do peso de nossa responsabilidade. A oposição liberdade-determinismo vem da interferência de dois campos: o da consciência e o do conhecimento.

A liberdade não se mede pelo exterior, mas se vive no interior da consciência. Não há liberdade sem distinção entre bem e mal, isto é, sem ética. Como esquecer que a liberdade tem limites? Nossa liberdade está condicionada pelo meio biosociocultural, mas não determinada.

Linguagem – Uma das principais características dos seres humanos é nossa especial capacidade para transladar informação mediante o uso de uma linguagem especial. Não há maneira de separar o pensamento da linguagem. "A linguagem é já *de per se* ciência, a ciência primigênia que encontro feita em meu ambiente social; é o saber elementar que recebo da comunidade em que vivo".[2] Podemos classificar a linguagem em natural e artificial. A linguagem natural é produzida no decorrer da evolução psicológica e histórica dos seres humanos; é semente fruto da cultura. Pode ser falada ou verbal (palavras, escrita) e corporal (gestos, somatizações etc.). A linguagem artificial é a criada pelo homem e se serve de sinais escritos, por exemplo; a formal ou convencional, da lógica simbólica ou a da matemática, por exemplo.

Mundo – Pode ser entendido de diversas maneiras: como estrutura do universo e como visão geral que compreende concepções científicas, crenças religiosas, intuições poéticas, hábitos sociais, ideais etc.; sentido geral da realidade (cosmovisão, globalidade), conforme alguma idéia básica ou intuição diretora.

Natureza – Poderíamos encontrar mais de sessenta significados diferentes de natureza ao longo da história da filosofia ocidental. Em suma, "o que é", "o que se gera", "origem das coisas" etc. As discrepâncias, freqüentemente irreconciliáveis entre pensadores, provêm de não utilizar os termos com o mesmo significado, ou de misturar vários. Logo de início, se não nos colocamos de acordo sobre o que é a natureza, e mais ainda, a natureza humana, não podemos construir uma convivência social ética e política. As coisas se complicam se ao ambiente natural e ao socionatural acrescentamos agora o da "telépolis". A noção de natureza deu, em quatrocentos anos, um salto inimaginável: desde uma visão sacralizada e mitificada, na qual aparece repleta de deuses e de forças magicamente unidas ao humano, até ser considerada o princípio fundamental de onde tudo surge, e até a visão moderna em que é guiada pela observação sistemática e controlada do método experimental.

Necessidade – Etimologicamente, "não ceder". É a impossibilidade de claudicar diante das exigências da pessoa, da natureza e da sociedade. O conceito de "necessidade humana" abrange indistintamente o necessário e o

---

[2] ORTEGA Y GASSET. *Unas lecciones de metafísica*. Madrid, Espasa Calpe, 1978.

supérfluo, pois nos encontramos com o fato que, diante das necessidades que parecem básicas (alimento, vestuário, moradia, afeto), o homem tem uma elasticidade incrível. O empenho do homem em viver é inseparável de seu afã de estar bem. Mais ainda, vida significa não simples estar, mas bem-estar, a necessidade fundamental para o homem, a necessidade das necessidades.[3] Estas podem ser: a) naturais, instintivas e irrenunciáveis, fixas e inatas, absolutas e comuns. Por exemplo, alimentar-se, proteger-se, ter auto-estima etc. b) necessidades artificiais: acrescentadas, variáveis, relativas e não comuns, inventadas pela própria fantasia ou pelos costumes ou modas sociais, e que são irrenunciáveis; por exemplo, bens de consumo, gostos que se impõem ou ideais, e que a sociedade opulenta não permite distinguir entre luxos e necessidades.

Paixão – Etimologicamente significa padecer, suportar. Aparece como a perturbação dessa função valorizadora do mundo que é o sentimento. É o desenvolvimento monstruoso de um sentimento à custa dos demais. As paixões são componentes naturais do psiquismo humano e constituem o possível lugar de passagem da vida sensível para a razão. O termo paixão tem vários significados: 1) qualquer perturbação ou afeto desordenado da alma; 2) inclinação ou preferência muito viva de uma pessoa por outra. 3) apetite ou desejo veemente ou impulso da sensibilidade que inclina a agir ou não agir em razão do que é sentido ou imaginado como um bem ou como um mal.

Palavra – A palavra é interpretação e recreação do mundo humano, e nos faz naturalmente sociais. Emitida ou recebida, falada ou escrita, é saudável. Porém, não qualquer palavra, mas a palavra pronunciada com sentido e escutada com afeto. Refugiam-se às vezes nas palavras aqueles que têm medo das idéias; embora estas sejam pronunciadas por meio das palavras, nem sempre as refletem.

Pensar (pensamento) – É o ato mental de ser consciente de uma idéia, de fazer algo com a circunstância do momento; é viver, pesar — do latim *pensare* — ou justificar responsavelmente dando razão de quanto se faz, de quanto se diz ou se silencia: seja para tomar uma decisão, seja por simples contemplação de uma idéia em forma de imagem, de memória, de projeto. Todo pensamento, que pode conduzir-nos bem ou mal por ser positivo ou negativo, é ativo por natureza. Se há dificuldade para *pensar*, haverá problemas para dizer.

Pergunta – Etimologicamente, vem de *percontor*, que significa buscar. Somente a filosofia pergunta por toda a realidade enquanto realidade e,

---

[3] Id. *Meditación de la técnica*. Madrid, Espasa, 1965, p. 26.

sobretudo, pelo que e quem é o homem como fazedor e portador de sentido, isto é, de direção e finalidade de sua existência, de sua condição humana. A ausência de perguntas revela uma ignorância fatalista, imobilista: o que circularia então seriam as frases feitas, os pensamentos estigmatizados. O professor de filosofia nunca poderá despertar o interesse do aluno se não for a partir das perguntas com sentido.

Raciocínio – É o processo dedutivo ou indutivo de usar a razão ao se encontrar com a realidade.

Razão – É o mesmo entendimento humano em seu uso discursivo; ou faculdade cognitiva intelectual distinta da sensibilidade. Para Kant, faculdade que produz por si conceitos ou "idéias da razão" não baseados na experiência e ilusórios do ponto de vista do conhecimento objetivo. Para Ortega y Gasset, o princípio de explicação de quanto é e de quanto há. Para Julián Marías, a apreensão da realidade em sua conexão para saber a que se ater. Quando o acoplamento do pensamento que raciocina é infecundo, caracterizamo-lo com o adjetivo irracional. A razão se transforma num tríplice modo de saber: a) discernir, b) definir, c) entender as coisas por demonstração de sua necessidade, ou por especulação de seus princípios (assim o entendem os racionalistas), ou pela impressão de sua realidade (assim o entendem os empiristas). A razão é alegria da realidade compreendida; o irracional é afeto desmesurado ou paixão.

Realidade (real) – Do latim *res-rei*, que significa "coisa", é tudo aquilo que se apresenta a mim enquanto distinto ou diferente, próximo ou distante, com suas propriedades e qualidades, e diante do qual eu me situo em forma de aproveitamento ou aceitação e de enfrentamento ou rejeição, isto é, de reconhecimento (verdade) ou de negação (falsidade, *déficit* de estado mental, situação afetiva negativa). Há realidades materiais (tangíveis, quantificáveis, moldáveis, sensíveis), espirituais (Deus, alma), morais (valores). O nome mais genérico de "realidade" é o da palavra "coisa": para poder falar com precisão lingüística, tudo seria coisa, inclusive eu mesmo, enquanto me sinto consciente de mim, mas distinto de todo o resto. O homem nomeia a realidade, mas não a cria nem a impõe, impõe-se a ele; a única coisa que pode é decidir o que fazer com ela.

Sentimento – Sensação interior ou fixação de uma tendência afetiva sobre um objeto para regular a ação. Diante de sentimentos de amor, ódio e medo, a pessoa se fixa no objeto amado, odiado, temido, administrando a energia necessária para se relacionar ou enfrentar-se com eles. Se não tivéssemos sentimentos, estaríamos separados da realidade. Os sentimentos são moldáveis, e se a educação não se ocupa disso, outras instâncias sociais o farão.

Sociedade – Grupo de seres humanos que, participando de uma cultura comum, coopera na realização de seus interesses principais, entre os quais figuram, invariavelmente, sua própria manutenção e preservação. Compreende as seguintes características: a) continuidade; b) existência de relações sociais complexas; c) mediação da linguagem simbólica entre homens reunidos, participando de uma vida comum; d) necessidade de instituições (o direito, a justiça) para sua sobrevivência e progresso. O cumprimento dessas quatro características inseparáveis é uma necessidade própria do ser humano.

Verdade – Falar sobre a verdade é falar sobre a realidade: implicam-se mutuamente; a verdade se une à necessidade de dar sentido à realidade. A pergunta pela verdade pode ser formulada num duplo sentido: a) metafísico e/ou lógico, isto é, adequação da mente às coisas; b) existencial, isto é, o que a verdade exige de mim, caso exista. O desejo de verdade pertence à natureza mesma do ser humano. É importante distinguir entre a verdade das coisas e a verdade nas pessoas; entre a verdade científica e a verdade moral e religiosa. A verdade não é mera cópia da realidade, mas um percebê-la com a ajuda dos juízos do entendimento que a organiza para torná-la inteligível. Por isso, é inseparável de uma linguagem que a expressa, mesmo com risco de ser inexata e incompleta. A verdade na filosofia, na ciência e na religião caminha unida ao compromisso responsável pela vida que queremos levar. Por isso, a busca da verdade é uma militância.

Vida – Manifestação consciente de uma tarefa ou projeto de caráter pessoal e intransferível. Não podemos pensar ou interpretar "minha vida" e a dos outros como se minha interpretação fosse "a vida". A vida não existe, existem somente "minha vida" e a "vida de cada um". O ofício de viver é indissociável do ofício de pensar. Ortega caracterizava a por ele chamada "minha vida" por um esquema em cinco passos: 1) "Transparência" ou esclarecimento da facticidade do problema pessoal; 2) "Mundanalidade" ou análise do problema pessoal sob várias perspectivas, inclusive a partir da marca da vida afetiva: emoções, sentimentos; 3) "Função" ou uso da razão que liberta o problema pessoal dos automatismos prefixados no caráter e no ambiente; 4) "Escolha e decisão" ou análise de "facilidades e dificuldades" de frente para o que "vou ser", para transformar ou mudar em minha vida"; 5) "Futurização" ou programa mínimo de um futuro que, como ideal, aparece em todo presente, e que leva em conta a experiência biográfica, histórica da vida pessoal.

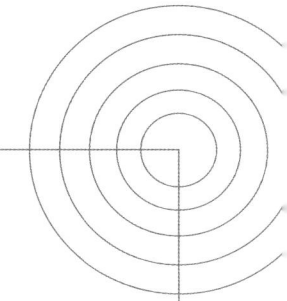

Alcántara, M. *Mansión de silencio*. Málaga, Diputación Provincial, 1929.

Améry, Jean. *Más allá de la culpa y la expiación*; tentativas de superación de una victima de la violencia. Valencia, Pre-textos, 2001.

Anatrela, Tony. *Non à la société dépressive*. Paris, Flamarion, 1994. (Poucas obras como esta dão uma visão global de uma sociedade que parece adormecer irremediavelmente; no entanto, o autor aponta, a partir da psiquiatria, uma boa saída.)

Aranguren Gonzalo, Luis. *Reinventar la solidaridad*; voluntariado y educación. Madrid, PPC, 1998. (Proposta prática e atual ao alcance de todos que caminham comprometidos, ou procuram sê-lo, com o mundo de hoje.)

Arendt, Hannah. *La condición humana*. Barcelona, Paidós, 1998. [Ed. bras.: *A condição humana*. Trad. de Roberto Raposo. Rio de Janeiro, Forense Universitária, 1981.

Aubenque, Pierre. *Le problème de l'être chez Aristote*. Paris, PUF, 1962.

Ayllón, José Ramóm. *Desfile de modelos*; análisis de la conducta ética. Madrid, Rialp, 1998. (São apresentados, em oito capítulos, os grandes conceitos sempre vigentes do comportamento humano e a busca de ideais.)

Balmes, Jaime. *Obras completas*. Madrid, La Editorial Católica, 1948, tomo III.

Benzo Mestre, Miguel. *Sobre el sentido de la vida*. 4. ed. Madrid, La Editorial Católica, 1980. (Um estudo pormenorizado em sete capítulos nos quais se propõe a negação e a afirmação da pergunta sobre o sentido da vida a partir da pós-modernidade.)

Bergson, Henri. *Ensayo sobre los datos inmediatos de la conciencia* (1889). Salamanca, Sígueme, 1999.

Bernanos, Georges. *El mañana sois vosotros*. Madrid, Aguilar, 1970. (Combate ao processo da civilização moderna, por quanto contraria a qualidade de vida e a civilização sem sentido.)

Blanco, Carmelo; Miñambres, Aurora; Miranda, Tomás (orgs.). *Pensando el cuerpo desde un cuerpo*. Albacete, Facultad de Humanidades, Universidad de Castilla-La Mancha, 2002.

Bombaci, Nunzio. *Emmanuel Mounier: una vida, un testimonio*. Madrid, Fundación Emmanuel Mounier, 2002.

BONTEMPO, Charles; ODELL, Jack (orgs.). *La lechuza de Minerva: ¿Qué es filosofía?* Trad. de Carmen García-Trevijano. Madrid, Cátedra, 1979.

BOTTON, Alain de. *Ansiedad por el estatus.* Madrid, Taurus, 2004.

_____. *Las consolaciones de la filosofía.* Madrid, Punto de lectura, 2000.

BREZINKA, Wolfgang. *La educación em una sociedad en crisis.* Madrid, Narcea, 1990. (Destaque para os capítulos 1 e 3, que tratam da crise de valores e de como assimilar os novos valores que chegam.)

CABRERA, Sergio. *La estrategia del caracol.* Colômbia, 1993, 116 min. (Filme sobre a solidariedade. Contribuições e sugestões práticas sobre a interculturalidade, que apresenta outro estilo de educação.)

CALVO, José María. *Hola, Carlos, soy Platón*; viaje apasionante a través de la historia de la filosofía. Madrid, Sophia, 2001.

CARBALLO, Rof. *Entre el silencio y la palabra.* Madrid, Espasa Calpe, 1990.

CARNAP, Rudolf; HAHN, Hans; NEURATH, Otto. *Wissenschaftliche Weltauffassung der Wiener Kreis.* Viena, Artur Wolf, 1929.

CARPINTERO, Heliodoro. Esbozo de una psicología según la "razón vital". Discurso de ingresso na Real Academia de Ciencias Morales y Políticas, Madrid, 19 dez. 2000.

_____. *Julián Marías: Premio provincia de Valladolid 1955 a la trayectoria literaria.* Valladolid, Diputación, 1996.

CARRERAS, Llorenç et al. *Cómo educar en valores.* Madrid, Narcea, 1995. (Manual de exercícios dinâmicos para prática e assimilação dos valores.)

CASCÓN SORIANO, Francisco (org.). *Educar para la paz e la resolución de conflictos.* Barcelona, Praxis, 2000. (Destaque para seus exercícios práticos em aula.)

CASSIRER, Ernst. *Las ciencias de la cultura.* México, FCE, 1955.

CASTILLA DEL PINO, Carlos. *La culpa.* Madrid, Alianza, 1992.

CAVALLÉ, Mónica. *La sabiduría recobrada.* Madrid, Oberón, 2003.

CEREZO GALÁN, Pedro. Reivindicación del diálogo. Discurso de ingresso na Real Academia de Ciências Morais e Políticas de Madrid, Madrid, 1997.

COLEMAN, John. *Psicologia de la adolescencia.* Madrid, Morata, 1985. [2003, ed. atual.]. (Base deste trabalho, sobretudo os capítulos 1, 2, 4-8, constantemente mencionados e transcritos.)

COLES, Roberto. *La inteligencia moral del niño y del adolescente.* Barcelona, Kairós, 1998. (Como enfrentar o álcool, as drogas, o sexo e outros dilemas morais.)

CORBELLA ROIG, Juan; VALLS LLOBET, Carmen. *Ante una edad difícil*; psicología y biología del adolescente. 26. ed. Barcelona, Folio, 1993. (Destaque para os capítulos 8: "Vida afetiva do adolescente e projetos de futuro"; 14: "Problemas de personalidade no adolescente"; 19: "Busca de identidade pessoal" e 20: "Educar na autonomia pessoal".)

COSSÍO, Manuel Bartolomé. *La educación en España*. El Colegio de Méjico, 1945.

DAVIS, Melissa. *Por qué deseamos lo que deseamos*. Barcelona, Tendencias, 2003.

DARÍO, Rubén. *Cabezas*. Madrid, Aguilar, 1958.

DELIBES, Miguel. *La mortaja*. Madrid, Alianza, 1993.

_____. *La sombra del ciprés es alargada*. Barcelona, Destino, 1948.

_____. *Parábola do náufrago*. Barcelona, Destino, 1969.

DEWEY, John. *Democracia e educação*. Trad. de Godofredo Rangel e Anísio Teixeira. 3. ed. São Paulo, Companhia Editora Nacional, 1959.

DÍAZ HERNÁNDEZ, Carlos. *Breve historia de la filosofía*. Madrid, Encuentro, 2002. (Sobre 17 autores clássicos; articulam-se aqui, de maneira original, as origens e seus respectivos destinos biográficos e ideológicos.)

_____. *Diez palabras claves para educar en valores*. 8. ed. Madrid, fundación Emmanuel Mounier, 2000. (As chaves são: saber, benquerer, tentar, dever, poder, esperar, orar, elogiar, fazer, descansar.)

DOLTO, Françoise. *La causa de los adolescentes. El verdadero lenguaje para hablar con los jóvenes*. Barcelona, Seix Barral, 1990. (Destaque para os capítulos 1-14, mencionados neste trabalho constantemente.)

D'ORS, Eugeni. *De la amistad y del diálogo*. Madrid, Residencia de estudiantes, 1919.

DOSTOIÉVSKI, Fiódor. *O adolescente*, 1875. (Um dos romances que imortalizaram o autor.)

DURKHEIM, Émile. *La educación moral*. Org., trad. e intr. de José Taberner & Antonio Bolívar. Madrid, Trotta, 2002. (Conjunto de conferências dirigidas aos professores de ensino médio e demais mestres, este livro propõe uma das apresentações clássicas fundamentais da educação moral na escola pública.)

ECHEVERRÍA, José. *Aprender a filosofar preguntando a Platón, Epicuro, Descartes*. Barcelona, Anthropos, 1997. (Passeio imaginário e dialógico com os três filósofos.)

ECO, Umberto. *Baudolino*. Barcelona, Lumen, 2000.

EINSTEIN, Albert. *Mi credo humanista*. Buenos Aires, Leviatán, 1991.

ELIADE, Mircea. *Los jóvenes bárbaros*. Trad. e notas de Joaquín Garrigós. Valencia, Pre-textos, 1998. (Narração ambientada na década de 1930, na Romênia. Seus protagonistas, jovens com cerca de vinte anos, refletem uma sociedade em decomposição, pois deixaram de crer nos valores de seus pais, vivendo um vazio de horizontes.)

ELIOT, T. S. *The rock* (1920). London, Peter & Chou, 1934.

ERIKSON, Erik. *Identidad, juventud y crisis*. Barcelona, Taurus, 1990.

_____. *Sociedad y adolescencia*. México, Siglo XXI, 1973.

FERNÁNDEZ BERROCAL, Pablo; RAMOS DÍAZ, Natalia. *Corazones inteligentes*. Barcelona, Paidós, 2002.

FILÃO DE ALEXANDRIA. *De migratione Abrahami*. Paris, Cerf, 1965.

FISHIAN, Charles. *Tratamiento de adolescentes con problemas*; un enfoque de terapia familiar. Trad. de Gloria Vitale. Barcelona, Paidós, 1990.

FOUCAULT, Michel. *An Anthropologist on Mars*. New York, Harper Perennial, 1987.

FRANCIA, Alfonso & MATA, Javier. *Dinámica y técnicas de grupo*. Madrid, CCS, 1992.

FREIRE, Paulo. *Pedagogia da autonomia*; saberes necessários à prática educativa. São Paulo, Paz e Terra, 1997.

_____. *Pedagogia: diálogo e conflito*. São Paulo, Cortez, 1985.

_____. *Por uma pedagogia da pergunta*. Rio de Janeiro, Paz e Terra, 1985.

GARCÍA HOZ, Víctor (org.). *Enseñanza de la filosofía en la educación secundaria*. Madrid, Rialp, 1991.

GIBRAN, Khalil. *Máximas espirituales*. Madrid, Aguilar, 1965.

GILMORE, David. *Hacerse hombre*; concepciones culturales. Barcelona, Paidós, 1994. (Interessante e ameno nos capítulos centrais, quando trata da disparidade das culturas passadas e aponta prognósticos.)

GINER DE LOS RÍOS, Francisco. *Estudios sobre educación* (1886). Madrid, Espasa Calpe, 1933.

GÓMEZ LLORENTE, Luis. *Educación pública*. Madrid, Morata, 2000.

GONZÁLEZ DE CARBEDAL, Olegario. *Educación y educadores*; el primer problema moral de Europa. 2. ed. Madrid, PPC, 2004. (Todo um livro não somente de diagnóstico, mas de remédios da educação em toda sua dimensão humana.)

GRIMALTOS, Tobies. *El juego de pensar*. Alcira, Algar, 2001.

GUITTON, Jean. *Nueva arte de pensar*. Madrid, Encuentro, 2001.

GUYOT, Jean Claude. *L'échec scolaire se guérit*. Toulouse, Privat, 1985. (O autor se pergunta se o fracasso escolar não é um sintoma de uma doença e em que medida pode ser objeto de cuidados de especialistas.)

HABERMAS, Jürgen. *Consciência moral e agir comunicativo*. Rio de Janeiro, Tempo Brasileiro, 1989.

_____. *O futuro da natureza humana*. São Paulo, Martins Fontes, 2004.

HORGAN, John. *La mente por descubrir*; como el cerebro humano se resiste a la replicación, la medicación e la explicación. Barcelona, Paidós, 2001.

IBÁÑEZ CUBILLO, Ricardo. *Directo al corazón*; parábolas originales para educar en valores. Madrid, Religión y Cultura, 1997. (Destaque para a parte "¿Te conoces?".)

JACOBS, Jerry. *Adolescent suicide*. New York, Wiley, 1971.

JASPERS, Karl. *Filosofía*. Madrid, Revista de Occidente, 1958.

_____. *Origen y meta de la historia*. Madrid, Revista de Occidente, 1958.

JIMÉNEZ, Juan Ramón. *Obras completas*. Madrid, Mundo Latino, 1919.

JIMÉNEZ RUIZ, José María. *Un mapa para caminar en pareja*. Madrid, Acento, 2003. (Sua leitura fácil nos introduz nas dificuldades da comunicação na família, oferecendo-nos um caminho diáfano para consegui-la.)

KANT, Immanuel. *Gesammelte Schriften*. Munich, Suhrkamp, 1991, tomo XX.

_____. Dos conceitos puros do entendimento ou categorias. In: *Crítica da razão pura*. Apud Kant (I), São Paulo: Abril Cultural, 1980. (Coleção *Os Pensadores*.)

KRISTEVA, Julia. *Les nouvelles maladies de l'âme*. Paris, Fayard, 1989.

LAÍN ENTRALGO, Pedro. *Idea del hombre*. Barcelona, Galaxia Gutenberg/Círculo de Lectores, 1996.

_____. *La curación por la palabra en la antigüedad clásica*. Madrid, Revista de Occidente, 1958.

LECLERC, Bruno & PUCELLA, Salvatore. *Les conceptions de l'être humanin*; theories et problematiques. Québec, Du Renouveau Pedagogique, 1993. (Mencionado em alguns casos práticos de nossa exposição.)

LELOUP, Jean-Yves. *El Evangelio de María. Myriam de Magdala*. Barcelona, Herder, 1997. [Ed. bras.: *O evangelho de Maria. Míriam de Mágdala*. São Paulo, Vozes, 1998.]

LYOTARD, Jean-François. *¿Por qué filosofar?* Barcelona, Paidós, 1989.

LÓPEZ QUINTÁS, Alfonso. *Estrategia del lenguaje y manipulación del hombre*. Madrid, Nancea, 1979.

López Quintás, Alfonso; Villapalos, Gustavo. *El libro de los valores*. Barcelona, Planeta, 1996. (Todo um vade-mécum imprescindível para a escola de hoje na Espanha.)

Madrid Soriano, Jesús et al. *Hombre en crisis y relación de ayuda*. Madrid, Asetes, 1986. (Destaque para a colaboração de Jesús Madrid Soriano nos capítulos 8, "Habilidade de escutar", e 9, "Habilidade de responder".)

Maceiras Fafián, Manuel. *Metamorfosis del lenguaje*. Madrid, Síntesis, 2002. (Destaque para os capítulos 1 e 8.)

_____. *Para comprender la filosofía como reflexión hoy*. Estella, EVD, 1994. (De seus oito excelentes capítulos — em que se expõe a filosofia a partir da diversidade de experiências —, de leitura ágil e ao alcance de todos, merece destaque o capítulo 4: "A reflexão sobre a linguagem e suas conseqüências na filosofia contemporânea".)

Machado, Antonio. *Juan de Mairena*. Madrid, Espasa Calpe, 1986, tomo XV.

_____. *Poesías completas*. Madrid, Espasa, 1986.

Madrid Soriano, Jesús. *Los procesos de la relación de ayuda*. Bilbao-Madrid, Desclée-Asetes, 2004. (Possivelmente o estudo mais amplo, prático e direto, em espanhol, sobre "relação de ajuda", de aplicação específica em psicoterapia.)

Manglano, José Pedro. *Vivir con sentido*; respuestas al alcance de todos. Barcelona, Martínez-Roca, 2001.

Marías, Julián. *Biografía de la filosofía*. Madrid, Alianza, 1982.

_____. *Introducción a la filosofía*. Madrid, Alianza, 1979.

_____. *La Escuela de Madrid*; estudios de filosofía española. Buenos Aires, Emecé, 1959.

_____. *Obras completas*. Madrid, Alianza, 1982.

_____. *Persona*. Madrid, Alianza, 1996.

Marina, José Antonio. *Dictamen sobre Dios*. Barcelona, Anagrama, 2001. (Destaque para o capítulo VIII, "Mais além do religioso e do profano".)

_____. *El laberinto sentimental*. Barcelona, Anagrama, 1996. (Destaque para os capítulos 7, "Quarto dia: a avaliação do eu", e 9, "Sexto dia: crítica do mundo afetivo".)

_____. *La selva del lenguaje*; introducción a un diccionario de los sentimientos. Barcelona, Anagrama, 1998. (Destaque para os capítulos IV: "Pero, ¿quién demonios habla?", e IX: "A linguagem e a realidade".)

Marina, José Antonio; López Penas, Marisa. *Diccionario de los sentimientos*. Barcelona, Anagrama, 1999. (Destaque para a introdução e os capítulos VI, "Histórias do amor", e XVIII, "Histórias da culpa".)

MARINOFF, Lou. *Más Platón, menos Prozac*. Barcelona, Ediciones B, 2001.

_____. *Pregúntale a Platón*; como la filosofía puede cambiar tu vida. Barcelona, Ediciones B, 2003. (Sugestivo para uns, criticado por outros, aproveita a pergunta em filosofia como ajuda terapêutica.)

MARROQUÍN, M. La escucha activa. In: MARROQUÍN, M. et al. *Incomunicación y conflicto social*. Madrid, Asetes, 1984. (O autor é um habitual divulgador e praticante clínico da "escuta ativa".)

MARTINEZ HERNÁNDEZ, Juan. Enseñar filosofia o enseñar a filosofar. *Paideia*, revista de Filosofia y Didáctica Filosófica, Madrid, v. 22, n. 58, pp. 531-542, out./dez. 2001.

MASIÁ, Juan. *Moral de interrogaciones*. Madrid, PPC, 2000.

MARCEL. Gabriel. *Diario metafísico*. Buenos Aires, Losada, 1957.

MIEDZIAN, Myriam. *Chicos son, hombres serán*. Madrid, Horas y Horas, 1995. (Como romper os laços entre masculinidade e violência.)

MOUNIER, Emmanuel. *Obras*. 1947, tomo III.

MUGUERZA, Javier. *Simbolismo, sentido y realidad*. Madrid, CSIC, 1979.

MURILLO, Ildefonso (org.). *Fronteras de la filosofía de cara al siglo XXI*. Colmenar Viejo (Madrid), Diálogo Filosófico, 2000

NAVARRO, Ginés. *El diálogo*; procedimiento para la educación en valores. Bilbao, Desclée, 2000.

NIETZSCHE, Friedrich. *Humano, demasiado humano*. Madrid, Marte, 1988. [Ed. bras.: *Humano, desmasiado humano*. São Paulo, Companhia de bolso, 2005.]

_____. *La voluntad de poder*. Madrid, Edad, 1994. [Ed. bras.: *A vontade de poder*. Rio de Janeiro, Contraponto, 2008.]

NOUWEN, Henri. *El regreso del hijo pródigo*. 30. ed. Madrid, PPC, 2005.

OLIVEIRA, Mercedes. *La educación sentimental*; una propuesta para adolescentes. Barcelona, Icaria-Antrazyt, 1998. (Programa adequado de educação em todos os espaços da afetividade dos adolescentes.)

ORTEGA CAMPOS, Pedro. *Curar con el pensamiento*. Madrid, Laberinto, 2003. (Destaque para os capítulos II, "Todo pensamento reclama por um encontro com a realidade", e III, "O pensamento é um encontro... A linguagem, sua mansão", "A reforma da maneira de pensar".)

_____. *Notas para una filosofía de la ilusión*. Madrid, Encuentro, 1982. (Destaque para a parte 1, "Análise da ilusão", e para a 3.1, "Há lugar para a ilusão".)

ORTEGA Y GASSET. *El tema de nuestro tiempo*. Madrid, Espasa Calpe, 1980, tomo IV.

_____. *Ideas y creencias*. Madrid, Espasa Calpe, 1976.

_____. *La deshumanización del arte*; unas notas de fenomenología. Madrid, Espasa Calpe, 1996.

_____. *Meditación de la técnica*. Madrid, Espasa Calpe, 1965.

_____. *Meditaciones del Quijote*. Madrid, El Arquero, 1970.

_____. *Obras completas*. Madrid, Revista de Occidente, 1983.

_____. *¿Qué es filosofía?* Madrid, Espasa Calpe, 1973.

_____. *Unas lecciones de metafísica*. Madrid, Espasa Calpe, 1978.

OUAKNIN, Marc-Alain. *Invitation au Talmud*. Paris, Dominos-Flammarion, 2001.

_____. *La plus belle histoire de Dieu*. Paris, France Loisirs, 1997.

PANNENBERG, Wolfhart. *Una historia de la filosofía desde la idea de Dios*. Salamanca, Sígueme, 2001.

PÉREZ DE LABORDA, Miguel. *El más sabio de los atenienses*; vida y muerte de Sócrates. Madrid, Rialp, 2000.

PHILLIPS, Christopher. *Sócrates café*; un soplo fresco de filosofía. Madrid, Temas de Hoy, 2002. (Um dos muitos livros que, nos últimos dez anos, vêm procurando colocar a filosofia ao alcance de todos.)

PLATÃO. *Diálogos*. Madrid, Gredos, 1981.

POL-DROIT, Roger. *101 experiencias de filosofía cotidiana*. Barcelona, Grijalbo, 2002.

PORRO, Bárbara. *La resolución de conflictos en el aula*. Barcelona, Paidós, 1999. (Exemplos práticos de como enfrentar os conflitos.)

RADCLIFFE, Timothy. *Je vous apelle amis*. Paris, Cerf, 2002.

REVILLA CUÑADO, Avelino. *A vueltas con lo religioso*. Salamanca, Universidad Pontifícia, 2001.

RICOEUR, Paul. *Le conflit des interprétations*; essai d'hermenéutique. Paris, Seuil, 1970.

ROJAS, E. *¿Quién soy yo?* Madrid, Espasa Calpe, 2001.

ROUSSEAU, Jean-Jacques. *Cartas a Sofia*. Ed. de M. Villar. Madrid, Aliança, 1999.

ROZALÉN MEDINA, José Luis. *La apasionante aventura de la educación*. Madrid, PPC, 2004. (Um belo passeio pelos problemas da educação atual, assim como um esboço de esperança elaborado por um especialista apaixonado pela educação ministrada, e infelizmente minada..., da Institución Libre de Enseñanza.)

ROWLING, J. K. *Harry Potter y la piedra filosofal*. Barcelona, La Salamandra, 2001 [Ed. bras.: *Harry Potter e a pedra filosofal*. Rio de Janeiro, Rocco, 2000].

RUSSELL, Bertrand. *Elementos de filosofía*. Barcelona, Labor, 1970.

SÁDABA, Javier. *La filosofía contada con sencillez*. Madrid, Maeva, 2002.

SACCHI, Paolo. *Historia del judaísmo en la época del Segundo Templo*. Madrid, Trota, 2004.

SARAMAGO, José. *Ensaio sobre a cegueira*. 23 ed. São Paulo. Companhia das Letras, 1995.

_____. *A caverna*. São Paulo, Companhia das Letras, 2000.

SAVATER, Fernando. *Las preguntas de la vida*. Barcelona, Ariel, 1999. (Destaque para o capítulo 7, "Artificiais por natureza".)

SELLIN, Birger. *Quiero dejar de ser un dentro de mí*. Barcelona, Galáxia Gutenberg, 1995.

SHAPIRO, Debbie. *Cuerpo-mente, la conexión curativa*. Barcelona, Robin Book, 2002.

SCHNALL, Maxine; STEINBERG, Marlene. *¿Quién soy realmente?*; La disociación, un trastorno tan frecuente como la ansiedad y la depresión. Barcelona, Vergara, 2002.

SCHWANITZ, Dietrich. *La cultura: todo lo que hay que saber*. Madrid, Taurus, 2002.

SOMOZA, José Carlos. *La caverna de las ideas*. Madrid, Alfaguara, 2000.

STEINER, George. *Real Presences*. Is there anything in that we say? Londres, Hamilton, 1989.

STEINER, Gedisa. *Lenguaje y silencio*. Barcelona, Gedisa, 2000.

TAGORE, Rabindranath. *Pájaros perdidos*. Madrid, Aguilar, 1965.

TEJEDOR, César. *Didáctica de la filosofía*; perspectivas y materiales. Madrid, SM, 1984.

THÉVENOR, Xavier. *Pautas éticas para un mundo nuevo*. Estella, Verbo Divino, 1988. (Destaque para o capítulo 11, "Impulsos, sociedade, culpabilidade".)

TOURNIER, Michel. *Le vent paraclet*. Paris, Gallimard, 1977.

TRIAS, Eugenio. *Ciudad sobre ciudad*. Barcelona, Destino, 2001.

UNAMUNO, Miguel de. *Arabesco pedagógico* (1913). Madrid, Biblioteca Castro Turner, 1994.

_____. *Ensayos*. Madrid, Biblioteca Castro Turner, 1994.

_____. *Vida de Don Quijote y Sancho*. Madrid, Espasa Calpe, 1981.

UÑA JUÁREZ, Octavio. *Comunicación y libertad*; la comunicación en el pensamiento de Karl Jaspers. Madrid, Ed. Escurialenses, 1984.

VERGELY, Bertrand. *Petite philosophie pour les jours tristes*. Paris, Milan, 2002.

VOLI, Franco. *Sentirse bien en el aula. Manual de convivência para professores*. Madrid, PPC, 2004. (Excelente ajuda para conteúdos e vivências, idéias e crenças, ser e estar da tarefa educativa direta.)

VOLTAIRE. *Tratado sobre la tolerancia* (1763). Estudo e notas de Roberto Aramayo. Madrid, Santillana, 1997. [Ed. bras.: *Tratado sobre a tolerância*. 2. ed. São Paulo, Martins Fontes, 2000.]

WATZLAWICK, Paul. *¿Es real la realidad?*. Barcelona, Herder, 1979. (Um manual antológico onde filosofia e psicoterapia, em linguagem acessível, se colocam a serviço de todos.)

WATZLAWICK, Paul et al. *Teoría de la comunicación humana*, Barcelona, Herder, 1982. (Publicado em 1972, em Berna, Stuttgart e Viena, sob o título *La comunicación humana; formas, obstáculos, paradojas.*)

WEIL, Simone. *Attente de Dieu*. Paris, Gallimard, 1950 [Ed. bras.: *Espera de Deus*. São Paulo, ECE, 1987.]

WEIL, Éric. Raison. *Encyclopaedia Universalis*. Paris, France, 1989, tomo XIX.

ZAMBRANO, María. *Hacia un saber sobre el alma* (1950). Madrid, Alianza, 1987.

ZAPATA, J. *Antologia pedagógica de Francisco Giner de los Ríos*. Madrid, Santillana, 1997.

Impresso na gráfica da
Pia Sociedade Filhas de São Paulo
Via Raposo Tavares, km 19,145
05577-300 - São Paulo, SP - Brasil - 2008